VICTOR DU THOLONET

L'Incessante Évolution

ESSAI SUR LE PROGRÈS ET LES MŒURS

PARIS

REVUE " *LES IDÉES ET LES LIVRES* "

83, RUE DES SAINTS-PÈRES, 83

1905

L'Incessante

Évolution

VICTOR DU THOLONET

L'Incessante Évolution

ESSAI SUR LE PROGRÈS ET LES MŒURS

REVUE " *LES IDÉES ET LES LIVRES* "

83, RUE DES SAINTS-PÈRES, 83

PARIS

INTRODUCTION

Le voyageur emporté par un train à une allure
vertigineuse perçoit presque en même temps vingt
tableaux différents : bois, pâturages, montagnes,
vallée, plaines, villes, usines, défilent devant ses
yeux dans une tremblante et fugace rapidité. A
peine a-t-il éprouvé une impression ou plutôt en
a-t-il senti naître en lui un germe, un commencement, qu'une nouvelle impression encore avortée
et mal définie vient détruire l'effet de la première.
Son regard se perd sur tant d'images, son esprit est
assailli à la fois par tant de sujets qu'à la fin, fatigué, ébloui par cette abondance même si rapprochée
du vide, il n'a rien vu, rien perçu, rien senti. Con-
sidérez-le maintenant : ses yeux se fondent dans le
vague, sa pensée devient flottante ; confiné dans
un sceptique oubli, dans un mol abandon, une
rêverie nonchalante l'envahit peu à peu et son indifférence le gagne à mesure que s'élève la fumée
d'un cigare, douce et narcotique. — Il va trop
vite.

N'éprouverions-nous pas la même sensation, nous, voyageurs de ce train rapide qui s'appelle le siècle présent, si, à la vue des découvertes de la science, si merveilleuses et si multiples, qui nous ont conduits à cette existence surchauffée, condensée, multipliée, quoique hâtivement, fébrilement vécue, nous comparions l'état des choses actuel créé et imposé par le Progrès à celui, tranquille, calme, mesuré, pondéré, dont se contentaient nos pères?

Ce n'est pas qu'ici nous ayions la moindre intention de rééditer ce lieu commun, classique et usé, cher aux rhéteurs et aux vieillards, de louer le temps passé aux dépens du présent. Nul d'entre nous n'a connu l'Age d'or ; cependant, si on nous le promettait tel que la tradition nous l'a légué, personne n'oserait, même le plus éthéré de nos poètes, ne consentirait froidement à échanger nos locomotives, nos vapeurs contre les lourds chariots ou les frêles esquifs, objets sans doute archaïquement poétiques, mais d'un confort très relatif. Aussi bien que personne, nous avons foi dans le perpétuel acheminement de l'humanité vers de meilleures conditions de vie ; nous n'en maintenons pas moins que, jusqu'ici, nous avons été emportés violemment, presque malgré nous, par le courant du Progrès, plutôt que nous n'avons su le régir et le maintenir dans de justes limites. L'évolution matérielle et morale survenue avec le Progrès a, par la rapidité excessive avec laquelle elle s'est manifestée, occasionné des désordres, des heurts et des à-coups et opéré des transformations trop radicales, trop nettes et trop tranchées.

Bref, jouissons-nous d'une situation meilleure qu'aux siècles précédents, ou sommes-nous les victimes de ce changement trop précipité qui a marqué notre époque? Est-ce par progrès, évolution, voire révolution, que nous devons exprimer ces modifications opérées dans les conditions d'existence?

C'est ce que nous allons essayer de mettre sous son véritable jour dans le premier livre de ce modeste ouvrage ; la suite sera consacrée à la recherche des solutions qu'impose notre état social.

LIVRE I

EXPOSÉ DES DIFFÉRENTES FACES

DE

L'EVOLUTION

CHAPITRE PREMIER

CONSIDÉRATIONS GÉNÉRALES. — CHANGEMENTS
DANS LES IDÉES ET LES MŒURS.

Celui qui considérerait et l'espace relativement
faible du xix° siècle, et qui, d'un autre côté, pèserait
le nombre et l'importance des inventions qui sé
sont produites dans son cours, serait certainement
frappé de la prodigieuse activité dont l'esprit
humain a fait preuve ; mais il en sera par là même
d'autant moins surpris des résultats, plus apparents, plus factices, plus saccadés, plus précipités,
que réels et effectifs. Aussi ne serait-il peut-être
pas inutile de jeter un coup d'œil rapide sur l'histoire des découvertes qui ont marqué la succession
des temps avant notre époque. On constatera que
bien qu'elles ne méritent pas d'être estimées en
quantité négligeable, — ayant surtout servi de
base à celles qui ont suivi, — elles pèsent cependant d'un faible poids dans la somme totale des
efforts dont jusqu'ici l'esprit de l'homme a donné
la mesure.

Sans remonter aux origines, sans même tenir compte des inventions plutôt empiriques que constituées sur des assises exactes et positives que nous devons à quelques savants de l'Antiquité et d'une partie du Moyen Age, relevons seulement celles qui ont été découvertes à partir du XIVe siècle. Prenons comme point de départ l'époque où, pour la première fois, la poudre à canon tonna sur un champ de bataille.

L'emploi des armes à feu amena dans l'art militaire des modifications d'abord partielles et restreintes, mais qui progressivement donnèrent un aspect nouveau à l'art de la guerre, qui subit de ce chef des changements de plus en plus considérables, puis de nos jours un rénovation complète. Mais la société, dans sa vie intime et cachée, n'en subit pour cela aucune transformation, même superficielle. L'invention de la boussole qui, plus tard, eut pour conséquence, avec Christophe Colomb, Vasco de Gama et autres voyageurs, la découverte de l'Amérique, des îles océaniennes et du pourtour de l'Afrique, n'amena aucune modification dans les conditions d'existence, sinon que l'argent devenant plus commun, les échanges furent facilités. Sans doute, un courant d'émigration important se dirigea et se fixa sur les terres nouvelles, mais le ressort de l'activité générale n'en fut pas rendu plus résistant ; loin de là, car nouveau thème à étudier, nouveau champ à défricher, l'effort européen, au lieu de se concentrer dans l'ancien continent, se dispersa, se gaspilla jusqu'à un certain point dans la jeune Amérique. L'histoire des colonies espagnoles en constitue le meilleur exemple.

La découverte de l'imprimerie, la substitution du papier au papyrus, apportèrent des modifications plus profondes. On le vit bien à l'époque de la Réforme, laquelle, aidée par la publicité qui accrut sa force, amena des changements considérables dans les esprits et aussi dans la carte de l'Europe.

Qu'il nous suffise de citer pour mémoire les découvertes astronomiques de Copernic, Galilée, Képler, Cassini, Newton, ainsi que les progrès apportés à l'étude de la physique par Pascal et encore par Newton. D'ailleurs, cet aperçu est forcément incomplet.

Pour résumer et pour conclure, toutes les inventions des XVIIe et XVIIIe siècles, y compris celle de Denis Papin, y compris celles de Lavoisier, ne sortirent guère de l'enceinte des laboratoires. Aucune application n'en fut tirée ; seule ferait exception celle dont fut issue la création des ballons, découverte qui n'eut d'autre portée que de frapper vivement les esprits, remarque sans importance, du reste.

Cependant, la semence avait été jetée, les bases avaient été posées et le XIXe siècle put appliquer et féconder les principes péniblement trouvés dans les deux siècles précédents.

Du jour où Fulton lance son premier vapeur, commence une ère nouvelle, et le Progrès, suivant un mouvement ascendant, se développe avec ses manifestations, plutôt avec ses réactions profondes, mais violentes et précipitées. C'est la vapeur, c'est le gaz, c'est l'électricité avec leurs corollaires multiples et divers, combinés avec la mécanique, qui changent, modifient, mais troublent et bouleversent l'ancien état de choses.

Ajoutons à cela l'élément moral très important, lui aussi, constitué par la somme des idées et principes nouveaux, qui, devançant le progrès matériel, ont marqué le XVIIIe siècle avec Voltaire et les autres philosophes et produit la Révolution, qui fut l'application la plus brusque et la plus violente de ce progrès moral, s'il est permis de s'exprimer ainsi. Après avoir végété sous l'Empire, elles se sont trouvées de nouveau accrues et renforcées sous la Restauration avec Jules Simon et Cousin, puis avec Auguste Comte et Herbert Spencer ; joignons-y le système de Darwin et de ses disciples, ainsi que les dernières doctrines positivistes et communistes, et nous pourrons alors juger combien l'édifice des vieilles croyances et des vieilles idées, consacré par dix-huit siècles d'existence, a reçu de chocs et d'ébranlements, nous pourrons estimer jusqu'à quel point les idées nouvelles ont imprégné leurs traces sur les générations contemporaines et apporté, elles aussi, leur quote-part à ladite évolution Ainsi, ayant en mains ces deux éléments, l'un économique, l'autre moral, nous serons à même d'étudier l'origine, le développement et les résultats de cette double transformation de la société, nous pourrons même observer comment l'homme, lui aussi, a varié dans sa vie psychique et, qui plus est encore, physiologiquement.

* * *

L'œuvre est considérable ; elle exige des recherches longues et laborieuses, une forte érudition, une sagace et pénétrante intuition. De tous ces avantages, nous n'en sommes pas doués, et un si grand effort nous contraindrait à reculer. Mais si, négligeant de rechercher à leur source même et d'approfondir les causes qui ont amené l'état de choses actuel, nous nous contentons de les exposer brièvement, rapidement, dans la mesure nécessaire et suffisante pour en faire ressortir les conséquences tracées elles-mêmes d'une façon synthétique, notre œuvre n'aura pas la portée résultant d'une analyse détaillée et minutieuse, mais ce faible résultat nous suffira cependant pour nous baser dans la recherche et l'exposé des solutions propres à réagir contre les tendances dépressives, effectivement rétrogrades, du Progrès.

Auparavant, pour faire une concession aux optimistes et, du reste, pour demeurer dans les limites de l'évidence et de la justice, nous tiendrions à commencer par un panégyrique du Progrès avec l'exposé de ses merveilles aussi étonnantes qu'indéniables ; supposons-le tout fait et aussi flatteur que possible. Il n'en demeure pas moins que ses résultats, aussi néfastes que nombreux, pèsent dans l'autre plateau de la balance.

Dans l'étude de ce revirement, deux causes primordiales sont à retenir. La première, se trouve contenue tout entière dans la somme des idées et des doctrines nouvelles qui, par leur influence, ont créé les tendances d'esprit actuelles ; la seconde, n'est autre que le produit des perturbations apportées par le Progrès dans le domaine de l'activité humaine : le développement de la grande industrie, la simplification du travail, la substitution de la machine aux bras de l'homme, le travail intellectuel remplaçant de jour en jour le travail physique, telles en sont les grandes lignes et les points culminants. Comme on le voit, c'est la traduction de l'évolution matérielle sous sa forme la plus abrégée.

Et maintenant, il serait peut-être bon de jeter un coup d'œil d'ensemble sur les conséquences générales du Progrès : changements complets dans les mœurs, diminution de l'esprit de famille, désordres, inconduite, devenus la règle ordinaire, dépopulation, tendances de plus en plus prononcées au fonctionnarisme et à l'Étatisme, — gouffre des forces vives et productives, — puis la plaie

hideuse de l'alcoolisme, qui, à elle seule, dépasse
les anciens fléaux de la peste, de la famine et de la
guerre, cette dernière largement compensée par
un militarisme intense, crises agricoles, le blé, le
vin se vendent à des prix dérisoires, les champs
abandonnés, les maladies constitutionnelles et nerveuses nouvellement apparues consument l'organisme de l'homme, crimes, suicides, folie en pro-
gression continue, l'encombrement des carrières
pour les vaincus de la vie, produit la misère, la
lutte pour l'existence devient de plus en plus difficile, d'où, un surmenage intellectuel et physique
trop considérable, bien que certains périssent de
leur pléthore même, tendances à la fois au capitalisme et au socialisme qui amènent des conflits
et des heurts violents dans les rangs de la société :
en un mot, déséquilibre complet, absence absolue
d'harmonie, de coordination, surcharges et pénurie, désarroi, conditions d'existence guindées,
factices, anormales, imposées par des forces irrésis-
tibles et fatales, mais non provenant du cours libre
et normal d'éléments heureusement combinés,
changements opérés sans transition, précipités,
imprévus, existence agitée, enfiévrée, laissant une
impression de vertige.

Il n'y a pas lieu de rechercher ici les origines,
la marche et le développement de la cause morale ;
nous avons avancé précédemment que le début du
xviii° siècle en avait été le point de départ. Il con-

viendrait tout aussi bien de le faire remonter au siècle précédent, où Descartes, Bayle, Spinoza ont semé les prémices des tendances nouvelles. Question oiseuse et trop longue à étudier, la discuter serait de la pure scholastique. De même, nous n'avons guère l'intention de retracer l'histoire de l'évolution des idées, ni même de les apprécier. Elles sauraient être difficilement les nôtres. N'en disons pas davantage ; ne nous attardons pas vainement, préférant à une argumentation sèche ou à une abondance fleurie et académique une marche rapide. Nous ne pourrons même faire le simple exposé des divers systèmes des philosophes positivistes, des savants matérialistes, des romanciers naturalistes et des idéologues aux tendances subversives qui ont marqué l'époque contemporaine. Une simple énumération servira de point de repère : Voltaire, Montesquieu, Diderot, d'Alembert, Jean-Jacques Rousseau, au xviiie siècle ; puis au siècle passé, Stendhal, Jules Simon, Herbert Spencer, Cousin, Darwin, Schopenhauer, Lombroso, Berthelot, Paul Bert, Renan, Taine, Michelet, Flaubert, de Maupassant, Zola, Tolstoï constituent les piliers fondamentaux de ce temple moderne, élevé à la déesse Raison et à la déesse Nature, et synthétisent par leur saillante personnalité l'esprit nouveau déchaîné contre les vieilles croyances et les mœurs ancestrales.

Ayant renoncé à apprécier ces idées, nous nous bornerons à en constater les résultats. Dire qu'ils sont effrayants et écœurants, serait répéter un fait mille fois constaté, et si nous considérons qu'ils augmentent dans les mêmes proportions que le Progrès, il nous sera permis de désespérer complètement de l'avenir.

La société se vautre de plus en plus dans la fange, elle s'y précipite d'elle-même tête baissée, fière de refouler loin d'elle tout principe de religion et de morale, souriant sceptiquement de la sotte pudeur des anciens âges. La pornographie, non pas seulement celle des gravures voilées d'une feuille blanche dans un but de réclame, mais celle qui s'installe, se nourrit, se développe dans les romans, journaux, revues et publications de toute nature, en figure et en image comme en description littéraire, est plus que jamais à l'ordre du jour et possède toutes les faveurs du public. La littérature presque entière dresse un autel à la sensualité, l'exalte et la soutient. Du reste, ce serait à tort qu'on l'accuserait d'insuccès, car pour trouver un pareil dévergondage de mœurs, un pareil mépris pour tout principe qui s'élève au lieu de descendre, il nous faudrait remonter aux époques corrompues de Rome ou de Byzance. Paris a été appelé à juste titre la Babylone moderne, elle le mérite au point de vue moral comme au point de vue matériel. Partout faire montre de dépravation devient une nécessité, une habitude, comme un point d'honneur.

Que l'on ne vienne pas arguer que nous rééditons un vieux chapitre de morale, car devant une question aussi grave, en laquelle réside la destinée d'une société, ce n'est pas avec un sourire narquois, ironique et suffisant qu'on résout le problème, ce n'est pas avec un optimisme confiant, égoïste, flegmatique que l'on écarte le danger, « Après nous le déluge » a été dit, et par qui de droit. Il est encore dit et répété sous toutes les formes en paroles et en actes, par tous ces don Juan, ces héros de la grande fête qui, de leur fate et embarrassante personne, encombrent les établissements de joie, plus ou moins déguisés, pleins de bals, de chants et de concerts, des grandes métropoles du monde.

Relevons au hasard dans la masse de ces élucubrations plus ou moins transcendantes, ces quelques lignes d'un de nos romanciers les plus talentueusement vils et qui résument dans leur violente crudité les aspirations vers lesquelles, sous la poussée des idées nouvelles, semblent évoluer les générations contemporaines. Il s'agit de la populace romaine s'apprêtant à savourer avec délices le spectacle des souffrances de malheureux chrétiens livrés aux fauves : « C'est l'Amour et la Mort confondus dans un relent de luxure ; c'est la douleur, c'est le plaisir aussi, l'angoisse et la volupté ; sur les lèvres pâlies des femmes, une émotion incomparable de désir, de danger, qui, après le spectacle affolera les ruts ! »

Ainsi donc, c'est l'exaltation de l'amour (ou plutôt, ce terme est trop noble), c'est l'exaltation des instincts les plus bas, les plus grossiers, les plus bestiaux, ravivés pour leur donner un cachet moins hideux que la volupté féroce de la contemplation de la douleur humaine. Il n'est pas possible de descendre plus bas : expression la plus puissante de l'égoïsme sous la forme la plus abjecte et la plus hideuse.

Non pas que les élans de la passion n'aient leurs charmes, leur noblesse et leur beauté. Il n'en demeure pas moins que ces paroles que nous venons de citer sont l'insulte la plus violente contre la femme, l'humanité et l'amour. L'amour idéal bien que vif et ardent nous anoblit, nous élève, nous réjouit et nous enchante. Par lui, le sentier de la vie se couvre de roses et de lauriers. Par lui, le combat de la vie devient plus facile et plus gai ; par lui, l'homme, laboureur infortuné accablé par la glèbe, les yeux fixés sur la terre, élève son regard et contemple le ciel. Quand des nuages noirs s'accumulent dans l'horizon lointain, l'amour qui les traverse les répand en bienfaisante rosée, et les caresses de l'aurore vermeille ne sont pas plus douces que les baisers de deux éphèbes gracieux et ingénus.

L'amour n'est pas un but, mais un moyen pour traverser l'océan agité de la vie. Laissons-lui ses droits sacrés et immanents, sans les déshonorer : ici même, nous insérerions volontiers l'invocation de Lucrèce à Vénus, si enthousiaste et si élevée, mais notre prose ne peut se permettre de semblables écarts.

Des mœurs aussi déplorables que celles dont la société actuelle nous offre l'exemple ne sauraient nous surprendre. Devrions-nous en être étonnés, alors que tout l'effort matérialiste et positiviste cherche à saper l'ancien édifice moral et religieux ? Les croyances à l'existence de Dieu, à l'immortalité de l'âme ayant été atteintes à leur source même, aucun frein ne peut retenir les mauvaises inclinations de l'homme qui doivent pencher fatalement du côté de la sensualité et de l'égoïsme. De même l'eau qui n'est pas contenue sur la pente s'écoule plus bas, de même l'homme qu'aucune force morale ne retient descend toujours d'échelon en échelon et s'engouffre dans la voie du mal, plus facile et plus alléchante.

L'État, d'ailleurs, érige en principe, sous la couleur d'une apparente neutralité, toute doctrine subversive, il se fait champion et devient le réduit central et officiel des idées nouvelles. L'école sans Dieu, l'Université paganisée, la pression exercée sur tout fonctionnaire, ont porté leurs fruits, et le niveau moral s'abaisse de plus en plus à un degré inférieur. Le divorce est devenu une institution rivalisant hautement avec le mariage ; le divorce dissout la famille, la désagrège, la détruit et la traverse de part en part.

La jeunesse n'est plus respectée, le scandale sert d'exemple ; souvent le collégien atteint-il sa seizième année que déjà il possède une maîtresse. Les sports ne lui disent plus rien. C'est trop vieux jeu. Il lui faut des sensations inédites, des plaisirs nouveaux qui, non seulement sont l'expression de mœurs libres, mais même de mœurs dénaturées, le *summum* de la dépravation. Les heureux de la vie qui n'ont d'autre souci et d'autre besogne que de brûler leur temps aussi joyeusement que possible, font invariablement le va-et-vient entre les grands cafés, les concerts et autres établissements luxueux, à défaut d'autres qualités. Les grandes courtisanes sont prisées à l'instar des héroïnes. A peine un scandale a-t-il éclaté dans la société, surtout dans les rangs supérieurs, qu'il devient tout de suite un sujet d'intense curiosité ; un « beau crime » a-t-il été commis, qu'aussitôt une nuée de reporters, tels des corbeaux avides, s'abattent sur le lieu du drame pour servir à temps ces mets encore tout chauds de roman vécu, au public qui en fait ses gorges chaudes. Les chevaliers du poignard et du revolver, héros de ces drames, sont entourés de l'admiration générale. Que le jury trop sévère les condamne à une peine plus que modérée, il n'échappe pas au verdict du public qui jette sur lui un haro impitoyable. Dans les salons mon-

dains, un seul genre de conversation est jugé intéressant : celui des potins qui courent et qu'on exa-
gère à plaisir. Un exemple qui fait ressortir ce
genre de mœurs particulier à notre époque : dernièrement, on applaudissait chaleureusement l'individu qui clamait la chanson suivante : « Pourquoi je l'ai tuée. » Pourquoi? Sans doute pour des
motifs qu'il est facile de deviner. Voilà de l'amour
moderne. C'est du dilettantisme néronien dans
tout ce qu'il a de plus férocement raffiné. « Les
nouvelles couches », depuis une vingtaine d'années
surtout, ont surgi avec leurs hontes et leurs turpitudes. Bref, le mal envahit tous les rangs de la
société, déborde de tous les côtés, dans tous les milieux et toutes les situations.

*_**

Serait-il paradoxal de prétendre également que
les croyances en Dieu et en l'immortalité de l'âme
ayant été atteintes, il n'en soit pas résulté un affai-
blissement ou une perversion de l'idée de patrie?
Sacrifice, abnégation, honneur, devoir, courage,
autant de termes vides de sens qui font sourire ces
dignes enfants du siècle, porte-drapeaux de l'âge
d'or, prochain, à les en croire, de l'Internationalisme et de la fraternité des peuples.

De jour en jour, l'armée se trouve minée dans
sa base même et dans son œuvre vive par les so-
phismes de ces frustes et inconscients idéologues,

qui, pour avoir dit un éternel adieu à tout sentiment, à tout principe idéaliste et spiritualiste, n'en
demeurent pas moins des songes-creux malfaisants,
des utopistes aussi avérés que dangereux, fermant
les yeux devant une situation menaçante, devant
un avenir plein d'orage qui, en un mot, semblent
appeler l'étranger de tous leurs vœux, en attendant qu'il vienne un jour fouler, piller et ravager
le sol de la patrie. Qu'il nous suffise, pour en donner un exemple, de citer le cas de M. Jaurès, porte-
parole des sans-patrie, qui repoussait récemment
de sa véhémente et néfaste éloquence le projet de
loi relatif à l'augmentation de la flotte. A quoi
tendait son discours, sinon à rendre dans un délai
rapproché notre marine inférieure à celle de l'Allemagne. Ainsi donc, envahis par la terre et cernés
sur nos côtes, nous n'aurions plus qu'à nous rendre
sans merci et à tendre notre gorge à l'envahisseur.

C'est vers ce gouffre que nous dirigent ces doctrines propres à flatter notre sensualité et notre
égoïsme, mais un égoïsme sans but, inconscient,
prêt à sacrifier le présent pour l'avenir, dont les
résultats immédiats, molle couche où s'endorment
nos sens, nos esprits et nos cœurs, n'en font que
mieux cacher les menaçantes et inévitables conséquences.

Cependant, il serait injuste de rendre l'homme
seul directement responsable de ces revirements.
Ces atteintes portées à la patrie, à la religion, aux

mœurs sont sans doute en partie la conséquence
funeste de l'esprit nouveau, mais en partie également devrons-nous en accuser l'évolution économique, laquelle, par les nouvelles assises qu'elle
a fondées, par les nouveaux éléments qu'elle a apportés dans l'économie de la société, devait fatalement nous y conduire. L'histoire nous apprend,
en effet, que tout changement matériel survenu
dans les conditions d'existence d'une société influe également sur son esprit et ses tendances.
C'est une simple application de l'influence des
milieux et des circonstances elle-même, cas particulier du principe très général de l'influence réciproque du physique et du moral.

Une grande part de responsabilité n'en incombe
pas moins à ces néfastes et audacieux lanceurs
d'idées, constructeurs d'un édifice dont l'apparence
grandiose et superbe n'en cache que mieux le
vide et l'horreur intérieurs et dont les colonnes
sont prêtes à s'écrouler sur une boue hideuse et
glissante. Ils peuvent déposer leur bilan, ces néfastes spéculateurs des cœurs et des intelligences ;
jamais banqueroute morale n'aura atteint celle
qui se chiffre aujourd'hui par la perte d'innombrables consciences perverties, dont la somme constitue les membres morts qui minent, ruinent et
gangrènent la nation et la société.

L'ensemble de ces idées et systèmes ne constitue pas le progrès matériel, le véritable progrès.

Ils n'ont fait que l'accompagner ; nous ne pouvions cependant les passer sous silence, car, pour étudier le champ de l'Évolution dans toute l'étendue de ses manifestations, il est nécessaire, en quelque sorte, de la connaître dans son âme avant de la connaître dans son corps ; sa vie intérieure et intime nous aidera à mieux comprendre sa vie extérieure. Bien que nous ayons surtout l'intention de préciser les résultats de l'évolution matérielle, la rénovation pour les optimistes, il n'en demeure pas moins que le tableau succinct et trop rapidement esquissé, peut-être, des mœurs et des tendances d'esprit contemporaines, nous permettra d'aborder plus aisément la question essentielle de notre sujet.

CHAPITRE II

CRISES ET MALAISES DANS L'AGRICULTURE, L'INDUS-
TRIE, ET LES AUTRES BRANCHES DE L'ACTIVITÉ
SOCIALE. — DÉPOPULATION ET AUTRES PHÉNO-
MÈNES.

Il semble, à première vue, que les modifications
apportées dans le domaine de l'activité humaine,
dont nous avons cité plus haut les grandes lignes
et les points culminants, aient apporté un bénéfice
réel et complet que nous devrions inscrire comme
plus-value à l'actif de notre bonheur et de notre
bien-être. Quelques simples considérations sur
l'agriculture vont nous en donner la preuve dia-
métralement opposée.

Personne n'ignore le malaise qui règne dans
la branche la plus importante de notre énergie nationale, dans l'agriculture. Actuellement, le froment atteint un cours qui subvient à peine au
travail et à la subsistance du producteur, sans lui
laisser le plus souvent le moindre bénéfice. Cependant, plus que jamais, grâce aux progrès de la
chimie, les terres, puissamment et richement fu-

mées, devraient rapporter et rapportent d'ailleurs de superbes et abondantes moissons : résultat d'autant plus remarquable, sinon étonnant, qu'il est obtenu par un moindre effort : grâce aux progrès de l'industrie moderne, la machine remplace les bras de l'homme. Ces magnifiques plaines de la Flandre ou de la Beauce, expression de cette exubérante fécondité, n'en cachent pas moins, par leur trompeuse apparence, la gêne et parfois la misère du producteur. Le blé, devenu trop abondant, atteint un cours dérisoire, la demande devenant inférieure à l'offre.

Nous ne courons plus le risque, comme au Moyen Age, de souffrir de la famine, il est vrai : des paquebots énormes et monstrueux sillonnent l'océan, prêts à rétablir un heureux équilibre et à verser le trop-plein où régnait la pénurie. Sans doute aussi, le consommateur y trouve son compte, mais il ne s'agit plus du consommateur et de son bénéfice dont nous n'avons que faire et qui n'apportera aucun remède à la gêne du producteur.

La crise qui accable en ce moment les départements méridionaux est autrement sérieuse et, par suite, autrement significative.

Quand le viticulteur languedocien, grâce aux facilités de transport dues à la création des voies ferrées, put écouler facilement son vin, il comprit tout de suite qu'il était de son intérêt immédiat d'étendre sur tout son domaine la culture de la vigne. Il défonça sans répit, il planta avec acharnement. Longtemps, il réalisa ainsi de magnifiques bénéfices, mais lorsque le phylloxera apparut et se montra avec ses ravages destructeurs, il ne put se nourrir sur son champ encore planté de cépages, il ne trouva pas même une bottée d'herbe pour nourrir ses bêtes de travail. La culture de la vigne poussée à outrance prend alors le caractère d'une véritable industrie : le vigneron vend son unique récolte qu'il réalise en espèces. Aussi la mévente survient-elle, qu'il soit en « dessous de ses affaires », c'est la ruine ou l'hypothèque à bref délai. Telle est la situation encore actuellement. Et cette fois ce n'est pas l'absence ou la pénurie de production, mais c'est l'excès, au contraire, qui est cause de la misère. Que l'on ne reste pas étonné d'apprendre que cette marchandise qui a coûté tant de frais et de peines a été sacrifiée souvent au prix de un franc l'hectolitre, au point que certains propriétaires ont poussé le point d'honneur, bien légitime du reste, à vider le contenu de leurs foudres et à épandre le vin dans la rue.

Jamais avant notre siècle de progrès, n'avait été constaté ce non-sens économique, inconnu jusqu'à ce jour : abondance, synonyme de misère !

Voilà comment, dans l'équilibre des éléments ou plutôt dans les desseins de la Providence, il semble régner une sage, régulière et constante harmonie qui détruit et annihile les efforts violents et précipités de l'homme.

Bref, le Nord ne vend plus son blé, le Sud ne vend plus son vin. C'est la misère pour l'agriculture, mais c'est aussi un fléau général qui s'étend à tout le pays. Le campagnard abandonne la terre et se réfugie dans la ville. La facilité des communications lui en donne les moyens, le service militaire un avant-goût, et l'incite encore davantage. Au coin d'une rue, il installe un débit : prime à l'alcoolisme, ou bien il mendie une mauvaise place d'employé : prime au fonctionnarisme.

Du reste, avec la désertion des champs, se manifestent tous les inconvénients qui d'ordinaire l'accompagnent. Elle a occasionné la perte de Rome, dont la population perdit ses qualités civiques et guerrières. Plût au Ciel qu'elle ne provoque pas celle de la France ! Le paysan est un bon citoyen, bien que, s'il émigre à la ville, il s'imagine le contraire. Il donne de nouveaux enfants à la patrie, forts et vigoureux. A la guerre, le paysan est un soldat soumis, endurant et discipliné. Tant que la France possédera des paysans, la France vivra. Jamais ne seront consentis de sacrifices trop considérables pour retenir et conserver longtemps le vrai fond de la nation, ce *solid compact* de l'énergie française, réserve de vitalité, de saine raison et d'action virile.

* * *

Nous avons exposé à quelles calamités, à quelles misères, ces merveilleux instruments de progrès

nant exposer comment, dans cette autre branche de
nant exposer comment dans cette autre branche de
l'énergie sociale et économique, dans l'industrie,
les mêmes causes avaient produit les mêmes résultats.

La surproduction dans le domaine de l'industrie
est, il faut le constater, beaucoup moins accentuée
que dans celui de l'agriculture. Nous avons pu
remarquer durant ces dernières années un certain
ralentissement dans la production, survenu à la
suite d'une longue période d'intense activité. Dans
certaines branches, dans certains métiers, ce malaise est accentué, et il est certain qu'il progressera
avec le progrès ; néanmoins il n'est pas encore dans
sa période de crise violente, sauf en Angleterre où
il se trouve en ce moment assez caractérisé. Mais,
dans son ensemble, ce phénomène est loin d'atteindre une intensité comparable à celle que nous
avons constatée plus haut.

Nous devrons reconnaître cependant qu'une crise
industrielle sévit ; elle se manifeste sous une forme
différente, mais avec des résultats égaux. S'il n'y
a guère surproduction dans le nombre des objets
dérivés de l'industrie, il y a surproduction, pour
ainsi dire, dans le nombre excessif et non proportionné de bras qui concourent, ou sont dans le cas
de concourir, pour la production de ces mêmes objets. En langage courant, on dirait que le nombre
des places ou emplois est inférieur à celui des individus qui les demandent.

Il est indéniable que l'effort physique, musculaire, exigé pour l'obtention d'une même force, est bien moindre aujourd'hui que par le passé et c'est justement cette réduction de la force à fournir qu'il y a lieu d'incriminer ici, car elle est la cause immédiate du malaise dont nous allons décrire le caractère et indiquer les traits généraux.

Sans doute, à tout prendre et à première vue, la diminution du travail physique serait plutôt un bienfait pour l'humanité. En beaucoup de cas, un surmenage trop intense accable l'ouvrier, ce qui ne nous empêcherait pas d'affirmer par ailleurs que l'élément contraire de cette activité exagérée, est une cause, non pas de fatigue, mais pire encore, une cause de misère. Nous voulons parler de cette classe malheureuse et si digne d'intérêt, des sans-travail, réduits par le chômage à vivre misérablement, ou poussés au vol, à la mendicité, au suicide ou encore, à la dépravation.

Ici il y aurait lieu et, — ce dernier terme de dépravation nous en éveille l'idée, — de retourner en arrière et de mettre sous son véritable jour une des faces de la question que nous avons oubliée dans le chapitre relatif aux mœurs et qui est plus spécialement à sa place ici.

La lie de la société que constituent les personnages des boulevards et des fortifications dans certains grands centres, tous ces individus qu'un néologisme plus pittoresque que distingué désigne communément sous le nom d'*Apaches*, à qui on peut ajouter et les filles publiques et les trafiquants de toute catégorie de la *traite blanche*, ces bas-fonds de la population des grandes villes, gangue lourde et compacte qui retarde et encombre la marche de la société, ne sont pas aussi coupables qu'on le suppose généralement. Sans vouloir les disculper, il n'en demeure pas moins qu'ils sont les victimes, volontaires jusqu'à un certain point, il est vrai, d'un état de chose imposé par le Progrès, en même temps qu'ils sont les bourreaux de la société sur laquelle ils vivent.

On peut donc admettre que les résultats apportés par le machinisme, bien que favorables en principe, n'en n'ont pas moins créé un trouble profond dans le développement de la société actuelle. Aussi, est-ce à bon droit, en présence de cette foule énorme de sans-travail, volontaires ou non, que l'on doit se demander quels sont les remèdes propres à parer à cet encombrement de plus en plus marqué qui se manifeste dans toutes les situations. Pouvons-nous, du moins, concevoir l'espérance que le Progrès s'arrêtera un jour avec ses réactions aussi pernicieuses que précipitées ?

Mais plutôt, nous sommes enchaînés plus que jamais par ces mêmes forces, ce phénomène de la simplification du travail tendant à s'accentuer de plus en plus. On pourrait, d'un autre côté, élever l'objection que, par suite des inventions secondaires nouvelles et des perfectionnements qui apparaissent chaque année, les bras ne font que changer d'instrument et qu'en définitive l'activité sociale trouve toujours un dérivatif. Rien de plus juste apparemment, car, pour en citer un exemple, supposons qu'un conducteur de voitures devienne wattmann. Ce travailleur trouve ainsi un emploi qui est même mieux rémunéré, comme étant plus délicat et plus difficile que celui qu'il exerçait auparavant. Seulement, il faut faire remarquer que son nouveau véhicule peut transporter un plus grand nombre de voyageurs et, — autre facteur, — il va beaucoup plus vite. Ainsi, supposons que dans telle localité, une centaine d'individus aient été employés autrefois à la locomotion ou aux transports ; si aujourd'hui il n'en reste plus que la moitié, l'autre moitié a cherché des moyens d'existence, non comme elle a voulu, mais comme elle a pu. Certains auront trouvé une fonction plus lucrative, mais combien d'autres voués au vol, au crime, à la prostitution ou au suicide !

Pour nous en tenir à ce dernier cas, il est inconcevable que des malheureux finissent leur existence par le réchaud, alors que l'or ruisselle de partout, que l'on donne le blé aux bestiaux et qu'on répand le vin dans les rues. Il est inadmissible que des malheureux qui ne demandent qu'à travailler ou sont incapables de le faire, tombent d'inanition ; pourtant, cela existe sur une grande échelle et nous sommes à une époque d'intense civi-

lisation, d'intense socialisme, d'intense philanthro-
pie, nous sommes presque à l'apogée du Progrès !

* *
*

Même gêne, même malaise dans le commerce, les
arts et les professions libérales, avec cette seule
différence, qu'avec le développement toujours plus
grand du luxe, de l'instruction et les nouvelles exigences de la vie moderne, exigeant plus de décor,
la société englobe tous les jours dans son sein des
représentants de plus en plus nombreux de ces
différentes branches, au détriment des travaux
corporels de l'agriculture et de l'industrie.

De là, nécessité pour nous de reconnaître, en
principe, que cette translation des forces représentant l'énergie sociale s'est opérée non sans établir
un certain équilibre, un heureux nivellement entre
ces diverses ramifications de l'activité générale.
Mais cet équilibre ne s'est manifesté qu'imparfai-
tement.

En effet, bien que les conditions actuelles des
bases sur lesquelles est constituée la société, demandent plus de commerçants, plus d'artistes, plus
d'intellectuels de toute sorte, il n'en demeure pas
moins qu'une proportion harmonieuse ne s'est pas
établie entre la quantité des fonctions relevant de
ces professions et le nombre des personnes dont
l'intention ait été de s'y fixer.

En effet, dans toutes les situations, les carrières

sont encombrées plus que jamais, et, indépendamment de cela, les efforts pour y parvenir deviennent de plus en plus pénibles et exigent, une fois qu'on est installé, des efforts non moindres pour s'y maintenir honorablement.

Un tel, peut-être, a réussi dans le commerce et s'est acquis une brillante fortune, tel autre s'est créé un genre à part dans la peinture, et sa signature se vend couramment un millier de francs, tel médecin réputé possède la haute clientèle de la région. Nous tenons à enregistrer ces heureux résultats, car ils forment l'exception et sont beaucoup moins longs à énumérer que la multitude des tristes résultats qui forment l'immense majorité.

Combien, en effet, végètent tristement et misérablement ! Tel avocat, qui ne possède qu'un talent, moyen, mais non médiocre, ne compte parmi le nombre des avocats que sur les registres du Palais de Justice. Un « échappé » de collège, à la plume facile, vient s'établir à Paris pour s'essayer dans le journalisme. A peine est-il entré et a-t-il remis sa copie, qu'un vague sous-directeur lui répond poliment, mais impitoyablement, après s'être contenté de regarder le titre : « C'est très bien, Monsieur, je vous remercie, mais il y en a cent autres avant vous. » Combien d'artistes peintres d'un talent très réel en sont réduits à la misère ; ils ne peuvent vendre leurs toiles, car ce vulgaire métier de la photographie a tué cet art si délicat de la peinture.

Que de bassesses il faut faire pour arriver, que de couleuvres à avaler, que d'heures à se mordre le poignet! Souvent il faut se mettre à la merci de gens qu'on méprise, dire qu'on leur souhaite tout le bien du monde alors qu'on ne leur veut que du mal! Que de courbettes, de salamalecs et de simagrées devons-nous faire à contre-cœur ! Chacun a des protections qui ne pèchent ni par leur nombre, ni par leur importance ; il n'y a qu'une chose qui leur manque, c'est leurs conséquences logiques et surtout nécessaires. Même les emplois les plus humbles, d'agents de police, de cantonniers, d'instituteurs, sont l'objet de demandes de plus en plus suivies et répétées. Ceci nous conduirait à parler du fonctionnarisme, question que nous étudierons plus loin.

Bref, la lutte pour la vie devient un problème de jour en jour plus difficile à résoudre. Nous n'entendons parler que de concurrence effrénée, d'arrivisme outrancier, de records, de *struggle for life*, de *bluff*, de *trusts*, de trucs, de primes, de réclames, de duels, d'accaparements, d'agios, de syndicats, de grèves, de *lock-out*, de battage, de boycottage, de protectionnisme : autant de termes luttant eux-mêmes les uns contre les autres, synthétisant la lutte des individus contre les individus, des classes contre les classes, des partis contre les partis, voire des nations contre les nations, autant de termes qui résument des considérations longues et oiseuses, que le lecteur nous saura bon gré de lui épargner. Rapidité et intensité, telle est la devise du siècle : il faut nous y conformer. Intensité dans la lutte surtout. *Business is business*. Ote-toi de là que je m'y mette. *Tarde venientibus ossa*. Autant de devises de nos artabans et chevaliers de toute industrie et de tout calibre, de toute envergure et même des honnêtes gens. Il est vrai souvent qu' « il n'y a pire canaille que les honnêtes gens ».

Et si l'on considère que ce malaise augmente dans les mêmes proportions que le Progrès, il nous sera permis de désespérer complètement de l'avenir, car le Progrès augmente avec une rapidité régulière, constante, logarythmale. *Vires accrescit cundo*.

Beaucoup trouvent, il est vrai, une situation dans l'armée. Ceci nous conduirait à parler du militarisme. On serait peut-être tenté de croire à première vue que nous allons user notre pauvre et inutile verve à attaquer ce fléau et à le jeter comme une injure à la face du Progrès. Bien loin de là. Le militarisme constitue un grand remède à la situation présente. Sans lui, il y aurait beaucoup plus de misère avec tous les inconvénients qui en résultent et dont nous avons donné un léger aperçu. C'est lui qui reçoit et emmagasine une partie du contingent des sans-travail, des sans-emploi, tous ceux qui manquent de ressources ou de moyens d'existence, indépendamment de ceux qui le font par vocation. Bref, le militarisme est un remède, bien pauvre remède cependant ; son action ne s'exerce que négativement, nullement par le bien qu'il infère, au contraire, c'est un fléau qui consume l'énergie vitale et les ressources d'une nation, mais par le plus grand mal qu'il empêche. Voilà à quoi en est réduit le Progrès ! Comme un corps malade, il est obligé de prendre des poisons qui semblent apparemment le soutenir et ne le consument pas moins.

* * *

Ainsi que nous l'avons exposé plus haut, l'esprit nouveau n'avait pas à lui seul contribué à créer dans les mœurs et les habitudes ces changements dont nous avons indiqué les tendances et la nature et fait une sommaire description. L'évolution matérielle mérite d'en être rendue responsable pour une très large part, surtout pour les phénomènes que nous allons passer rapidement en revue.

De nos jours, se manifeste une propension de plus en plus accentuée vers l'émancipation de la femme, fait dont nous ne saurions nous étonner, car il ne fait que suivre et accompagner le courant moderne dont la tendance se traduit par une plus grande part de liberté accordée à tout individu. De cette liberté, la femme sait-elle vraiment en tirer parti, la tourner tout à son avantage ? A-t-elle su s'en servir pour ses véritables et plus immédiats intérêts, pour son plus grand bien-être matériel, et pour son éducation morale? Doit -elle être encouragée à suivre cette voie, ou bien, doit-elle être encore guidée, soumise à la tutelle, à l'autorité, mais aussi à la protection de l'homme, ou comme certains le demanderaient, doit-elle demeurer sans contrôle et sans sujétion dans une indépendance à peu près absolue?

Question facile à poser, mais extrêmement difficile et complexe et dont la solution exigerait, en outre des recherches unies à une érudition merveilleuse que son développement entraînerait, des considérations nécessitant un long volume. Quant à nous, que nous importe cette question, qui rentre plutôt dans l'ordre des manifestations extérieures de l'Évolution à titre de simple changement, neutre, indifférent, qui en un mot ne fait pas partie de la pathologie du Progrès, dont elle est une des faces assurément importante, mais non morbide.

D'aucuns, — et en ce lieu, il semblerait que nous devrions formellement prendre parti pour eux, puisque nous paraissons vouloir ne laisser échapper aucun argument contre le Progrès, — d'aucuns, dis-je, prétendent que le féminisme, à cause de la plus grande part de liberté accordée à la femme, de licence plutôt, entraînerait un certain trouble et un certain désordre dans la société, provenant de l'allure peu régulière et contraire aux lois normales existant jusqu'à ce jour que prendrait le féminisme. Sans doute, ces derniers, veulent-ils envisager le rôle de plus en plus considérable que prend la femme dans certains emplois et de la place de plus en plus importante qu'elle occupe dans certaines administrations, certaines fonctions, voire quelques fonctions libérales. Ils prétendent que la place naturelle de la femme serait à son foyer, place qui lui est réservée et dévolue de droit et de nature, et non dans un bureau ou une chaire. Une femme qui donne des consultations ne leur dit rien qui vaille et de les entendre plaider n'est pas sans provoquer à la fois leur mauvaise humeur et leur hilarité.

Par contre ,qui les blâmerait de vouloir chercher une situation qu'elles ne devraient qu'à elles seules, surtout s'il faut qu'elles luttent pour l'existence ? En France, d'une façon générale, on épouse une jeune fille pour sa dot et nullement pour sa position. En Angleterre et en Amérique, on apprécie beaucoup celles qui ont une situation et c'est à juste titre, surtout si elles peut s'accorder d'une façon convenable à leur sexe.

D'un autre côté, pourquoi la femme ne disposerait-elle pas seule de son salaire ? Ceci n'est pas dans notre législation. Il y aurait peut-être une lacune de ce fait et une réforme à faire.

Mais notre intention n'est ni d'attaquer, ni de défendre le féminisme. Il ne nous appartient pas de trancher la question ; nous nous contenterons de déclarer que nous ne prendrons parti contre les partisans de cette tendance sociale que jusqu'au point seulement où son action pourrait devenir nuisible à la conservation de l'esprit de famille.

Ce danger se manifeste par des caractères aussi variés que nombreux. Le collégien qui végète, moisit, muré et emprisonné pendant huit ans, dix ans, comme pensionnaire dans l'enceinte d'une institution de quelque nature qu'elle soit, l'apprenti qui travaille à plusieurs kilomètres du domicile de ses parents, l'étudiant qui vient faire son droit ou sa médecine à Paris ou bien le paysan qui vient y chercher quelque fétide besogne, — autant d'atteintes portées à l'esprit de famille.

Chez l'écolier, — trop peu de liberté. — Il sort de l'internat, après avoir passé, brillamment du reste, ses examens ; absolument neuf et sans que son individualité se soit développée, alors qu'au milieu de sa famille, n'allant au lycée ou au collège que pour entendre le professeur, son caractère se serait considérablement formé sans que ses mœurs et sa conduite eussent dû pour cela en souffrir beaucoup. Dans certaines familles, surtout de la haute classe, se trouve fortement dessinée l'habitude de cloîtrer leurs enfants et de les éloigner d'elles le plus possible.

Dans les autres cas, au contraire, une liberté excessive chez l'apprenti, chez l'étudiant, — ce dernier serait d'autant moins retenu qu'il l'a été outre mesure auparavant, — un désordre inévitable dans la conduite, seraient plutôt à redouter.

Vers ces différents phénomènes sociaux, — aussi bien ceux qui enserrent trop l'individu que ceux qui l'abandonnent à la dérive d'une liberté excessive, — le Progrès, par les nouvelles conditions qu'il a imposées, devait fatalement nous conduire.

Devrions-nous lui imputer encore et le rendre responsable du fléau de la dépopulation? On ne saurait élever aucun doute à ce sujet, car c'est en France, pays de la civilisation la plus intense, où elle a le mieux imprimé son cachet raffiné, que ce fléau s'exerce le plus.

Cette question est encore extrêmement complexe et exigerait des développements que ne nous permettent ni notre compétence, assurément très restreinte, ni la nature de notre sujet, qui nous contraint à une marche rapide.

Nous hasarderons seulement quelques timides observations.

Beaucoup l'attribuent à la misère, mais certains autres le nient formellement avec de fortes preuves à l'appui. Examinons, en effet, ce phénomène avec ses diverses réactions dans les deux provinces limitrophes de la Bretagne et de la Normandie. Elles ont encore deux points de ressemblance commune : elles sont essentiellement agricoles ; elles sont la proie de l'alcoolisme. Le contraste est frappant : autant la première est pauvre en ressources et riche en enfants, autant dans la seconde une aisance, un confort, un luxe brillant n'ont d'égaux que la déchéance, la misère, la cachexie prolifique. Nouvelle preuve de ce manque d'équilibre, fait caractéristique de notre époque. Les pauvres donnent sans compter des enfants à la patrie. Les riches, donnant prise de plus en plus à leur égoïsme et à leur insouciance, s'abandonnent tout entiers à la loi du moindre effort appelant à sa suite un moindre effort encore. Pourtant, il serait injuste de méconnaître que certaines familles riches, qui ont conservé les anciens principes, ne soient très nombreuses.

Bref, ce phénomène est un signe des temps tout à fait significatif, une preuve de perturbations considérables et profondes, la traduction même de changements profonds survenus dans la constitution contemporaine, dans la biologie du corps social. Il s'est manifesté, associé et combiné avec des éléments multiples et variés, dont il est aussi bien la cause que le résultat, tels que le fonctionnarisme, le féminisme, la désertion des campagnes, la diminution des l'esprit de famille ancestral, la perte des vieilles accoutumances.

Le lecteur a pu s'apercevoir jusqu'ici à la fois de plusieurs lacunes et de certaines redites, dans le cours de cet ouvrage. Il n'en pourrait guère être autrement. Cependant, indépendamment de notre trop faible expérience, il faut considérer qu'une question sociologique, quelque exigus qu'en soient la portée et le but, est par sa nature même extrêmement compliquée. La sociologie, en effet, est une science qui réunit en elle toutes les autres et qui, par la concentration de leurs apports respectifs et successifs, n'est pas sans présenter certains embarras et occasionner un certain encombrement à cause de la variété extrême des éléments qui concourent à sa formation. Questions philosophiques, morales, religieuses, ethnographiques, historiques, littéraires, pédagogiques, artistiques et économiques, juridiques et bien d'autres encore, la sociologie les embrasse toutes, car son champ et son rayon d'action sont aussi étendus que celui de toute la société. A toutes ces questions, elle leur donne un lien, cherche à les coordonner, à établir ou à étudier les rapports qui peuvent exister entre chacune d'elles, elle leur sert de trait d'union, puis en tire ses lois propres, ses principes et applications particulières.

Or, le sujet que nous avons entrepris de traiter, s'il ne présente qu'une profondeur peu considérable (ne voulant faire ici qu'un simple exposé destiné à servir de base aux solutions que nous avancerons plus loin), embrasse, au contraire, une immense étendue et exige une grande vue d'ensemble.

Aussi, comment ne risquerions-nous pas de nous égarer dans le nombre des phénomènes dont nous exposons l'origine, le processus et les conséquences? Bien plus, leur nombre ne serait peut-être pas un grave inconvénient : il suffit d'échelonner toutes les questions les unes à la suite des autres et de les attaquer séparément. Mais ce n'est pas là que gît la difficulté. Comme chacune d'elles possède un rapport très étroit avec toutes les autres, il est très facile de glisser inconsciemment de l'une à l'autre et d'y être entraîné malgré soi par leur connexion toute naturelle, et ceci, sans discontinuité. Si, au contraire, on veut les traiter séparément, l'ouvrage dans ce cas ne présente plus d'unité et n'est constitué que par la juxtaposition de divers articles différents les uns avec les autres.

Ainsi, prenons comme exemple la crise de l'agriculture, question du reste primordiale. Elle nous permet de passer de déduction en déduction à toutes les autres, aussi bien à celles que nous avons, traitées qu'à celles que nous traiterons ultérieurement. L'abandon des campagnes est en relation étroite avec le développement des mauvaises mœurs, la tendance au fonctionnarisme, à la dépopulation, à l'alcoolisme, ainsi qu'avec la pathologie physiologique. Mais ces divers phénomènes possèdent entre eux une certaine connexion, par exemple la question morale serait à rapprocher de la dépopulation, l'Etatisme (nous le montrerons plus loin) se confond avec le militarisme ; la crise industrielle, de son côté, participe à ces différentes branches de l'Évolution. Le développement de l'instruction, que nous nous refusons à considérer comme une manifestation morbide qui a accompagné le Progrès, peut être coordonné également avec les cas précédents ; de nombreux phénomènes secondaires pourraient être rattachés et dérivent, du reste, de la même cause primordiale : les troubles apportés dans le domaine de l'activité générale ; mais cette cause embrasse une telle étendue que ses multiples traductions présentent une grande analogie entre elles, qui, ainsi que des rouages d'une même machine, se pénètrent, s'endentent, les uns dans les autres et effectuent leurs transmissions réciproques.

Mais peut-être siérait-il de clore ces considérations qui mériteraient plutôt de faire l'objet d'une note, si elles n'éclairaient notre marche, ou du moins n'essayaient de le faire. Tâchons à nouveau d'ouvrir notre sillon dans ce terrain embroussaillé et rocailleux.

*
* *

Nous avons déjà remarqué, et nous remarquerons plus d'une fois encore, que presque toujours un phénomène se présente avec une autre face tout à fait opposée, d'où il résulte fatalement pour la société un manque flagrant d'équilibre et de coordination. Or, ici, nous allons étudier un nouveau genre de ces transformations se montrant sous des formes différentes et par des réactions contraires.

Il s'agit de la tendance de plus en plus prononcée à la fois vers le capitalisme et vers le socialisme.

Le développement de la grande industrie a provoqué la création de services généraux importants, tels que voies ferrées, entreprises minières, œuvres d'art considérables, constructions de toutes nature, qui ont peu à peu entreposé dans les main d'un plus petit nombre les ressources et les capitaux nationaux. En un mot, aujourd'hui, c'est dans l'industrie que repose la grande force économique de la société.

Autrefois, c'était à l'agriculture qu'était dévolu le même rôle. Autrefois, était fortuné qui possédait à perte de vue, en avoir, manoirs et terroirs, que ses hoirs lui avaient légués à bon escient ; aujourd'hui, est capitaliste qui possède banque et usine, gagnées par la force du poignet, qui, paladin déambulant sur les dalles froides de la Bourse, fait agio, banqueroute. Autrefois, celui-là serrait en hiver dans ses granges de pleins boisseaux de seigle et de froment ; aujourd'hui, celui-ci, par une heureuse spéculation, remplit son coffre en une nuit. Nous avons nos barons, nos comtes, nos marquis, nos ducs modernes ; ils ont gagné leurs galons, leurs positions, leurs blasons (comme on voudra), sur les champs de bataille économiques. Autrefois, noblesse de blason, aujourd'hui, noblesse d'argent. En Amérique même, se sont constituées des royautés : royautés du pétrole, de l'acier, du saindoux. Autrefois, rôtissait chez un Masferrer, dans l'âtre colossal, un colossal sanglier ; on entendait encore dans la forêt profonde le cor retentissant des veneurs attardés ; aujourd'hui, des

Crésus dînent sur le boulevard. L'Opéra ou le Music-Hall? Il n'est pas loin. Autrefois, Duguesclin, au coin d'un bois, imaginait dans sa cervelle matoise sa petite ruse pour tailler des croupières à Talbot ; aujourd'hui, Oyama, la tête plongée dans les mains, devant un monceau de cartes, médite contre Liniévitch un plan transcendant de mouvement tournant.

Le décor, la forme changent, le fond reste toujours le même. Il n'y a qu'une chose qui n'a pas changé, c'est que les Juifs ont toujours rempli leur poche. Ce sont les rois de la finance. Récemment la victoire de Togo ne fit pas osciller davantage les cours de la Bourse que la mort de Rothschild.

Mais revenons à notre sujet. Autrefois, devant les nécessités de l'époque, les serfs et les vilains venaient se mettre sous la tutelle et la dépendance des seigneurs ; aujourd'hui, devant l'évolution économique et les nécessités qu'elle a entraînées, les ouvriers viennent demander du travail dans les usines, châteaux-forts modernes, dont les cheminées semblent les tourelles des castels féodaux.

Autrefois, la petite industrie seule était possible et seule régnait sans conteste ; les Corporations du moyen âge nous le prouvent, elles en sont le type le plus achevé ; elles sont, en quelque sorte, l'âge d'or du socialisme. Chacun travaillait pour son compte. C'est à peine si le patron était aidé d'un « compagnon » ou d'un apprenti, avec qui, du reste, il vivait en bons termes ; mais l'évolution ne tarda pas à se manifester et dès le xv° siècle, le rouet, dans le domaine de la filature, pour ne citer que ce cas, remplaça la quenouille. Dans la suite des Ages, ces tendances s'accusèrent de plus en plus, et aujourd'hui il n'est plus question de ces modestes et nombreux ateliers, mais d'immenses manufactures où se démènent, s'agitent, bouillonnent des centaines et parfois des milliers d'ouvriers.

En même temps que le mouvement industriel (et financier, devons-nous ajouter, le système de Law fut la conséquence de l'augmentation du numéraire ; à cette époque, on créa le mot millionnaire) gagnait du terrain, le mouvement agricole, tout en perdant de son importance, convergeait vers une répartition mieux équilibrée et résultant d'ailleurs des conditions nouvelles : le vilain rachetait la terre au seigneur.

Bref, la petite propriété agricole se développait aux dépens de la grande, la grande propriété industrielle (terme pris dans son sens le plus général) tendait à prendre le pas au détriment de la petite.

Telle, dans ses grandes lignes, se déroula l'évolution économique du corps social, sous deux de ses faces les plus importantes, depuis le Moyen Age jusqu'à nos jours.

Les capitaux, du moins dans le groupe industriel comprenant travailleurs manuels et patrons, ayant passé en des mains de plus en plus rares, ceci créa une inégalité de plus en plus marquée dans une partie des rangs de la société. Le petit nombre qui comprenait ceux qui possédaient des capitaux matériels acquis par héritage, qui comprenait également ceux qui possédaient des capitaux moraux, intelligence, initiative, volonté, tous ceux qui ne craignaient pas de donner de leur personne sans épargner veilles et fatigues, gouvernèrent le grand nombre, l'immense majorité, moins capable et moins hardie.

Les premiers possédaient l'avantage qui résulte de l'influence morale d'une haute position sociale, sans compter celui des capitaux qu'ils avaient draînés à leur profit ; mais les ouvriers, ayant pour eux le nombre et donnant aux patrons les moyens de prospérer, tout aussi bien que ces derniers les faisaient vivre, répondirent surtout par l'arme formidable des grèves, instrument extrêmement juste dans son principe et dont l'application pondérée, constitue une tendance vers un nivellement plus équilibré et vers un meilleur répartissement de la fortune publique.

Mais les ouvriers revendiquèrent leurs droits ou leurs prétentions avec plus d'acrimonie que d'esprit d'équité et de conciliation, fait dont ils ne méritent pas, du reste, d'être rendus seuls responsables ; quoi qu'il en soit, des conflits qui s'élevèrent entre le patronat et le prolétariat, il en résulta : ruine pour le premier, misère pour le second. Il serait injuste d'en rendre celui-ci entièrement responsable. Ces grèves, en effet, déjà fatales, étant donné les assises nouvelles sur lesquelles reposait la société industrielle, se sont trouvées encore ravivées au vent des doctrines subversives du jour.

L'ouvrier, déjà aigri naturellement et jaloux en principe du patron qu'il accusait d'usurper une quote-part des ressources qu'il prétendait lui revenir de droit, devenait un prosélyte tout indiqué du socialisme, système sociologique intangible dans son essence et dans son origine, mais qui demande une application pondérée et opportune. Ce système dégénéra et devint un foyer de chimères et d'utopies, et pour tout dire un parti politique. Les idées nouvelles puisées dans les œuvres d'idéologues énergumènes furent exploitées et fécondées de nouveau par les élucubrations des meneurs et autres « entrepreneurs de battage » politique ou électoral, individus néfastes, dont l'ambition n'avait d'égale que l'aveuglement. Ils prônèrent en faveur d'une égalité irréalisable, d'une liberté qu'ils exaltèrent jusque dans ses réactions les plus morbides et les plus dangereuses. Ils prêchèrent le communisme, le partagisme, le collectivisme, l'internationalisme, soit le socialisme théorique ; d'autres, plus audacieux, en parole du moins, exaltèrent l'anarchisme, soit le socialisme appliqué, ayant pour symbole le poignard ou la bombe. Les diverses conséquences de cette dernière doctrine dont le résultat s'est traduit par l'assassinat de chefs d'États, ne prouvent pas grand'chose, il est vrai ;

elles ne sont guère que le produit d'un énervement passager et d'une exaltation localisée ; elles n'en révèlent pas moins des symptômes inquiétants qui, un jour ou l'autre, pourront embraser l'avenir. Sans doute, jusqu'ici, un ordre plutôt factice que spontané a pu régner et aucun trouble social d'une importance capitale ne s'est manifesté dans aucune grande nation ; jusqu'ici les forces municipales, voire l'armée, ont contenu les masses prolétariennes prêtes à s'ébranler et à monter à l'assaut de nouvelles Bastilles ; mais qui donc serait assez optimiste, assez confiant dans l'avenir, pour assurer que de ce levain de haine et de jalousie, de ces germes de révolte qui couvent dans les cœurs, en présence de revendications de plus en plus impérieuses, en présence des espérances toujours conçues jamais réalisées, il n'en résultera pas un choc si violent que l'étincelle en jaillira et embrasera tous les éléments de la société d'un feu à la fois purificateur et dévastateur comme sous la Révolutoin, à moins que comme sous la Commune, ce feu ne consumme que les forces vives de la nation, dans lequel, lamentablement et pour jamais, sera brûlée la pâle et tremblante effigie du Progrès !

Et, du reste, à l'heure actuelle, ne constatons-nous pas dans l'Empire du Tsar, l'embryon d'un bouleversement radical et violent dans ce réveil subit de légitimes mais trop précipitées aspirations vers la liberté, dont la cause profonde et latente a été la pression exercée sur le peuple plutôt par une oligarchie bureaucratique et rétrograde que par une autocratie presque paternelle. Espérons que le peuple russe aura assez de bon sens et de saine raison pour passer au travers de ces menées basses et aveugles, qui ne peuvent que le conduire à une ère de désordre, d'anarchisme ou de folle incohérence.

CHAPITRE III

L'ÉTATISME ET SES DÉRIVÉS

Nous avons exposé sommairement à quels résultats la déviation de l'activité humaine de sa voie ancienne, naturelle et normale, avait conduit la société moderne. Nous désirerions en clore la série ; il est peut-être utile de sonder ses plaies, mais bien peu agréable, aussi hâtons-nous de sortir de cet exposé sec et dénudé, afin de pouvoir ensuite aborder les questions peut-être plus intéressantes relatives aux mesures nécessaires pour obvier aux inconvénients inhérents au Progrès.

Parmi ces derniers, nous citerions encore et non parmi les moindres, la propension de plus en plus accentué au fonctionnarisme. D'abord, qu'entend-on par fonctionnarisme ? Nous nous refusons d'en donner la définition, car il n'est personne qui ne connaisse ce qu'on appelle vulgairement un fonctionnaire, employé de la régie, douanier ou tout autre commis de l'administration. Par ailleurs, il nous semble préférable de substituer à ce terme celui, beaucoup plus général, d'Étatisme, qui n'est autre que la tendance de l'individu à chercher un mode d'existence, non directement par ses propres moyens, mais en servant de simple rouage dans un corps constitué de la machine sociale. Dans ce cas, c'est un sous-ordre, un intermédiaire. Ce n'est pas un automate, ce n'est pas non plus un indépendant, ni un responsable ; individualisme situation opposée, en fera mieux comprendre encore la définition.

Ainsi, tout employé du gouvernement ou d'une maison particulière est un étatiste, toute autre personne dont les moyens d'action ne relèvent que de lui seul est un individualiste, aussi bien le plus simple des paysans que le plus grand industriel.

Ce terme d'Étatisme englobe dans sa signification assez étendue, diverses tendances, diverses situations, tels que le fonctionnarisme, le militarisme, le système socialiste. Ce rapprochement pourra d'abord paraître forcé, nous allons en montrer le bien fondé tout à l'heure. D'une façon générale, et en principe, ledit Étatisme peut être considéré comme une des manifestations les plus pernicieuses de l'évolution sociale, comme un fléau excessivement dangereux.

Entre les phénomènes de toute nature que nous ayions eu à signaler jusqu'ici, et parmi ceux que nous relèverons ultérieurement dans le cours de cette étude, c'est peut-être le plus important : aussi avons-nous l'intention de nous arrêter d'une façon toute particulière. Il est doublement néfaste :

non pas seulement à cause de la perte immédiate et matérielle qu'il cause à la nation, mais il est aussi le symptôme moral le plus alarmant qui puisse se rencontrer, car il renferme en lui les germes d'un grand nombre de phénomènes dérivés susceptibles de s'aggraver encore par la suite. Notons, en passant, que les pays les plus individualistes, notamment l'Angleterre et les États-Unis, sont ceux chez lesquels se révèlent les indices de dégénérescence les moins graves et les moins nombreux, les cas morbides, moraux et physiologiques les moins accentués, ceux qui ont le plus d'action, de vitalité.

Plus haut, nous avons parlé peut-être trop succinctement de la dépopulation. Il serait bon d'y revenir. N'est-ce pas un usage, une coutume, passée presque à l'état de loi fixe et permanente, que les fonctionnaires ont peu ou point d'enfants? Ils tablent sur une telle situation financière, sur laquelle ils règlent le nombre de leurs enfants avec une précision qui n'a d'égale que la régularité rétrograde et paperassière de leur administration. Et comment, du reste, le pourraient-ils, quand ils se trouvent dans de telles conditions matérielles qu'ils sont dans l'impossibilité absolue d'élever une famille? Pour n'en citer qu'un exemple, ayant trait à une autre question exposée plus haut, comment exiger les devoirs de paternité et de maternité de deux fonctionnaires masculin et féminin? L'exiger, signifierait pour cette dernière la perte de sa situation.

Que dire du préjudice causé à la santé publique par cette néfaste bureaucratie? Combien de jeunes hommes qui restent assis une dizaine d'heures, ankylosés en quelque sorte, alors que leurs membres demandent impérieusement un exercice salutaire, que leur cerveau trop surchargé demanderait d'être allégé de tant de comptes et de calculs. Nous devons rendre également ce phénomène responsable de l'extension de l'esprit de corps et de l'isolement dans lequel semble se concentrer de plus en plus l'individu. L'Étatisme diminue un homme aussi bien dans sa vie physiologique que morale et intellectuelle. Mais de ses défauts, nous n'en avons pas encore épuisé la série.

Par lui, tout mouvement d'initiative est arrêté dans son élan ; aussi devrions-nous accuser nettement la doctrine socialiste de chercher à rabaisser le niveau de notre propre individualité, et les ressorts de notre personnalité. Il est manifeste, en effet, qu'il y a connexion étroite entre cette dernière doctrine et l'Étatisme qui en est la mère, et faire le procès de l'une, c'est accuser l'autre également. Dans les deux cas, tout rôle actif de l'individu, consiste à devenir un rouage passif inconscient de la *machine*, à se mettre sous la protection du Dieu-État, en qui aveuglément il s'est livré tout entier, implorant de lui seul tous ses moyens d'existence.

Cependant, ne serait-il pas superflu d'exprimer d'inutiles regrets à ce sujet, puisque, fatalement, l'Évolution devait nous conduire à un tel état de choses? Nous l'avons constaté tout à l'heure, le développement du prolétariat, par lequel le grand nombre, pauvre, servant d'intermédiaire au petit nombre, riche, devait créér un courant opposé — que nous dénommerons cette fois le partagisme — par lequel le sujet, que son défaut d'intelligence, de volonté ou de capital matériel, avait relégué dans les rangs inférieurs de la société, demanda que toutes les ressources de la fortune publique fussent communes et réparties également entre tous les membres de la société.

Tout en faisant ces considérations, nous tenons à réserver les droits inhérents à tout homme de revendiquer ce qu'il croit devoir lui échoir moralement, alors même que l'objet de sa compétition ne lui serait pas officiellement dévolu. Il existe des droits moraux comme des droits légaux, et les premiers n'en sont pas moins sacrés, immanents et imprescriptibles. Malheureusement, nous sommes obligés de constater que nous sommes en un siècle ou il sont de moins en moins reconnus.

Le prolétaire n'a pas plus le droit d'entraver l'action sociale et commune du patron, que ce dernier n'a le droit de rendre à l'autre l'existence aussi difficultueuse que possible. Nul n'a droit au superflu si chacun n'a pas le nécessaire. Rien de plus vrai, rien de plus juste. Mais pour mettre cet admirable principe en pratique, il n'a existé jusqu'à ce jour aucun moyen radical, aucune solution, et le collectivisme ne l'a pas résolu plus que tout autre. Qui pourrait renverser ce mur inébranlable du Progrès? Ses assises sont creusées trop profondément pour que l'on puisse les miner et puis, d'ailleurs, sans qu'il soit besoin d'accuser inutilement ce triste Progrès, l'inégalité n'est-elle pas une des conditions de notre humaine nature, « abîme d'imperfection et d'erreur » ?

Un des effets les plus morbides de l'Étatisme est cette conception mal entendue de la vie par laquelle l'individu, sous les couleurs d'un feint esprit de justice, plutôt d'égalité brutale, ne tend à rien moins, en entreposant toutes les ressources publiques entre les mains de l'État, qu'à chercher en réalité son propre intérêt, en se contentant de toucher régulièrement et immanquablement la pitance qui lui revient comme prix de la maigre, ennuyeuse, mécanique besogne qui lui est assignée. Et cela, au lieu de s'affranchir par son action propre des besoins de l'existence, bien plus, à faire déborder la coupe des nécessités pressantes, à s'élever au bien-être, au luxe et à la prospérité ; autant de bienfaits qui non seulement rejailliraient sur lui-même, mais aussi sur l'ensemble de la société. Mais rien de tout cela ; au lieu de chercher à tirer notre épingle du jeu d'une façon à la fois honnête, active et effective, nous ne cherchons, riches ou pauvres, qu'à nous mutiler mutuellement, à nous « couper l'herbe sous le pied », idéal sans grandeur, ennemi de nos intérêts les plus proches et les mieux entendus et les plus honnêtement et sainement égoïste ! Quelquefois, le mal des uns fait le bonheur des autres et le « struggle for life » est une des lois de l'humanité ; cependant, n'existe-t-il pas un moyen qui permette de concentrer en un seul point toutes les forces et les ressources vitales, de façon à résoudre le problème si difficile de la biologie du corps social dans son mode le plus utile à chacun dans l'intérêt de tous ? Hélas ! nous nous engouffrons de plus en plus dans le précipice de la perdition, la basse envie nous rabaisse et nous diminue et la noble émulation ne sait nous élever et nous agrandir. Le Progrès nous achemine de jour en jour dans la voie du mal.

Il résulterait des lignes précédentes que, puisque le Communisme se confond avec l'Étatisme, l'ouvrier qui par le seul fait de sa situation tend tout naturellement à revendiquer pour lui les principes et les lois de l'Étatisme, devrait être un Étatiste. Il n'en est pas absolument ainsi, bien que son inclination l'y fasse pencher, mais il ne l'est pas encore, car il est réellement producteur et travailleur effectif. Bref, il tient le milieu entre l'Individualiste et l'Étatiste. Un comptable, un employé qui travaille mentalement, ne l'est ni plus ni moins que lui ; la question de sédentarité est tout à fait secondaire, excepté au point de vue de l'hygiène dont nous parlerons ultérieurement.

Sortons de la ville et dirigeons-nous vers la campagne. Un petit propriétaire, aussi petit soit-il, est un individualiste pur ; quant au fermier, qui est placé sous la dépendance de son maître, il possède, plus que ce dernier, l'honneur de revendiquer le produit du travail, dû plus encore à ses bras, à ses sueurs, à ses fatigues qu'au capital du maître. De plus, il a à supporter concurremment avec lui les conséquences des intempéries et autres accidents, tandis que l'ouvrier par rapport à ce dernier, n'a pas à envisager des risques adéquats et comparables à ceux précités.

Jusqu'ici, nous n'avons exposé et considéré que des faces diverses de l'Étatisme particulier ; nous allons maintenant parler de l'Étatisme officiel ou gouvernemental.

* * *

Il est indéniable qu'un militaire ne soit pas un Étatiste, car, à quelque hiérarchie qu'il appartienne, il est toujours et doit être toujours soumis au joug de la discipline, et c'est justement parce qu'il est soumis à ces lois sacrées de la discipline, que nous ne devons pas le considérer comme un simple fonctionnaire, rang auquel certains ont une tendance fâcheuse à le faire descendre.

Et maintenant, il nous reste à parler du fonctionnarisme proprement dit. C'est un fléau qui s'étend dans tous les pas du monde, mais dans la France d'une façon toute particulière, dans laquelle il exerce ses ravages insidieusement, mais impitoyablement. Il n'est personne qui ne cherche à obtenir quelque poste bureaucratique. Les rangs inférieurs de la société ne sont pas moins, sinon plus encore, imprégnés que les autres de cette tendance.

Le paysan ne veut plus que son fils travaille la terre, il en fera un maître d'école à 900 francs par an ou un gendarme, il le fera rengager pour gagner ses galons d'adjudant et jouir de la retraite à l'expiration de son congé.

La retraite! Quelle belle séductrice, enchanteresse et perfide pour les amoureux de la bureaucratie! En attendant, c'est une vie douce, niaisement heureuse, tranquille, sans souci ; régulièrement on se voit « augmenter » avec une régularité administrative et gouvernementale ; il est vrai que l'on ne parvient à une situation à peu près passable que lorsqu'on a les cheveux gris, lorsque l'on a vieilli sous le harnois paperassier, puis vient cette retraite, objet de tant de désirs. *Tantæ molis...*

Qu'est la lutte pour la vie en France sinon la course aux *ronds-de-cuir?* Chacun veut manger au râtelier de l'État. La compétition aux emplois devient une espèce d'adjudication où triomphe celui qui a de la chance, de l'aplomb et cette espèce d'entregent administratif et rampant, celui qui sait renier ses opinions, qui veut vivre à l'aise en en faisant le moins possible. Ce n'en est pas moins le gouffre de toute initiative.

L'État-patron sait récompenser à merveille la fidélité des chiens à qui il a donné le pain et sa confiance, mais il faut que cette confiance soit payée de retour ; elle l'est généralement, condition *sine qua non*, pour avoir le droit de vivre. Mais pour conserver sa force, l'État doit accroître le nombre de ses partisans néo-dévoués, il faut qu'il augmente la quantité de ses fonctionnaires, qui, de l'État, constituent le petit bétail, mais non le moins nombreux. Aussi la bureaucratie ne fait-elle que croître et embellir.

Tout en maintenant ces critiques qui ne sauraient être trop sévères, nous nous faisons un devoir de déclarer que nous ne visons nullement ici les fonctionnaires en tant qu'individus, ni l'institution elle-même ; nous nous élevons seulement contre la tendance funeste, et du gouvernement qui l'érige en système, et des individus qui l'érigent en moyens de subsistance d'une façon excessive en s'y précipitant tête baissée, se coupant ainsi mutuellement les vivres, étant donné leur trop grand nombre. Les fonctionnaires sont tout aussi nécessaires à l'existence d'une nation que les laboureurs ou les soldats ; de plus, un bon bureaucrate qui remplit les fonctions qu'il a assumées avec fidélité, voire avec sévérité, même les employés de la douane, sont d'excellents citoyens. Mais quelle nécessité y a-t-il à en multiplier inutilement l'espèce, à en installer deux alors qu'un seul suffirait amplement? Un fonctionnaire inutile est plus qu'inutile, car il ne produit rien et consomme ; il est nuisible, puisque de tout son poids il écrase les ressorts de la société sur laquelle il vit.

D'aucuns prétendent que, « par suite du développement de plus en plus important du commerce et de l'industrie, il est nécessaire que de nouveaux employés se fixent aux postes créés au fur et à mesure des besoins du jour ». Ceci est peut-être très juste, mais à toute cette longue phrase, on peut substituer le simple mot « Progrès ». Il est évident, en effet, que l'Étatisme marche et déambule fièrement avec le Progrès.

.*.

L'esprit de corps, de son côté uni et combiné avec d'autres éléments, a marché de pair également avec l'Évolution. De nouveaux emplois, — ce terme est pris dans son sens le plus étendu et s'applique aussi bien aux fonctions qui relèvent du gouvernement que celles dues à l'initiative particulière, — de nouveaux emplois ayant été créés, il en est résulté autant de petits centres séparés les uns des autres et n'ayant guère de points de contact qu'avec le poste central. Chacun de ces petits centres formant un tout indépendant à lui seul, ne communique nullement avec les autres.

Tout individu tend à s'enfermer dans sa sphère, dans laquelle il limite son champ d'action, son rayon d'évolution. Autrefois, il n'en pouvait être ainsi, ou du moins cette situation n'avait pas les éléments voulus pour se manifester avec la même intensité qu'aujourd'hui, car les attributs, fonctions ou métiers répartis à chaque sujet étaient beaucoup moins nombreux dans ces diverses positions, alors que ces dernières l'étaient beaucoup moins. Autrefois, au moyen âge, les ouvriers exerçant la même profession pouvaient s'établir dans toute une rue. Aujourd'hui, il n'en peut guère être de même, car, sur les branches déjà multiples du tronc moderne, ont poussé de nouvelles ramifications et, par suite, la variété et la diversité des occupations ont augmenté.

Dans de telles conditions, l'esprit de corps ne pouvait manquer de se développer avec ses conséquences naturelles; il a contribué pour une très grande part à créer sinon le désordre, du moins l'incoordination dans le champ de la société.

La propension de plus en plus marquée vers la centralisation semblerait propre à première vue à contrebalancer la tendance adverse; il n'en est rien. Le poste central transmet ses ordres aux postes secondaires : entre eux, il existe des rapports nécessaires qui ne s'étendent pas ailleurs.

Cette absence de coordination doit être attribuée à des causes nombreuses, qui ont dû être le sujet de nombreuses études pour le psychologue ou le romancier. Nous citerons comme la principale, cette inclination particulière, surtout à notre époque, par laquelle l'individu, tout comme divers groupes de la société, cherche à s'isoler et à restreindre le plus possible le champ de ses relations. Autrefois, régnait une plus grande familiarité, une plus grande exubérance, une facilité de rapports plus prononcée.

Nous nous sommes démocratisés, c'est très vrai, mais par la forme seulement ; par le fond, au contraire, nous nous sommes renfermés dans notre morgue, notre orgueil dissimulé sous une apparence froide et correcte, mais par trop réservée. Cette même politesse est, elle aussi, un signe des temps. Elle manque beaucoup plus de recherche calculée et mesurée, mais elle témoigne beaucoup moins de réelle affection. Elle est même l'antithèse de cette simple et franche cordialité.

Il n'y a pas lieu de s'en étonner : à mesure que l'esprit s'affine, le cœur s'endurcit. « Il est trop poli pour être honnête », expression qui résume et condense le cas que nous citons. C'est encore un des résultats du Progrès qui a porté avec lui ce fruit joli, mais amer de l'urbanité. Plus on se trouve dans des centres où se reflètent le mieux les côtés brillants de la civilisation, plus on est à même de le constater. Paris est la ville du monde où le client est le plus gracieusement reçu, parce qu'il a de l'argent. L'hospitalité y est un terme et une chose inconnus.

Bref, nous sommes à une époque où tous les éléments, où les fractions mêmes de ces éléments tendent à vivre séparés, parqués, isolés les uns des autres. Ce phénomène possède une étendue très considérable.

Les matériaux constitutifs de la société qui comprennent aussi bien l'héritage moral, intellectuel, littéraire des siècles passés que ceux de l'époque actuelle, et qui, d'autre part, embrassent le contingent des inventions matérielles des âges antérieurs venant apporter leur faible tribut à la somme des découvertes contemporaines, ont créé un capital social dont l'ensemble est important, mais très divers.

Même, dans le domaine moral, des sentiments jusqu'alors inconnus ou inconscients ont été découverts, fouillés et pénétrés. L'âme humaine a été explorée jusque dans ses profondeurs les plus cachées. Aux efforts des philosophes se sont joints ceux des romanciers. Pour en citer un exemple, ces derniers ont défriché chacun un champ encore inconnu de la psychologie ; le sentiment de l'amour, en particulier, a été analysé d'une façon minutieuse ; dans une autre sphère, le corps humain a été fouillé, analysé, pénétré.

Nous avons parlé du mouvement économique dont l'essor et le développement ont augmenté encore le nombre des cellules de la ruche sociale. Des métiers relevant d'une spécialité tout à fait localisée n'existaient pas autrefois, tels que ceux de photographes, acteurs, journalistes, chauffeurs et combien d'autres qu'il serait inutile de dénombrer.

Les fragments variés et nombreux du corps social dans lequel on distingue les institutions qui renferment des groupements, les groupements qui renferment des individus, puis chaque individu en particulier, tous ces fragments donnent plutôt l'impression d'une multitude que d'un bloc, d'un assemblage que d'un mélange. Ces fractions sont juxtaposées les unes à côté des autres, sans lien étroit et naturel.

Prétendre que les conséquences de cette incoordination aient donné naissance à l'esprit de corps, serait faire usage d'un terme dont le sens serait trop précis et trop restreint. Nous y reviendrons tout à l'heure.

Quoi qu'il en soit, partout l'individu s'isole de l'individu, le parti du parti, la caste de la caste. Parler de caste à une époque d'intense républicanisme semblerait faire un anachronisme ; actuellement, tous les Français sans distinction sont tous des citoyens à des titres égaux. Objection extrêmement juste, mais facile à tourner. S'il n'existe officiellement plus aucune hiérarchie sociale, il existe un isolement social, par lequel les individus au lieu d'être séparés entre eux par leur degré, le sont par leur différence. Ils ne sont ni plus ni moins élevés les uns par rapport aux autres, mais ils sont éloignés les uns des autres à cause de la localisation, de la spécialisation de leurs attributs respectifs.

Le manque d'égalité, d'homogénéité plutôt, existe donc aussi bien accentué qu'autrefois, étant donnée la divergence des chemins que prend l'ensemble des sujets pour s'adapter à leur fin ou à leur carrière propres, sans compter que si autrefois régnait une aristocratie de noblesse, aujourd'hui se trouve constitué une autocratie d'argent, de robe et de situation.

Le courant scientifique a été mal réparti et a irrigué d'une façon très diverse les différents champs de la société ; certains ont été privilégiés, d'autres ont été moins heureux. Les puits de la science sont très nombreux, nous devons l'avouer ; bien plus, ils ont été profondément creusés, mais ce n'est qu'une élite, une infime exception qui jouit du droit d'y puiser ; la masse populaire n'a pu en profiter pratiquement. Il ne suffit pas de pénétrer les secrets de la science. Une fois découverts, encore faut-il qu'ils soient vulgarisés grâce à une synthèse simple et intelligente. Il en est des capitaux scientifiques, s'il est permis de s'exprimer ainsi, comme des capitaux économiques. Les uns possèdent presque tout, les autres presque rien.

Dans de telles conditions, aucune société n'est à même de posséder une prospérité véritable et réelle. Ces éléments morbides ont porté leurs germes funestes dans le corps contemporain, dont les membres mal reliés entre eux, par un système nerveux social déprimé, lui donnent une expression d'incohérente hystérie.

La somme des volontés de l'ensemble des citoyens converge vers des points distants et éloignés les uns des autres, au lieu de se concentrer et de porter leur effort vers le même but.

Accumulation mais non ensemble, analyse minutieuse mais non synthèse harmonieuse, trop de profondeur, pas assez de généralité, forte charpente, mais mauvaise jointure ; autant d'expressions qui résument le mal moderne.

De plus, non seulement ces nombreux éléments ne portent pas leurs efforts contre le mal commun qui est, en définitive, la lutte pour l'existence aussi heureuse que possible, mais ils se combattent même entre eux, car le principe de ce manque d'harmonie, de coordination, l'origine qui cause ces luttes et ces conflits est l'homme même et l'homme n'a jamais été plus méchant qu'à notre époque, et plus insensé, devrions-nous ajouter.

Aussi, les intelligences rivalisent avec les intelligences, les volontés détruisent les volontés, les cœurs combattent les cœurs. Les systèmes se heurtent contre les systèmes, les doctrines contre les doctrines, les opinions contre les opinions. Les idées se rencontrent et ne se reconnaissent pas, elles s'entrecroisent et ne s'arrêtent pas, sauf pour se détruire et s'annihiler mutuellement. Cette rencontre, loin de produire la lumière, ne fait que jaillir l'étincelle qui enflamme.

Le tableau de la société n'est peint que de couleurs violentes et criardes : aucune demi-teinte douce, aucune pénombre harmonieuse, le jour crû tranche brusquement avec les ombres noires. Partout de violents contrastes.

L'homme parle de paix et de concorde, il ne connaît que la haine et l'envie ; il prend la voix de l'agneau et il mord comme un tigre.

Beaucoup exaltent la liberté ; ils l'adorent à ce point qu'ils en font le monopole, la gardent toute pour eux et la refusent aux autres. Point de rire franc, épanoui, mais le sarcasme insultant et ricaneur. Querelles sans but, zizanies stériles, intrigues sans nœud, basses, rampantes, égoïstes et stupides à la fois. Point de vue large, de conception généreuse ; il n'en n'existe pas, sauf sur les lèvres et dans les livres.

Les nations font comme les individus, comme les groupes et les partis ; elles parlent de paix et les armements les plus formidables que le monde ait jamais vus se préparent pour les épouvantables et prochaines hécatombes. Déjà deux grandes nations s'entretuent dans les batailles les plus sanglantes où ait jamais tonné la poudre à canon.

Mais ce degré de méchanceté, d'égoïsme, de perversion dans lequel l'homme est tombé, n'a d'égal que celui de son inconscience et de son imbécillité. Si transporté dans une autre planète, l'un d'entre eux pouvait observer la conduite de ses frères, erpression exacte de la sienne propre, il éclate-rait de rire, ou plutôt, son hilarité n'aurait d'égale que son indignation.

Devrions-nous citer l'exemple suivant : Une dame, vague présidente de quelque non moins vague société protectrice des animaux, était en train de jeter un coup d'œil sur une feuille vespéro-sensa-tionnelle. Quelle ne fut pas sa colère et sa fureur lorsqu'elle lut que deux chiens avaient été sacrifiés à une expertise médico-légale, relative à une af-faire qui a fait grand bruit récemment. Mais en tournant la page, elle aperçut l'en-tête suivante : « Cent mille Russes tués. » « Quel bonheur ! s'écria-t-elle, depuis le temps qu'ils me crispent les nerfs avec leur guerre ! » Et j'entendis un long soupir de soulagement.

Vouloir dépeindre le mal contemporain ! Esprit de corps, esprit de parti, esprit de clochers, auto-matisme, particularisme, autant d'éléments qui, combinés à la fois avec notre orgueil et notre impuissance, font diverger en tous sens la somme de nos volontés incohérentes et ennemies. Sur l'au-tel de l'Inconscience, en sacrifice à nos caprices et à nos fureurs, nous brûlons les forces vives de notre être, dont l'essence, fumée légère, s'envole, s'exhale et se disperse au vent!

Quelle tâche dure et difficile que de sonder nos maux et pénétrer nos faiblesses! Nous l'essayerions vainement. Bref! Pourquoi tant de considérations, tant de paroles inutiles?

Non, nous allons désormais nous contenter, par quelques exemples pris sur le vif, d'esquisser rapidement quelques traits essentiels, sans vouloir les décomposer par le prisme d'une analyse minutieuse, sérieuse et ennuyeuse. Parfois nous rirons, d'autres fois nous pleurerons et souvent, indécis, nous ricanerons bien malgré nous.

Mais quoi! A la vue de nos faiblesses, de nos misères, de nos hontes accumulées, si nous ne pouvons retenir les élans de notre indignation, pourrons-nous également contenir notre rire?

La vie est ainsi faite : à tout instant, nouvelle scène, nouveaux personnages, nouveaux décors. La comédie après le drame, le vaudeville badin après l'opéra profond.

Trépidation continuelle. On croirait assister à une séance de cinématographe. Dans la rue, devant moi, crispé et pensif à la fois, défilent mille individus, c'est-à-dire mille métiers, mille situations; mille pensées différentes, mille états d'âme divers; banquiers, cireurs de bottes, magistrats, camelots, étudiants, militaires, mondaines, ouvrières... non je ne veux pas allonger cette nomenclature. Observez cet acteur, ce n'est pas un homme, c'est cent hommes différents : aujourd'hui Napoléon, demain un mendiant. Mais que peut-on lui reprocher? Il fait son métier. Plutôt regardez-moi ce placide bourgeois qui passe à travers deux voitures qui l'ont frôlé, à mesure que sa peur augmente ou diminue d'intensité, son allure et son air augmentent ou diminuent de fierté. Farceur! Que peut-on encore lui reprocher? Il cherche à faire voir qu'il est brave, s'il ne l'est pas réellement.

Quant au reste, ce sont tous des farceurs ou victimes des farceurs. Mirages, simagrées, grimaces partout. Chicanes, procès, rivalités sans savoir pourquoi. Imprévu prévu, suffisants insuffisants, tolérants intolérants, neutres sectaires, philanthropes misanthropes, solidarité sans solidité, enthousiastes blasés, blasés enthousiastes, rire forcé, sérieux de commande.

Nous nous guettons, nous nous espionnons, nous nous harcelons, pourquoi? Nous ne savons pas où nous allons. Il suffit qu'un chemin soit glissant et tortueux pour que nous y engagions nos pas. Immanente antithèse du mal où nous nous engouffrons, du bien que nous fuyons comme la peste!

Pourvu que nous nous fassions du mal, cela nous suffit. Chacun de nous est partisan de la politique de « taper dessus » en tout et pour tout. Tant que nous ne sommes pas en train de nous rogner les vivres les uns aux autres, nous ne sommes pas contents. Et ceci dans la vie privée comme dans la vie publique.

Voyez ces deux frères : ils se disputent un héritage. Chacun veut tout avoir. Finalement presque tout passe dans la poche d'un marchand d' « en quelque sorte », d' « attendu que », de « considérant » et autres denrées avocassières. Leur gousset est vide, mais par contre l'un s'est enrichi, à la suite des soucis des veilles, de sa haine rageuse et baveuse, d'une affection hépatique ; pour la même cause, l'autre a gagné des troubles nerveux. Ce n'est pas tout. Il ont servi de risée au public et donné des représentations gratis aux voisins. Ils jouaient leur rôle très naturellement et à merveille.

Cela ne veut pas dire que deux frères soient toujours inéluctablement brouillés. Mais ils ont entre eux des relations qui dénotent une telle réserve, qu'on serait en droit de le supposer. Leurs enfants, quand ils se rencontrent, se lèvent le chapeau et ne se tutoyent pas. Cet esprit de corps appelé l'esprit de famille, on l'évite parce qu'il est bon.

Beaucoup sont partisans de la politique de « splendid isolement ». Ils croient cela très intelligent, ; s'ils savaient à quel point cela les rend bêtes !

Un polytechnicien ne parle qu'à un polytechnicien, le reste du monde est nul et non avenu. Il en est de même dans tous les états, dans les écoles et dans l'armée principalement. Un soldat qui marche à pied n'a pas le droit de parler à un autre qui monte à cheval. Un étudiant de deuxième année qui parlerait à un congénère de première année croirait s'abaisser.

Je connais un membre du Touring Club. Il n'a de rapport qu'avec le Touring Club. Les autres organisations il ne les connaît pas et encore, dans son particularisme outrancier, — il ne connaît que l'automobile de telle marque exclusivement. Dans le garage, observez-le : il se tient toujours avec des personnes qui ont la même marque que lui. Parfois consent-il à parler à d'autres *sportsmen* ; mais cela est une exception. Il croirait passer dans un autre monde, s'il s'entretenait avec un individu qui n'est pas de sa corporation.

Un des héros d'Alphonse Allais, — plus profond qu'on ne croit, — inventeur d'un système de canot à pétrole, voulait appliquer sa découverte à une machine à quatre roues, que nous désignons vulgairement sous le nom d'automobile et qu'il voulait dénommer « essencier ».

Un autre de ses personnages accusait le bon La Fontaine d'avoir, pour le méchant plaisir de faire une fable, écrit le « Chêne et le Roseau ». Quel spectacle affreux que celui du chêne si épouvantablement déraciné !

Ce type est plus commun qu'on ne le croit généralement.

Ne vous piquez pas à des commis-voyageurs. Si vous êtes un simple particulier et que vous leur parliez, il faut absolument que vous soyez de leur avis, autrement vous n'êtes qu'un imbécile et vous ne savez pas ce que vous dites. Dans leur clan, parmi les plus turbulents et non les plus cléments, se trouvent les courtiers en vins. Ils sont au courant de tout. De plus, sur chaque chose, ils ont des vues d'ensemble qui dénotent un esprit qui, ayant beaucoup voyagé, a beaucoup vu et retenu — je ne dis pas comparé. Si vous leur demandez des renseignements sur telle localité, ils vous parleront des hôtels et de tous leurs prix respectifs. Ce n'est pas que sur le chapitre de la politique, ils demeurent interdits ; on comprend bien, à leur raisonnement, qu'ils ont plus ou moins bien digéré quelques romans idiots, purulents, et absorbé de longues colonnes de journaux. Chacun d'eux se figure être un gros personnage ; chacun se croit plus fort que chacun de ses confrères ; chacun s'imagine qu'il n'y a que lui pour « endormir » un propriétaire et le « rouler d'importance ».

Le gros marchand de bestiaux de la Villette, bouffi d'orgueil, de graisse, d'argent, de beefsteacks, de bêtise, se dit à lui-même et tout le monde l'entend : « Moi, je ne suis pas le premier venu, on peut s'y amener. » Dans le monde des affaires, c'est un gros faiseur. Enflé de son importance, il fume ostensiblement de gros cigares pour faire voir qu'il a gagné beaucoup de billets de banque.

Individus tout à fait insupportables que ces parvenus de bas-étage, ils flairent une mauvaise odeur de Progrès.

Un épicier aperçoit des gens armés de cannes et chaussés de guêtres. Il ne peut malgré toute sa bonne volonté « encaisser » qu'il y ait des personnes qui aillent gravir des montagnes et affronter les précipices au fond desquels ils ne trouveront aucun écu. Quelle drôle d'idée, s'exclame-t-il lourdement et gravement, d'aller perdre son temps et de se fatiguer pour ne rien gagner ! Qu'est-ce que cela leur rapportera ? Il ne comprend peut-être pas que la même course lui « désépaissirait » le corps et l'esprit.

Chacun tend dorénavant à se confiner dans sa sphère, pour n'en plus sortir ; non pas que nous voulions prétendre par là qu'il faille exiger d'un concierge l'initiative d'un explorateur, ni demander à un camelot la gravité d'un évêque, ou encore d'un cocher de fiacre une exquise et protocolaire urbanité.

Voyez un *Apache* au coin d'une rue ; il attend que sa compagne qui a fini sa randonnée nocturne vienne lui apporter le produit de sa spéculation (celle de l'*Apache*). Il a une cravache à la main, car dans le cas d'insuffisance pécuniaire, il sait faire usage, d'un procédé insdustriel qui lui est facile. Sa femelle l'accoste ; seulement le marteau du forgeron d'en face, par ses coups redoublés, leur coupe la parole. Il se plaint de ne pouvoir se faire entendre : « Quand aura-t-il fini ce fainéant-là ? » De plus, il a le monopole de l'amour. Peut-être ignore-t-il qu'un homme 'qui a levé la main contre une femme ne possède en fait de sentiments que des instincts bestiaux.

Pour un Parisien, si vous n'êtes pas un Parisien, vous n'êtes qu'un paysan. Si vous avez affaire à un faubourien-boulevardier, vous serez infailliblement traité comme tel, surtout si le père dudit individu est né à Mont-de-Marsan ou à Aurillac. Un Parisien du Marais, de vieille souche, vous traiterait peut-être simplement de provincial.

Chacun veut être quelqu'un, du moins on s'en donne l'illusion. C'est vrai pour les individus, c'est vrai également pour des groupes, qui souvent, ne sont pas très importants : ainsi, dans une commune de cinq à six cents habitants, qui est divisée en trois hameaux et quelques autres fermes indépendantes, éclatent souvent des conflits et des complications diplomatiques, par lesquels chaque hameau cherche à conquérir l'hégémonie ; cela rappellerait un peu l'*Equilibre Européen*. Voyez-vous Charles-Quint et François Ier se creusant la tête en de profondes combinaisons ; tels ces Lilliputiens diplomates. On fait ce qu'on peut. Dans un hameau de la susnommée commune, dans un café, dans une salle basse, par une forte ambiance d'absinthisme, à travers laquelle une épaisse fumée se fraye péniblement un chemin, je me plaisais souvent à écouter un Nemrod du canton. A vrai dire, c'était un intrépide, un terrible chasseur. Il savait tuer des lièvres quand on disait qu'il n'y en avait plus. Mais avait-il besoin de faire le décompte de tous les perdreaux qu'il avait expédiés dans la sombre demeure de Pluton !

Chacun cantonne son génie dans quelque chose. Un huissier qui avait élevé quatre gallinacés en chambre avait obtenu un insigne qu'il est facile de deviner. Il était à ce point obsédé de sa décoration que, lorsqu'il indiquait une date, il précisait combien de temps s'était écoulé depuis le grand jour ou combien de temps l'avait suivi, tels l'Hégire ou l'Ère chrétienne !

Dans le monde des lettrés et des universitaires, j'aurais cru rencontrer une plus grande largeur d'idées ; j'ai été détrompé. Je connais un professeur de facultés qui n'est jamais sorti de son département ni du cercle étroit de ses idées. On se demandait comment il avait fait pour arriver. Il est vrai que l'on voit tout. Quand il interrogeait un candidat, c'était presque toujours sur la Révolution, pour lui il n'y avait que la Révolution et rien après 1796. Plus d'un candidat en profita. Son corps s'était harmonisé avec sa figure. Ses mains et son visage semblaient du parchemin et son nez un coupe-papier un peu obtus peut-être.

Un étudiant en médecine, extrêmement fort et très intelligent, négligeait d'aérer sa chambre, je lui en fis la remarque : « Pourvu que je passe mon examen, me répondit-il, cela me suffit, tout le reste m'est indifférent, cela ne me regarde pas. »

Un agent de police disait : « Je ne connais

qu'une chose, empoigner les bourgeois et les mettre dedans. » Cela le regardait puisque c'était son mé-tier ; mais un étudiant en médecine qui dit que d'aérer sa chambre cela ne le regarde pas, je n'y comprends rien !

C'est bien, en effet, un cas de psychologie, disons mieux, de pathologie mentale moderne, très moderne, que celui d'essayer d'obtenir un résultat, non pas dans un but d'utilité pratique, mais plutôt d'avantage moral ; moral, je m'entends ; c'est-à-dire officiel, administratif, étatiste. On aime à faire « état » des diplômes que l'on a obtenus ; si l'on a tout oublié ce que l'on a appris, cela n'a aucune importance, et puis quand même le saurait-ôn, on ferait comme ce même médecin transcendant qui négligeait, et pour son compte encore, le principe le plus important de la plus élémentaire hygiène. Témoin encore, cette brave vieille femme, qui, émerveillée de la naissante érudition de son petit-fils, disait ces paroles textuelles avec un air de triomphe : « Il parlera bientôt tellement de langues, qu'on ne pourra plus le comprendre. » Ainsi, il y a des personnes qui apprennent des langues dans le but de ne pas se faire comprendre. Voici, entre mille, un signe de cet esprit de Progrès factice et apparent qui prouve que nous n'avons pas, absolument pas, secoué la poussière de l'ancienne et rétrograde routine. Certains pourraient croire que c'est le Progrès lui-même qui est rétrograde; nous n'irons pas jusque-là.

.*.

Nous venons d'exposer quelques cas de ce phénomène contemporain que nous ne saurons désigner
par aucune expression, étant donnée son étendue
à la fois immense et imprécise. De lui, relèvent
une très grande variété de phénomènes de second
ordre qui entrent dans sa composition pour une
part plus ou moins grande. D'un autre côté, —
on nous le reprocherait justement, — il nous est
arrivé de tracer des traits et de citer des exemples
qui seraient plutôt du domaine de la pathologie
psychologique générale, étant donnée l'immanente
faiblesse réservée à notre nature humaine, que du
ressort de la pathologie morale particulière à notre
époque et résultant directement de l'Évolution.
Mais quels qu'aient été nos soins pour éviter cet
écueil, nous ne pouvions guère cependant le faire
avec succès.

Bien que dans le nombre des phénomènes qui
précèdent, il soit bien difficile de démêler celui
qui mériterait d'être incriminé en premier lieu, il
nous paraîtrait que cet isolement, ce machinisme
de l'individu, fait typique et caractéristique de la
période actuelle, devrait être attribué avant tout
à l'étatisme qui synthétise le mieux cette perversion de l'activité survenue dans l'économie du
corps social, cause primordiale avons-nous dit, de
l'Évolution.

En ce lieu, il semblerait peut-être qu'il existe une apparente contradiction : isolement est un terme contigu avec celui d'individualisme. Mais notons que leur nature et leurs tendances sont exactement opposées et nettement tranchées : l'isolement étatiste peut se rapprocher du machinisme, de l'automatisme communiste, tandis que l'individualisme exige des relations et une sphère d'action beaucoup plus étendue. On ne saurait également ment contester que la personne qui travaille pour elle-même, directement, fait bénéficier de ce fait la collectivité.

Il ne nous reste plus maintenant qu'à faire ressortir les rapports étroits qui existent entre ledit phénomène (que nous avons défini en partie par accumulation d'exemples, procédé peu philosophique, mais qui nous a permis de ne pas nous égarer dans les nuages de l'abstraction), il ne nous reste plus, disons-nous, qu'à resserrer les liens qui l'unissent à la question relative à la pathologie physiologique.

Auparavant, nous tiendrions à faire observer qu'il serait hasardeux de prétendre que ce seul fait particulier, celui de l'automatisme imposé à l'homme par cette spécialisation excessive, soit la seule cause des atteintes portées à l'hygiène publique. Aussi tenons-nous ici à en restreindre la portée et à la limiter à ses seules contingences rationnelles et logiques.

CHAPITRE IV

LA PATHOLOGIE PHYSIOLOGIQUE
CONTEMPORAINE

Ce chapitre n'en est pas moins le corollaire des précédents ; plus que cela : il en est la traduction et l'expression mêmes, rendues vivantes, incarnées dans le corps de l'homme qui porte en tout lui-même, dans sa nature physique et morale, les traces profondes du mal moderne. Plus que jamais, en effet, il a été l'enfant gâté du Progrès. C'est volontairement ici que nous jouons sur le mot, qui n'est pas une métaphore, mais la réalité exacte.

Nous allons concrétiser notre pensée. Prenons, par exemple, le métier d'acteur. Cet individu n'exerce son métier que pendant la nuit, fait déjà contraire à la nature, son esprit travaille au delà des limites convenables, un effort d'attention excessif lui étant demandé ; quant à son corps, il ne lui donne pas un exercice normal qui n'est, souvent, qu'un délassement agréable; ses muscles ne fonc-

tionnent donc pas, sauf peut-être ceux très locaux,
du visage. Dans la profession qu'il exerce, il faut
qu'il suive un régime de nourriture spécial pour
conserver non pas précisément sa santé, mais ses
forces, ce qui est plus important ; ce genre de
nourriture le débilite, l'épuise tout en lui donnant
une excitation passagère. En un mot, l'organisme
de cet homme est détourné de son inclination naturelle, surtout si l'hérédité n'a pas préparé en lui
un terrain de transition, c'est-à-dire, si ses ascen-
dants, plutôt citadins que ruraux, plus intellectuels
que travailleurs manuels, ne se sont pas acheminés
insensiblement vers ces conditions d'existence irrégulière, mais qui jusqu'à un certain point peuvent,
à la suite des temps, s'identifier convenablement
à l'homme. Quoi qu'il en soit, cet acteur dont les
jambes, les bras, l'estomac, la tête ne fonctionnent
pas normalement, trop ou pas assez, risque fort
d'être une victime d'un des cas morbides actuels.

Oui, le Progrès, par la perversion, la déviation
de ce mouvement régulier dont les ressorts ayant
été mis en branle depuis les siècles les plus re-
culés, par le fait de l'hérédité biologique, ont été,
à notre époque, ralentis, arrêtés ou accélérés, devait
fatalement provoquer des conséquences en corres-
pondance absolue avec la cause qui les avait fait
naître. Une machine que l'on met sous pression
exagérée est condamnée à s'user rapidement, ou à
se rouiller, si elle ne fonctionne plus ; de même
l'homme, s'il ne suit des conditions d'existence

une allure régulière et constante, est soumis aux inconvénients précités respectifs.

Nous avons dit plus haut, en décrivant les mœurs contemporaines, que le progrès matériel avait contribué pour une large part à changer l'esprit et par suite les mœurs de l'homme, et maintenant, devant faire l'exposé de sa déchéance physique, il faut que nous déclarions également que les idées auxquelles nous devons ajouter l'état d'âme caractéristique de notre époque ont influé sur l'ensemble physique ; ceci n'est que l'application d'un vieux principe cité plus haut. Les lignes suivantes tendront à en donner l'explication positive et scientifique ; elles l'essayeront du moins.

On sait qu'une nouvelle école attribue au système nerveux une telle importance, qu'il est considéré comme la cause directe et initiale, non seulement des maladies nerveuses proprement dites, mais aussi des maladies constitutionnelles, nerveuses elles-mêmes. Or, comme cet appareil, instrument de la sensibilité et du mouvement dans ses rapports avec le corps, instrument du cerveau dans ses rapports avec l'esprit, constitue le trait d'union entre ces deux parties distinctes de nous-mêmes, bien que certains affirment le contraire, il s'ensuit que s'il enregistre intérieurement et psychiquement un élément mauvais, le corps s'en ressent et que si celui-ci reçoit un influx morbide extérieurement et physiquement, l'âme s'en ressent de son côté.

La psycho-physiologie nous démontrera donc jusqu'à quel point les moules nouveaux dans lesquels le Progrès a fondu l'homme, l'ont fait varier, ont influé tout au moins sur son ensemble tout entier.

Nous allons parcourir rapidement ces deux cas séparés de la pathologie contemporaine : les causes morales, puis les causes physiques. Les premières, ou l'état d'âme contemporain (bien différentes en cela des idées qui se sont manifestées indépendamment de l'évolution matérielle) ; les secondes sont constituées par les éléments morbides qui ont attaqué le corps même de l'homme, l'alcool par exemple.

Lorsque nous aurons exposé l'une et l'autre de ces causes, nous ferons de même pour leurs conséquences.

En premier lieu, comme cause morale, nous devrions citer le surmenage intellectuel qui n'en est qu'un cas particulier.

Il semble que, dès que l'enfant a essayé ses premiers pas, on n'ait d'autres soucis que de lui apprendre à lire. On songe déjà à en faire un « savant ». Une vieille parente a tiré son horoscope, il sera médecin, avocat ou bien on le destinera à Polytechnique : sa destinée est irrévocable et il n'y a rien à y changer. Aussi s'ingénic-t-on de toutes façons à lui bourrer le crâne de lettres et de chiffres. Sa santé demanderait que ses jambes trop gourdes se déliassent, mais rien de tout cela : à peine lui laisse-t-on quelques heures pour se détendre, ce qu'il fait aux dépens de tous les objets qu'il rencontre et qu'il brise impitoyablement. Dès sa septième ou huitième année, on le renferme dans une école où il moisit toute son enfance et son adolescence. S'il ne montre qu'un goût médiocre pour l'étude, ce n'est un mal que si ce fait indique sa faiblesse de caractère ; encore, ne peut-on rien préjuger de ce qu'il sera capable de faire plus tard, aussi est-ce une raison de plus pour ne pas le gaver de matières indigestes. Jusqu'à l'époque où approcheront les examens, ce surmenage intellectuel ne lui aura cependant pas porté un trop grave préjudice ; mais comme alors il se fait un point d'honneur de ne pas éprouver un échec considéré officiellement et moralement comme une preuve d'incapacité, il s'escrime tant qu'il peut, rassemble toutes les forces de sa volonté pour atteindre enfin le point culminant de tant d'efforts, le but suprême de tant d'années si tristement et si insipidement passées : la peau d'âne. Le rond de cuir n'est pas loin. Son énergie virile est encore loin d'être épuisée. Mais à peine a-t-il pris quelques jours de repos, qu'il se remet de nouveau à la tâche pour emmagasiner dans sa cervelle un stock important de matières livresques qui, tant bien que mal, *per fas et per nefas*, parviennent à s'y loger. Enfin, il est reçu à Polytechnique : deux années encore d'intense surmenage. Il en sort. Le voilà, futur pilier d'administration, fort en thème émérite, fort en *x*, indémontable; il est « bombardé » quelque part; dans les tabacs, dans les douanes, dans quelque gare ou dans tout autre poste réservé spécialement aux fortes têtes et aux gros cerveaux. S'il obtient un emploi qui exige une certaine dose d'initiative et une grande part de responsabilité, combien de soucis lui incombent-ils, à combien de complications ne faut-il pas qu'il fasse front : toujours quelque chose d'imprévu, rien ne marche normalement, les machines se dérangent, le personnel n'est pas content, voilà du surmenage moral avec les appréhensions, les peines, les angoisses, les soucis de l'existence venant à s'ajouter au surmenage intellectuel proprement dit. Aussi à quarante ans, cet homme est fourbu du cerveau ». Il a brisé les ressorts de sa machine par une trop forte pression.

Mais ce n'est pas impunément que ce même individu a passé presque toute son existence renfermé dans une chambre et assis sur une chaise, et dont les bras et les jambes sont restés dans un état de repos presque perpétuel. La nature réclame toujours impérieusement ses droits ; elle sait les fait valoir aux dépens de qui de droit. Cette question sera traitée ultérieurement quand nous exposerons les conséquences des causes que nous étudions encore.

Et, maintenant, les causes physiques vont faire suite aux causes morales que nous avons exposées par les mésaventures réelles et effectives de ce malheureux polytechnicien, mésaventures que compensent faiblement ses succès officiels et apparents.

S'il est des personnes, tel ce dernier, dont la santé est usée par l'insuffisance ou le manque d'exercice physique, d'autres, au contraire, le sont par excès, nous voulons parler des travailleurs manuels. Ceux que le chômage ne condamne pas à végéter misérablement, rentrent pour une grande part dans cette catégorie. Preuve nouvelle et flagrante de l'absence d'équilibre inhérent au Progrès. Mais le travail manuel pour lequel, du reste, l'homme est créé, ne le déprime que s'il dépasse les mesures convenables ; d'autres éléments sont plus redoutables encore pour lui. De ce nombre, les excitants physiques dont l'action est nuisible au système nerveux,—car toute période d'excitation est suivie d'une période d'épuisement proportionnel, —exercent leur action néfaste dans toutes les classes de la société. Le plus dangereux de tous est, évidemment, l'alcool. Faire le procès de l'alcoolisme serait, croyons-nous, fastidieux, et pour nous et pour le lecteur. Nous nous garderons de faire un vulgaire plagiat de tout ce qui a été dit à ce sujet. En montrer ses conséquences épouvantables, en déduire des considérations relatives à l'hygiène publique, tout cela a été excellemment traité par des personnes plus compétentes que nous. Du reste, une simple statistique avec ses chiffres et leur classique éloquence suffirait à elle seule à nous convaincre et à nous persuader mieux que ne feraient vingt volumes.

Il existe d'autres excitants, entre autres le tabac, dont l'action apparemment moins nocive, n'est pas sans exercer des troubles profonds sur l'organisme. De lui dérivent les idées noires, l'insomnie, la perte de la mémoire. Le café et le thé pris en excès ne sont guère moins nuisibles ; or, certaines personnes en boivent démesurément.

La morphine est un poison d'autant plus dangereux qu'il cause des excitations douces, une ivresse délicieuse. Il n'en est que plus perfide ; un morphinomane est une personne dont tous les ressorts sont usés.

Les excitants sensoriels viennent ajouter leur tribut fatal. Avant tous, nous devrions citer l'inconduite, qui est devenue un des éléments nécessaires de nos habitudes. Nous en avons parlé plus haut au point de vue moral ; ici, nous l'examinons au point de vue pathologique. Nous croyons inutile d'aborder ce sujet délicat, quoique important. Mais ce n'est pas le seul des excitants sensoriels : nous devrions encore ajouter la musique qui s'exerce à la fois sur le corps et l'esprit. Cette trépidation, ce miroitement incessant des grandes villes, fatigue également ; elles donnent la sensation d'être secoués dans un véritable *planchister*.

Le choix de la nourriture mériterait d'appeler notre attention plus qu'elle ne le fait. Tel régime est exigé suivant tel tempérament ou telle situation. Or, nous mangeons généralement trop, n'importe quoi, n'importe quand, n'importe où. Notre organisme s'en ressent. Nous sommes les premières victimes de notre intempérance et de notre insouciance.

A ceux qui font bonne chère et trop peu d'exercices physiques, sont réservées les maladies arthritiques, dites aussi de richesse : goutte, gravelle, obésité. Les matériaux s'accumulent et s'oxydent dans le corps, n'étant pas éliminés par l'exercice ; et ceux, au contraire, qui perdent plus qu'ils ne dépensent, sont exposés à contracter des maladies dites de misère : tuberculose, fièvre typhoïde. Que le lecteur nous excuse de la réédition de ces formules que l'on trouve partout.

Parmi toutes les formes de la pathologie, les plus graves sont les affections nerveuses proprement dites. En première ligne, nous devrions citer celles qui sont tributaires de l'alcoolisme : *delirium tremens*, hystérie, épilepsie. De toutes ces maladies ou affections, les générations contemporaines en sont plus ou moins imprégnées, car elles sont le fruit du Progrès.

Ceux chez lesquels ces affections ne conduisent pas à une incapacité physique ou intellectuelle complète, ont des troubles nerveux qui, sans les paralyser complètement, les entravent jusqu'à un certain point. Ils sont affligés de l'un ou de plusieurs des caractères relevant de la neurasthénie, tels que maux de têtes, lassitude, embarras gastrique. Les surmenés intellectuels sont les victimes toutes désignées de ces troubles, dont n'était atteinte autrefois qu'une infime minorité et qui sont maintenant le partage de la plupart. Enfin, on peut être à la fois névrosé et arthritique ; les personnes sédentaires qui travaillent de l'esprit n'en sont pas exemptes et pour cause : si l'on travaille trop, il en résulte une excitation exagérée qui se traduit par un affaissement cérébral considérable ; mais si, par contre, les membres ne se livrent pas à un fonctionnement qui leur est imposé par la nature, ils s'alourdissent tout en s'étiolant : autant de réactions du système nerveux, qui, contrarié dans son jeu régulier et normal, produit ces diverses réactions suivant la nature des causes qui y ont présidé.

Si, abandonnant la nomenclature de ces cas morbides, nous les traduisons maintenant sous une forme concrète, en exposant les résultats qu'ils ont apportés dans l'ensemble de la société, nous serons pleinement éclairés, nous ne le serons que trop, nous en serons effrayés.

Perte de la mémoire, diminution de l'intelligence, perte de la volonté ; cette dernière surtout, la plus grande et la plus inquiétante. En effet, qu'est un homme dépourvu de volonté ? Une machine ou un être inconscient, impuissant tout au moins. Chez certains, elle se manifeste sous la forme de l'aboulie ; les personnes qui en sont atteintes perçoivent nettement ce qu'elles doivent exécuter, mais les réflexes sont impuissants, étant donnée leur cachexie, à obéir à l'ordre du cerveau ; chez d'autres, elle prend la forme de l'hystérie, les nerfs réflexes étant, au contraire, excités outre mesure, paralysent et oblitèrent l'action des centres nerveux du cerveau. Cette classification est empruntée au traité *Les maladies de la volonté*, d'un de nos philosophes contemporains les plus remarquables, M. Ribot.

Les ressorts de la machine humaine sont donc usés, ils se rouillent et deviennent inutiles ; mais d'autres fois, sous le coup d'une excitation factice et violente, ils se brisent et éclatent. C'est la série des suicides, des vols, des viols, des assassinats. Ouvrons le journal, nous en voyons la preuve.

L'on dira que la moyenne de la vie humaine a augmenté. Cela peut être, grâce à des procédés mécaniques et artificiels, mais notre corps porte en lui, dans toutes ses molécules, le virus contemporain, mal indéfinissable parce qu'il est trop complexe, mais qui n'en est pas moins réel. Certes, si les maladies microbiennes et épidémiques cèdent du terrain, les maladies nerveuses et constitutionnelles ne font que se développer davantage. Les optimistes diront que, prise dans son ensemble, l'humanité est plus heureuse, ils vont criant à tue-tête les mots de bonheur, de bien-être, de confort. Le Progrès, ils l'exaltent de parti pris et sans discernement, prônant en faveur de la science qui sera, selon eux, la religion de l'avenir.

C'est très bien. Mais de ce tableau magnifique et resplendissant, ils n'en montrent pas l'envers rempli de turpitudes, de hontes et de misère. Nous ne citerons qu'un seul exemple : le vingtième des décès de la population à Paris est dû à des morts violentes. Et, dans Paris, nous sommes au sein de la civilisation. Les causes? Une famille, n'ayant d'autre perspective qu'une mort lente, finit par le réchaud ; un vieillard, criminel par sa richesse, est étranglé et volé ; un amant immole sa maîtresse à ses égoïstes et brutaux instincts ; un alcoolique inconscient attente à la vie des siens.

Et maintenant, nous laisserons la parole aux adorateurs du Progrès. Du Dieu-Progrès, ils en célébreront les louanges, en clameront les merveilles. Ils diront que le siècle présent n'est que l'auréole d'une ère nouvelle où il tendra encore à sa perfection. D'étape en étape, les difficultés et les obstacles qui s'élèveraient encore disparaîtront, l'homme entièrement dégagé de sa sujétion à Dieu, qui, malgré leurs efforts insensés existera toujours, dégagé de toutes les chaînes que la société fait encore peser sur lui, goûtera à pleins bords la coupe du bonheur et de la volupté. L'un d'eux l'a annoncé, cet âge d'or : « Notre âge qui se rue aux jouissances débordantes. » Cette ère où l'homme éprou-

vera l'expression complète d bonheur, arrivera-
t-elle ? Ou plutôt, de telles espérances ne sont-elles
que de généreuses illusions, disent les uns, d'utopies aussi basses qu'irréalisables, disent les autres
et nous avec eux ? En tous cas, nous n'en appro-
chons guère. A regarder de près la réalité sèche et
brutale, nous ne pouvons que constater que l'homme a baissé physiologiquement, moralement, intellectuellement. L'humanité a reculé, diminué et
tous les jours, elle s'abaisse et recule davantage
avec le Progrès. Constatons-le une dernière fois.

Jusqu'ici, nous nous sommes tracé péniblement
un chemin dans un terrain accidenté et très varié.
Nous n'osons nous faire fort d'avoir réussi, dans
cette série nombreuse des différentes réactions de
l'évolution contemporaine, donné une suite convenable et un ensemble harmonieux. Aussi tien-
drions-nous, avant de passer à la seconde partie de
cet ouvrage, à donner un résultat concret, un
schéma, en quelque sorte, de tout ce qui précède.

Prenons comme point de départ le cas d'un paysan ayant émigré à la ville vers le milieu du
siècle dernier. Suivons-le dans les stades successifs que lui auront assignés les situations diverses au milieu desquelles il se sera trouvé.

Ce paysan, que la misère, qu'une instruction primaire relativement développée, gâtée par une fétide conversation avec un Homais quelconque, fit
immigrer à Paris, est à ce moment encore un

homme musclé, robuste, solide, normal, en un mot, sain de corps et d'esprit ; mais voilà qu'il installe avec ses maigres ressources un débit de spiritueux, donnant ainsi prise à l'alcoolisme pour lui-même et sa clientèle. Les affaires ne vont pas, il est acculé à la faillite. Il chôme pendant des mois, enfin il s'embauche dans une usine. C'est un mauvais ouvrier, toujours mécontent, un parleur inepte, mais dangereux. Il est renvoyé, fait le camelot ou quelque autre terne métier, ne demandant pas un effort suivi. Survient la rouge Commune, il en sera un partisan dangereux, non à cause de ses opinions politiques, il n'en a aucune, mais parce qu'il fait bon de pêcher en eau trouble. Par lui, tombent des soldats français sur la barricade. Bref, il échappe au châtiment et à Satory, et continue à s'enfoncer, épine, dans le doigt de la société. Il n'en est pas plus heureux, car l'alcool, la « verte », la misère, les soucis l'ont miné peu à peu. Pour tromper ses souffrances, il s'adonne de plus en plus à la divine bouteille, il finit par devenir un alcoolique invétéré. Il meurt dans un accès de *delirium tremens.*

Ses fils, vaguement nés, n'ont pas une meilleure destinée. L'un d'eux, qui, à l'école était un élève studieux, parvient enfin à devenir répétiteur dans un lycée. Enfin, il n'aura pas encore trop mal tourné, mais ce sera le père d'une famille de névropathes. Un autre n'a jamais vécu que dans la rue ; c'est dans la rue qu'il vivra toujours, souteneur dangereux pour les femmes, pour les passants après minuit. S'il ne va pas à Cayenne, la moitié de sa vie se passera en prison. La fille, pauvre midinette, s'étiole dans un atelier de couture ; elle végète longtemps, finit par se marier avec un employé à 120 francs. Ils peuvent vivre ainsi à condition qu'ils n'aient pas d'enfants. A la campagne, elle serait devenue la mère d'une famille nombreuse, elle aurait donné à la patrie des enfants sains et forts. Mais cette supposition est toute gratuite, nous en ferions cent autres, que nous n'avancerions pas davantage. L'évolution a imposé des bases nouvelles, glissantes et fétides sur lesquelles la société semblerait inéluctablement devoir être constituée.

Nous ne pouvons retourner en arrière, revenir à la nature primitive et vivre comme aux siècles passés. C'est dit, mais ne pourrions-nous pas trouver une solution qui nous permette de nous insinuer jusqu'à un certain point par des chemins détournés ces vieilles habitudes ataviques et ancestrales qui, depuis des siècles, ont imprimé à tout notre organisme un mouvement régulier, constant et délicat ?

N'existe-t-il pas un moyen terme qui permette au présent de transiger avec le passé pour défendre l'avenir ?

C'est ce que nous allons rechercher dans la suite du présent ouvrage.

LIVRE II

L'EFFORT INTÉRIEUR

CHAPITRE V

CONSIDÉRATIONS GÉNÉRALES. — LES MESURES
DE PROPHYLAXIE PHYSIOLOGIQUE.

L'homme s'étant écarté sans transition des conditions biologiques qui, depuis des siècles, avaient
imprimé à son ensemble moral, intellectuel et physique, à son être tout entier, un mouvement uniforme et continu, s'est trouvé aux prises, par l'apport et l'entrée en ligne des nouveaux facteurs
qui ont surgi dans la vie moderne, avec des nécessités auxquelles il a été incapable de faire face
avec une opportunité suffisante, adéquate et proportionnée. Ces nouveaux éléments, il les a laissés
croître et se développer en lui et au lieu de les
arrêter et de les contenir dans de justes limites, il
les a, au contraire, laissés s'accumuler en lui-même,
réceptacle de ce mal aussi funeste que nouveau.
Il n'a pas compris que des lois générales et providentielles dont la profondeur et la portée sont bien
au-dessus de sa pauvre raison, sont immanentes et
éternelles. Il a exalté plus qu'il ne convenait ce
vain décor du Progrès, qui ne fait que changer

l'enveloppe extérieure des mœurs, des coutumes et des institutions.

Mais tout en portant sur le pavois les statues de la science, de la raison et de la nature, Moloch moderne auxquels il s'est voué tout entier, glissant ainsi dans la fange de la turpitude, s'égarant dans les lianes de l'aberration, il s'est par là même écarté des lois de la réelle science, de la saine raison, de la véritable nature et non seulement son esprit et son cœur, ont été contaminés, mais son corps lui-même a reçu le contre-coup résultant du mépris de ces mêmes lois.

Il n'entre nullement ici dans notre plan de traiter les questions relatives aux idées et aux doctrines qui ont perverti, disons-nous, avec les partisans des vieilles croyances, qui ont rénové disent les admirateurs de l'esprit nouveau, l'ensemble psychique de l'homme. Nous l'avons déjà déclaré. Si parfois nous avons rompu avec cet engagement, nous ne l'avons fait que dans les mesures nécessaires pour exposer et mettre en pleine lumière l'objet de cette étude dont le but a été, jusqu'ici du moins, de rechercher et de placer sous leur véritable jour les conditions économiques et matérielles par lesquelles a évolué le monde contemporain. De même dans la suite de cet ouvrage, négligerons-nous, ou du moins ne traiterons-nous qu'incidemment les questions relatives aux solutions à apporter pour obvier au désordre moral ; nous ne l'essayerons que lorsque lesdites questions pourront se coordonner à celles que nous envisageons directement.

Agir différemment nous contraindrait à reproduire de vains chapitres de morale, dont le seul résumé risquerait de nous égarer dans le labyrinthe d'une dialectique tortueuse.

Avant de mettre en avant telle ou telle solution qui puisse parer aux inconvénients existant dans le monde actuel, — but de cette seconde partie, — peut-être serait-il préférable d'étudier le mal à sa racine, de remonter à la cause initiale et, avant de parler de l'ensemble des hommes, de parler de l'homme lui-même en particulier. Il est bien évident que la collectivité n'est mauvaise que par la contamination de ses différentes parties, que la société n'est malade que parce que l'homme est malade lui-même.

Oui, l'homme moderne est un malade, tout au moins un dévié; ce n'est plus un sujet normal et sain. Notons qu'ici nous n'envisageons que le côté physique, que nous n'entendons donner aucune signification figurée à ces dernières épithètes, auxquelles nous maintenons tout leur sens propre. Cependant, nous tenons à faire remarquer qu'étant donnée l'influence réciproque du physique sur le moral, par l'intermédiaire du système nerveux, si l'enveloppe corporelle d'un sujet subit une modification bonne ou mauvaise, son esprit, son âme, son cœur s'en ressentiront infailliblement.

6

De là, nous devons conclure que la question que nous avons déclaré vouloir reléguer hors de notre sujet se trouve, de ce fait, partiellement traitée. Et même, si nous faisions partie de l'école positiviste, nous pourrions dire : totalement. Mais tout en faisant les concessions fort légitimes, évidentes du reste, que l'on doit faire aux doctrines d'Herbert Spencer et de Darwin, nous ne maintenons pas moins la part de liberté qui est laissée à l'homme, liberté que l'influence des milieux et des circonstances peut modifier, difficilement ébranler, jamais détruire. Sinon, ce serait la négation de l'âme, formellement niée, d'ailleurs, par les matérialistes, qui confondent en une seule les deux parties nettement distinctes de nous-mêmes. L'âme n'est pas nécessaire pour penser, disent-ils, le cerveau y suffit ; affirmation que nous devons traduire ainsi, sans faire de sophisme et sans employer de déduction : le cerveau est composé de telle substance, substance qui provient de la nourriture, donc c'est la nourriture qui pense, agit, détermine ! Fait absurde qui peut être rectifié en lui ajoutant le correctif suivant : « La nourriture est nécessaire pour que nous soyons à même de penser, sans quoi notre cerveau n'existerait pas ; mais, par contre, pour lui donner la faculté de s'assimiler si intimement en nous-mêmes, l'âme seule, principe primordial de vie, peut produire ce phénomène. »

Ainsi donc, l'homme s'étant de plus en plus éloi-

gné des lois de la nature, ayant voulu réagir contre
la contingence de ces lois, s'est trouvé puni dans son
corps qui subit les atteintes dues à la fois à sa
perversité et à son aveuglement.

Se livrer sans retenue à ses instincts, se vau-
trer dans la boue de l'ivrognerie, dormir le jour,
travailler et s'user la nuit, faire fonctionner le
cerveau et le système nerveux outre mesure, laisser étioler et rouiller les muscles, tels sont les
conditions, les rouages par lesquels se meut actuellement la ma. aine humaine, autant de conditions que l'Évolution amena avec elle d'une façon
primitive, mais non absolument fatale et inéluctable.

Il serait téméraire, sinon absurde, d'avancer que
le mal peut être coupé à sa racine, qu'il existe une
solution susceptible de parer aux inconvénients
dus à l'Évolution d'une façon radicale, c'est-à-dire
à revenir à la nature primitive. Le partisan le plus
véhément des anciens âges, l'ennemi le plus
acharné de la civilisation actuelle ne pourrait prétendre que l'homme, pour revenir aux lois normales inhérentes à sa véritable constitution, n'a
plus qu'à se dépouiller complètement de l'enveloppe luxueuse et brillante de l'époque présente
pour revêtir la peau de bête de l'âge de pierre.
Même un fervent du moyen âge ne saurait avancer, sans donner une faible idée de son intelligence, à moins qu'il ne le fasse par boutade, que
l'homme se trouvait alors dans des conditions plus

favorables pour réaliser un des buts finals de son existence qui n'est autre que la recherche de meilleures conditions de vie. Nous devons reconnaître qu'aujourd'hui, on meurt moins de faim, on est mieux vêtu et mieux logé qu'autrefois ; il est vrai que ces divers bienfaits sont compensés par des maux non moindres ; nous l'avons vu plus haut ; mais supposons que l'homme soit plus heureux matériellement, nous n'en devons pas moins admettre que, moralement, ce serait plutôt le contraire : nous ne devons pas confondre le bien-être et le bonheur. Celui-ci est d'une essense autrement pure que l'autre et sa réalisation exige un concours de circonstances si rare et si difficile, que l'on peut être en droit d'affirmer qu'il existe plutôt en idée qu'en fait. En effet, le bonheur est d'une essence bien plus élevée, il exhale un parfum autrement suave, exprime des jouissances à la fois plus fortes et plus éthérées que le bien-être, cette espèce de jovialité bourgeoise, monotone, vile et prosaïque, qui ne contente guère que les sens, incapable qu'il est de faire goûter des jouissances morales quoique fortement senties. Peut-on même dire que le véritable bonheur existe sur terre ? Quelquefois, il apparaît furtivement pour disparaître tout d'un coup, et puis le cœur de l'homme est insatiable : plus sa vie est pleine de jouissances, plus il en sent le vide et le néant.

Mais s'il est vrai que le bonheur existe, il est certain que le bien-être entre pour une très large part dans son essence. Or, pas plus la loi de Dieu, que celle de la morale la plus rigide, ne défendent à l'homme de chercher le moyen de se soustraire d'une façon honnête et convenable aux misères, du reste, fatales et inhérentes à la nature de l'homme (car même lorsqu'il a atteint la dernière limite de ses désirs, il semble chercher le mal, le combat, l'aventure et la souffrance).

Cette tendance au bonheur, au bien-être ou, pour généraliser, cette aspiration vers un état de vie meilleur, nous en faisons-nous une conception exacte, saine et juste? Combien de fois, en croyant accorder à nos sens tout ce qu'ils exigent pour leur complète jouissance, agissons-nous, en réalité, directement contre eux, car leur immédiate satisfaction ne fait que cacher les futures atteintes qui y succèdent inévitablement. Celui qui s'adonne sans discernement à ses passions bestiales éprouve, à l'heure où il s'y livre, un certain plaisir ; mais dans la suite, il en éprouve comme un remords et son corps s'en est également ressenti ; celui qui est affligé de cette tache encore plus dégradante de l'ivrognerie, porte en tout lui-même, dans son corps et dans son âme, les stigmates de cet appétit grossier, auquel il a donné une satisfaction plus ou moins longue, plus ou moins répétée. En d'autres termes, nous agissons souvent directement contre le but que nous poursuivons tous ou que nous devrions tous poursuivre en ce monde : une plus grande satisfaction physique, une plus grande élévation morale et cela faute de sagesse.

Le Progrès a donc diminué tous les ressorts de l'homme, il a ainsi apporté ses germes nocifs dans la société, par la distribution inégale, mal répartie ou trop précipitée des facteurs par lesquels il s'est manifesté. Ceci nous amène à distinguer deux séries de mesures propres à obvier aux maux précités. Elles feront l'une et l'autre l'objet d'un chapitre de ce deuxième livre.

Nous avons dit plus haut que le Progrès n'est pas un ennemi qu'il faille combattre de parti pris, bien loin de là ; nous serions même des premiers à reconnaître qu'il pourrait être susceptible de favoriser l'essor et le développement du bien-être, il ne serait pas sain également de désespérer qu'une ère de réelle prospérité ne puisse s'ouvrir devant nous. Mais pour atteindre ce résultat, il nous faut composer avec lui, ou plutôt chercher dans la limite du possible, à retrancher, ou tout au moins à atténuer les éléments morbides qu'il a accumulés en nous, puis autour de nous.

***

Parmi les mesures nécessaires pour rétablir l'équilibre physique dans l'homme, nous devrions citer les mesures directes, celles concernant l'hygiène, et celles indirectes, mais concourant au même but, soit l'extension des jeux et exercices physiques. Parmi les premières, nous devons noter d'abord celles qu'a produites la lutte contre l'alcoolisme. L'initiative privée a créé ce courant, que le gouvernement devrait encourager et seconder de son côté. Or, il n'en a rien fait jusqu'ici : l'État y gagne, mais la nation y perd sa vigueur et sa sève. Il est vrai que l'État et la nation, en France du moins, sont deux choses distinctes et nettement séparées (nouvelle preuve d'incoordination que nous trouvons sans la chercher et nous en rencontrerons probablement encore d'autres). En d'autres pays, en Angleterre, en Suède, aux États-Unis surtout, pays dans lequel la liberté est le mieux entendue, l'État a obtenu des résultats très précieux à ce point de vue. Voilà du bon Étatisme. Mais l'administration fait preuve, en France, d'une insouciance aussi complète que d'une scrupuleuse, mais stérile réglementation.

Bref, étant donnée la gravité de ce fléau, quelles que soient la rigueur et la sévérité avec lesquelles on cherche à le combattre, elles ne seront jamais excessives ; la violence même que l'on déploierait dans ce but pourrait être sainement défendue. S'il n'est que moralement certain que l'esprit de l'homme ne doit pas se nourrir de doctrines corrompues, il est mathématiquement certain qu'il n'a pas le droit de se suicider en absorbant du poison. Mais il est tout aussi coupable de laisser ce mal s'accomplir que de le faire soi-même. Aussi l'État, qui devrait être le protecteur de ses administrés, disons mieux le père de ses enfants, devrait rigoureusement veiller à ce qu'ils n'attentent pas à eux-mêmes, car la somme de leurs énergies constitue la nation. Mais en cela, il agit comme si cela ne le regardait guère.

D'un autre côté, devrons-nous reconnaître par contre, qu'en France seulement est née l'initiative de grever le tabac d'un fort impôt indirect ; mais l'État ne dérogerait pas à ses attributions expresses, s'il assumait d'autres responsabilités. Secondé de l'initiative privée, à lui appartiendrait de créer des commissions qui élucideraient les questions relatives à la prophylaxie prise dans son ensemble.

Pourquoi ne prendrait-on pas en France de sévères mesures contre la tuberculose ? En Allemagne, on a obtenu d'excellents résultats en ce sens. Toute personne qui est surprise crachant à terre est punie d'une forte amende et de prison à la récidive. Cette mesure un peu draconienne, reflétant, du reste, assez bien l'esprit composite, militariste, formaliste du lourd Allemand, a contribué à réduire de moitié, en quinze ans, le nombre des cas de phtisie. Les sanatoria y sont aussi plus nombreux. La fièvre typhoïde pourrait être, elle aussi, annulée encore plus rapidement, car elle est due à une seule cause connue : la présence d'un bacille dans les eaux.

Il ne messiérait pas non plus de combattre énergiquement une autre maladie microbienne et contagieuse, un certain mal. Prétendre qu'il est hideux et immoral de connaître ce mal est très vrai, mais il est plus hideux et plus immoral d'en être affligé.

Du reste, toutes les mesures d'hygiène mériteraient d'appel plus qu'elles ne le font l'attention des pouvoirs publics.

La démolition des rues étroites et mal percées n'est pas la moins importante. Rien ne choque plus l'œil, rien n'est plus contraire à la symétrie, que ces dédales de rues tortueuses et comme entassées les unes sur les autres. Si cela est contraire à l'esthétique architecturale, il en est de même pour la salubrité générale : l'homme est comme la plante, il pousse mieux en plein air et en pleine lumière. Est très mal surveillée ou plutôt pas du tout l'aération dans les bâtiments publics. Ainsi, dans certains petits théâtres, genre café-concert en particulier, dont le cubage d'air ne dépasse pas celui de trois ou quatre grands appartements, un millier de personnes respirent pendant des heures consécutives un air presque jamais renouvelé, et qui tend constamment à perdre sa pureté. De plus, il n'est pas prouvé qu'on s'occupe suffisamment de l'aération pendant que la salle est inoccupée. Pourtant, l'air est la condition primordiale de la vie ; à chaque seconde de notre existence, il influe d'une façon plus ou moins favorable sur notre organisme, vivifie notre sang plus ou moins bien, suivant son degré de pureté. Il est tout aussi nécessaire que la nourriture ; de celle-ci nous ne nous occupons que trop, de l'air pas assez. La plupart des paysans, même ceux qui travaillent toute la journée, sont excessivement sobres, mais ils ont l'air et le soleil ; ils sont forts et contents.

Eux, ce sont les bonnes plantes du sol français, saines et vigoureuses ; ce sont les vrais enfants de la Nature, prise dans un sens tout à fait différent de celui que lui donnent les partisans d'une certaine école de la nature. Leurs mœurs sont pures et primitives, aussi ont-ils de nombreux enfants. Le Progrès ne les a pas encore fait dévier du vrai et droit chemin. Le laboureur·(de *labor*, travail) est l'homme par excellence, car l'homme est fait pour travailler, pour lutter. Quand je le vois conduisant son coutrier d'une main habile et ferme, je crois voir devant moi le symbole même de l'humanité. Lamartine a écrit des pages admirables dans *Jocelyn* sur les laboureurs. Ce poète le plus éthéré, le plus pur, n'était qu'un campagnard, un paysan de génie, et un fervent de la Nature. Cela prouve que la véritable Nature est noble et enchanteresse. Elle ne saurait se reconnaître chez un certain romancier; les types de ses personnages sont forcés, caricaturés et beaucoup plus rares qu'on ne le croit : l'homme n'a pas encore perdu toute dignité. Admirons, cultivons l'idéalisme naturel, détournons-nous du naturalisme idéal, laissons-le pourrir dans sa fange. Nous nous retrempons volontiers au milieu des fortes émotions de la Nature ; aussi ne préférerions-nous pas entendre retentir les coups âprement répétés de la cognée du bûcheron qui prolongent leurs échos sonores et sauvages dans les gorges profondes et ténébreuses, que d'entendre le bruit discordant, énervant et agaçant d'une Bourse, volcan en éruption, dont les héros, possédés du délire de la spéculation, portent également sur leurs fronts crispés et contractés, toutes les turpitudes et malsaines passions qui affligent ces enfants bâtards des cités malsaines et enfiévrées.

Le malheureux citadin qui passe presque toute son existence dans une chambre, une « case », est bien à plaindre. Tout lui est mesuré, jusqu'à l'air et l'espace ; mieux vaut la sauvage, mais saine liberté du pâtre.

Faut-il nous étonner que, dans ces conditions, les ressorts de la machine humaine se soient usés ou étiolés, ressorts moraux aussi bien que physiques ? Nous ferons, en passant, cette remarque que beaucoup de nos hommes de gouvernement, d'épée ou de plume, sortent de la campagne, car c'est en elle seule que l'Homme est à même de posséder ses pleins moyens d'action et sa sève printanière.

Et puis, que de surprises, que de charmes, que de nobles élans nous réserve la vie des champs, et aussi des montagnes, de la mer, de la plaine ! Sauvage et éthérée Nature ! Mais il n'y a pas lieu, dans notre aride sujet, d'en faire l'éloge poétique. Homère et Virgile, Chateaubriand et Cooper et combien d'autres l'ont fait avec des élans de cœur d'un enfant et l'enthousiasme d'un prophète.

Les jeux et autres exercices corporels possèdent l'avantage de mêler l'utile à l'agréable.

Point n'est besoin d'être un hygiéniste distingué pour savoir qu'il est nécessaire que nos muscles prennent un certain jeu, faute de quoi ils dépérissent et s'alourdissent à la fois.

Mais combien de nos intellectuels ont le temps, les facilités ou seulement l'idée de penser à se « détendre » quelquefois? Beaucoup d'employés sédentaires se contentent d'une courte promenade le dimanche, le reste de la semaine, entreposés comme des matériaux dans un bureau ou un atelier, ils ne bougent pas.

Sur beaucoup de nos places, il existe des terrains vacants qui pourraient fort utilement servir d'emplacement pour halls de gymnastique, voire de piscines, car l'hygiène de la peau a aussi son importance. Moyennant un droit d'entrée de quelques centimes, uniquement pour éviter l'encombrement dans les mêmes lieux, les premiers dont nous avons parlé du moins, beaucoup de citadins auraient ainsi à leur disposition les moyens nécessaires pour entretenir leurs membres dans un état normal et régulier. Les frais d'installation des halls seraient évalués à une somme insignifiante. La construction des piscines exigerait des frais plus élevés, étant données les conditions requises nécessaires pour leur propreté et leur entretien.

Du reste, tous les jeux et sports corporels devraient être encouragés, surtout ceux qui exigent une certaine dépense physique, pourvu qu'elle ne soit pas exagérée, tels que l'escrime, l'équitation, le canotage, la photographie qui distrait l'esprit et fait marcher les jambes, et qui vous rappelle de si charmants souvenirs

Il existe actuellement des agences de longs parcours par bateaux ou voie ferrée ; pourquoi n'organiserait-on pas de même, sur une plus grande échelle que cela n'existe actuellement, des parties d'excursion en voiture, en machine, à pied, seuls ou combinés ?

Combien de sites gracieux ou sévères, mais toujours pittoresques, pourraient, le dimanche, nous distraire plus agréablement que de restreindre le champ de notre indolente curiosité, à piétiner sur nos boulevards ou nos places ! Les routes, en France, sont excellentes ; les moyens de locomotion nombreux, pratiques et peu coûteux ; le Progrès a eu cela de bon qu'il les a vulgarisés. La Nature s'offre à nous plus facilement qu'autrefois ; elle nous tend les bras ; pourquoi nous refuserions-nous à ses effluves, à son attrait délicieux ? Est-il décor plus beau que des roches sauvages où pend, gracile et blanche, une chèvre légère, ou encore une source qui sort plaintivement d'un fond de mousse verdoyante ? Les heures mélancoliques et suaves passées dans le silence enchanteur des bois ou des vallons ombreux, reviennent toujours éthériser nos sens et parfumer notre cœur. Dans le fleuve de la Nature, baignons-nous tout entier, dans ce fleuve roulant ses ondes de beauté, d'amour et d'harmonie.

La pêche est un passe-temps sinon délicieux, du moins très agréable. Par malheur, beaucoup de nos cours d'eau sont dépeuplés, car certains pêcheurs de profession (et il ne devrait en exister que sur mer et les grands fleuves) font usage de toutes sortes d'engins de destruction. Contre eux, seule une entente des riverains et autres intéressés peut agir efficacement.

Il en est de même pour la chasse ; contre les braconniers, mieux que les gendarmes qui préfèrent arrêter sur les routes d'inoffensifs charretiers sans lanterne, l'union des chasseurs peut seule produire des résultats décisifs.

La chasse constitue une réelle distraction et un véritable plaisir, plein d'émotions et de saine fatigue, et nul n'a le droit d'usurper la part de plaisir réservé à d'autres. Ce sport, cette distraction, cette passion (suivant que parlent des châtelains *smarts*, des bourgeois qui veulent se dérouiller les jambes ou des fanatiques de Saint-Hubert) doit être démocratisé, car c'est le plus sain, le plus noble comme le plus ancien de tous les plaisirs. Je ne vois pas pourquoi il serait refusé à l'ouvrier, au petit employé sédentaire surtout, les moyens d'en-

tendre sinon le mélancolique *hallali*, du moins le
chant troublant du perdreau, ou de voir surgir un
lapin qui, après des zigzags tortueux, court se ta-
pir sous des buissons épineux.

Indépendamment des distractions qu'il procure,
ce plaisir posséderait en sa faveur, comme nous le
verrons plus loin, celui d'être d'une très grande
utilité au point de vue moral ; aussi de nombreux
philanthropes et économistes se sont-ils saisis à
juste titre de cette question, laquelle, cependant, ne
laisserait pas de présenter de sérieuses difficultés
dans son application. A tous, en effet, se pose ce
point d'interrogation très sérieux : comment vul-
gariser la chasse ?

Pour atteindre ce précieux résultat, on ne saurait admettre que la suppression ou la réduction
du permis soit le plus sûr moyen ; bien au contraire : ce serait aller à l'encontre du but, car cela
amènerait la destruction à peu près totale du
gibier.

Mais il existe des mesures d'une autre ampleur,
d'une autre portée qui résoudraient le problème par
sa base même. Cette solution serait la création de
nouveaux tirés, de nouveaux parcs de chasse.

On sait, nous l'avons vu antérieurement, que
des espaces de moins en moins étendus sont ré-
servés chaque année aux productions agricoles.
Cela se conçoit aisément : la même étendue de
terrain produisant davantage et la population se

maintenant au même chiffre qu'autrefois, il en est résulté une diminution de l'ensemble des terrains cultivés ou ensemencés ; notamment, il est à remarquer que, depuis quelques années, la France suffit à peu près à sa consommation en blé, n'en ayant importé que des quantités relativement peu considérables. Or donc, remplacer ces terrains rendus vacants,— jachères inutiles, — par des bois et forêts serait résoudre le problème de la généralisation de la chasse. Dans de telles conditions, on pourrait supprimer les permis. Il n'y aurait pas lieu, du reste, de considérer cette mesure comme pouvant porter atteinte aux intérêts de l'agriculture, car le reboisement recevrait, de ce chef, une solution doublement utile, et pour lui-même, et pour l'intérêt de la chasse.

Le développement et l'extension de cette distraction et autres semblables auraient des résultats d'une importance, au point de vue social, plus considérable qu'on ne serait porté à le croire de primo abord. Ce serait le remède le plus direct porté au désœuvrement sous toutes ses formes ; un coup droit porté au cabaret, au bouge, au café-concert, au champ de courses, gouffre de salaires. Cette mesure d'hygiène publique rendrait moins fréquent l'encombrement des rues. Ces désordres caractéristiques des jours fériés, des nuits plutôt, sont trop nombreux ; ils donnent une bien triste idée de notre civilisation. Ce serait la plus grande catas-

trophe sociale si jamais la populace, celle qui n'est
pas dans la misère, en venait, comme au temps des
Romains, à hurler *Panem et circenses*. Nous
sommes loin d'en être réduits à ce point : il y a
autant de différences entre le peuple français et la
basse populace romaine qu'entre le champ de
courses de Boulogne et le Colysée ; mais un désœuvrement excessif pourrait nous faire tomber sur la
pente.

Aux distractions corporelles et de plein air,
pourraient agréablement succéder celles de l'esprit. Ainsi, la lecture pourrait bien être encouragée plus qu'elle ne l'est, et surtout mieux dirigée.
Il existe un nombre suffisant de bibliothèques populaires, mais on n'y rencontre guère de lecteurs
à qui profitent utilement les ouvrages qu'ils lisent.
Il serait difficile d'en faire un choix judicieux et
convenable. Ce sont ordinairement des romans
dénués — cela se conçoit du reste, — de toute valeur pratique et morale.

Les cours et conférences publics auraient bien
aussi leur utilité, mais on n'y sert guère que des
mauvais plats, réchauffés de cuisine socialiste, ou
bien, si le sujet est scientifique et documentaire,
il n'y a guère que celui qui parle qui y comprenne
quelque chose : c'est mal présenté et mal vulgarisé.
Ce sont très souvent des classes populaires qui y
assistent, dont l'instruction n'est pas suffisante

pour comprendre tous les termes spéciaux à chaque branche.

Les intellectuels   bourgeois sédentaires se livrant surtout aux _istructions physiques ; les ouvirers et employés manuels s'adonnant de préférence à la lecture et aux distractions de l'esprit, il en résulterait un heureux répartissement de ces différents plaisirs. L'homme y gagnerait au point de vue moral, plus encore au point de vue physique — qui est particulièrement en question ici — surtout si les mesures d'hygiène publique venaient aussi y contribuer.

CHAPITRE VI

MESURES D'UTILITÉ DANS L'AGRICULTURE ET L'INDUS-
TRIE. — CONSIDÉRATIONS SUR LES AUTRES BRAN-
CHES DE L'ACTIVITÉ SOCIALE. — RÉORGANISATION
DE LA MUTUALITÉ. — MESURES CONCERNANT LE
VAGABONDAGE, LA MENDICITÉ, LA POLICE INTÉ-
RIEURE.

Les mesures nécessaires pour parer directement
aux inconvénients inhérents à la société vont faire
l'objet de ce second chapitre.

A l'agriculture, branche mère de notre énergie
nationale, nous devons réserver l'honneur qui lui
revient d'un droit bien légitime du reste, d'exposer ses doléances, ses misères, ses crises pour les
conjurer ou les prévenir dans la limite du possible.

Nous avons déjà dépeint, ou plutôt donné un
léger aperçu de la détresse dans laquelle se dé-
battait l'agriculture. Vu l'importance de la question, il serait bon que nous nous arrêtions de nouveau.

Le paysan est, entre tous les citoyens de la nation,

celui sur lequel se sont appesanties le plus durement les réactions du Progrès.

Il ne possède pas l'avantage, comme le capitaliste, rentier en particulier, de vivre en s'occupant fort peu, ou, comme le fonctionnaire, de subsister à l'abri de tout souci au prix d'une maigre besogne ; il n'a même pas la ressource, comme l'ouvrier, d'escompter les résultats étatistes qu'amènent les grèves et leurs revendications politiques. On ne s'occupe pas de lui, il ne sait pas faire valoir ses droits. Il n'est pas de la ville d'où on le repousse, parce qu'il porte une blouse bleue, des sabots, qu'il a les mains calleuses, insignes de son travail et de son utilité. On l'y traite de paysan, ce dont il devrait se glorifier ; par malheur, il rougit trop souvent de son noble métier, qui vaut bien celui de portefaix. Les appâts de la ville le tentent et le perdent. Tout ce qui est brillant et factice, tout ce qui miroite et reflète un faux luxe, un décor d'apparat le trompe et le séduit à ses dépens. Aussi a-t-il le tort de donner sa voix à un farceur politicien, tout frais moulu et sorti de quelque officine électorale de bas étage de la ville prochaine.

Faut-il s'étonner, dans ces conditions, qu'au Parlement, on ne s'occupe guère de lui ? Lorsqu'un rare représentant terrien hasarde quelque timide réforme, cela a le don de faire le vide dans la salle. Les questions d'agriculture ne comptent guère que pour une quantité négligeable ; un jour, un

ministre qui avait osé parler du « troupeau national », s'attira, pour cette expression, qui avait
l'air de vouloir élever l'agriculture à la hauteur
d'une branche nationale, les risées de maints su-
perficiels représentants. Bref, le paysan, qui compte
pour la moitié de la population de la France, n'y
est pas représenté comme une proportion juste et
nécessaire l'indiquerait. Il est l'ilote, l'esclave, le
paria de la société. Nous sommes sous la troisième
République, mais il n'est guère plus heureux que
sous l'ancien régime.

Et pourtant, on lui fait l'honneur de le traiter
comme un capitaliste, car si un capitaliste quelconque, chef d'usine ou banquier, est grevé d'un
impôt direct assez lourd, lui aussi est grevé d'un
impôt direct proportionnellement encore plus
lourd : l'impôt foncier.

Nous avons dit que l'agriculteur est la victime
la moins épargnée du Progrès. L'Évolution, par la
simplification du travail et les progrès de la chimie,
a amené la surproduction qui a occasionné la
baisse. Or, si la baisse profite au consommateur, le
producteur en est d'autant victime.

Or, si celui-là paye le vin 0 fr. 15 à 0 fr. 20 de
moins le litre, il achète le pain 0 fr. 05 ou 0 fr. 10
de moins le kilogramme que d'après le cours
moyen et normal ; on ne saurait y trouver d'autre
inconvénient que celui, très grave, auquel il serait
nécessaire de remédier, d'écraser le laboureur ou
le vigneron, finalement réduit à l'hypothèque,

à la saisie, à la ruine sous toutes ses formes.

Par une juste compensation, toutes les années où le vin et le blé sont vendus à des cours en-dessous du prix de revient, le vigneron ou le laboureur devrait être dégrevé complètement de tout impôt foncier, ce qui, du reste, ne compenserait que dans une faible proportion la perte résultant pour lui de la mévente. D'autre part, le consommateur ne saurait s'élever contre cette mesure qui ne lui causerait pas un préjudice comparable à l'avantage qui en résulterait pour le producteur.

Beaucoup de producteurs de vin, dira-t-on, sont de riches propriétaires, mais l'immense majorité en comprend des moyens et des petits. Or, ceux-ci sont actuellement extrêmement malheureux : dans la région du Bas-Languedoc, une très grande partie des terres sont hypothéquées et, non seulement ceux qui ont ces hypothèques à leur passif, souffrent de cet état de choses, mais également leurs possesseurs. Ceux-ci n'osent mettre en vigueur la loi de l'expropriation qui n'aboutirait qu'à chasser hors de leur foyer des malheureux, ce qui, d'un autre côté, ne leur permettrait de récupérer qu'une partie des sommes avancées, car la terre a subi par le fait de la dépréciation du vin, un avilissement proportionné.

Du reste, la crise qui sévit dans la région vinicole de l'Extrême-Midi, depuis la frontière d'Espagne jusqu'au Rhône, est d'une intensité suraiguë. La mévente ayant coïncidé avec les prétentions des ouvriers agricoles qui, sous la poussée de la base politique du jour, ont exagéré leurs prétentions au delà des limites convenables, la rencontre de ces deux causes a produit un malaise qui approche de la calamité. Les propriétaires étant ruinés ont renvoyé une partie de leur personnel ; or, celui-ci a demandé l'expropriation et la départition du terrain en lots. C'est un acheminement vers le communisme. Cela ne fera pas renchérir le vin. Mais qui blâmerait les ouvriers agricoles de ces exigences, légitimes, car il faut bien qu'ils se procurent des moyens de subsistance.

Situation aussi triste qu'inextricable. Rencontre fatale de causes opposées. Quelle solution à apporter pour obvier à ces plaies à la fois sociales et économiques, comment résoudre ce problème si difficile ? Nous l'indiquerons dans le livre suivant.

La crise agricole, relative aux céréales, affecte une intensité bien moindre, mais qui, au lieu d'être localisée dans une quinzaine de départements, comme pour la vigne, possède une étendue bien plus considérable, comme cela se conçoit, du reste.

Parmi les mesures propres à assurer le maintien des cours du blé, devrons-nous citer, en premier lieu, l'application du protectionnisme ?

Ledit système a été fort décrié, et il est certain qu'indépendamment des résultats fâcheux de sa mise en vigueur, qui provoque de la part des autres puissances le choc en retour des représailles, il renferme, au point de vue intérieur, la cause d'un conflit dont nous venons de parler : la lutte du consommateur avec le producteur.

Le ministère Méline, seul ministère agraire que nous ayions eu, institua, en 1892, des tarifs protecteurs sur le blé et sur les vins (les États-Unis et l'Espagne inondant alors nos marchés de ces produits respectifs), qui provoquèrent une énergique résistance. M. Méline fut appelé « le Père la Famine », titre du reste qu'il mérite, en ce sens qu'il sauva le paysan de ce fléau. Les consommateurs payèrent bien le pain une obole de plus, et cette obole, qui ne les ruina pas, préserva le laboureur de la misère, sans l'enrichir pour cela, il est vrai ; mais il put joindre les deux bouts ».

Les libre-échangistes, en France, ne font qu'exprimer des inspirations étroites, égoïstes et partielles et ne traduisent l'ensemble des véritables intérêts de la nation. On a prétendu, à juste titre, d'ailleurs, que l'Angleterre a prospéré avec ce dernier système, mais il faut faire observer que cette puissance se trouve dans des conditions économiques telles qu'elles lui faisaient une obligation de l'appliquer. L'Angleterre possède une situation financière plus brillante que celle de la France. Autre motif plus important encore : ce n'est pas un pays agricole ; il ne l'est plus actuellement du moins. D'une façon générale, un pays essentiellement industriel ou qui tend à le devenir est libre-échangiste, car les consommateurs, prépondérants par leur nombre, ont tout intérêt à ne pas voir grevés les objets de consommation qui, en grande partie, arrivent de l'étranger par l'importation. Aussi, la France, puissance où domine l'élément agricole, devrait-elle être essentiellement protectionniste.

L'application des mêmes tarifs sur les vins amena pendant quelques années, jusqu'en 1900, une grande prospérité dans les régions viticoles ; cette prospérité du début engendra de la misère.

Il existe pour le blé et pour la vigne deux insectes rongeurs très nuisibles, l'accapareur pour le premier, le fraudeur pour l'autre.

Cependant, nous devrons reconnaître que pour ce qui concerne les céréales, il s'est opéré, depuis deux ou trois années, une réaction contre les gros accapareurs qui font la hausse ou la baisse au gré de leurs intérêts. Une heureuse entente, qui dénote un esprit d'initiative assez caractéristique, a réussi jusqu'à un certain point à mettre hors de cause les spéculateurs. Par leur accord, les producteurs se sont résolus à ne vendre que par « petits paquets », c'est-à-dire à ne livrer leur récolte qu'au fur et à mesure des besoins de la meunerie et de la consommation. Si, pour mettre le sceau à une initiative si favorable à leurs légitimes intérêts, ils constituaient des caisses agricoles de crédit, lesquelles permettraient d'attendre aux propriétaires à court et pressés de vendre, ils parviendraient à évincer complètement ces inutiles intermédiaires.

Pourtant, va-t-on nous objecter, il faut bien que tout le monde vive, aussi bien les négociants en grains que le paysan ; mais celui-ci, qui a « sué » son blé, ne mérite-t-il pas d'en retirer un bénéfice proportionné à sa peine ?

Sont tout à fait nuisibles et très coupables les fraudeurs en général, et les fraudeurs en vins en particulier, qui vendent de l'eau mêlée à de l'alcool pour du vin, réalisant de ce fait des bénéfices qui atteignent jusqu'à 300 p. 100 ; mais cela ne fait pas les affaires du viticulteur. Celui-ci demande que l'État applique des mesures très énergiques qui ne seront jamais trop sévères, car pour l'intérêt de quelques exploiteurs, il n'est pas nécessaire de compromettre la santé des consommateurs ainsi que les intérêts d'une grande partie des producteurs agricoles français.

Il est un autre ennemi du vigneron : c'est le médecin. Nous ne prétendons pas qu'ils aient été rétribués par des marchands d'eaux minérales pour répandre leurs doctrines antiœnologiques ; mais est-ce un motif suffisant, parce que le vin est plutôt funeste à certaines constitutions, pour généraliser cette affirmation, au point de la rendre inexacte, sans parler du préjudice causé aux ressources nationales ? Des médecins ont déprécié le vin sans discernement, sans doute sous le prétexte spécieux que le vin contient de l'alcool. L'alcool dans le vin est si dilué qu'il ne saurait posséder l'action corrosive de cet autre liquide. De plus, le vin contient des substances toniques tels que le fer, le tanin, la glycérine, la magnésie, l'extrait sec, variant d'ailleurs avec la nature des terrains et des cépages. Ce qui est certain, c'est que le vin artificiel obtenu par un mélange d'eau, d'alcool et d'une substance tinctoriale *ad hoc*, est aussi dangereux que le vin naturel est favorable. En effet, il possède les défauts de l'alcool et aucun des avantages du vin. Ce dernier, contrairement aux alcools obtenus avec d'autres produits, possède seul une quantité insignifiante d'acide éthylique ; en plus, la substance colorante du vin fabriqué ne peut occasionner que des maux d'estomac. Aussi est-ce peut-être à cause des méfaits de cette sorte de produit, que l'on a déclaré nocif l'usage du vin. Cet inconvénient n'est plus à redouter aujourd'hui, alors que, par suite du bon marché, le vin artificiel a beaucoup moins de chances d'être fabriqué.

* * *

Il nous reste maintenant à nous occuper des mesures concernant les autres branches de l'activité générale, telles que l'industrie, le commerce, certaines professions libérales. Mais si nous voulons faire l'exposé des mesures de prophylaxie, d'utilité sociale qui puissent s'étendre et s'appliquer à tous les corps de métiers sans distinction, il est certain que nous ne pourrons l'entreprendre qu'à la condition expresse et nécessaire que la base sur laquelle nous poserons le problème soit semblable et égale pour tous ces divers attributs et fonctions.

Aussi devons-nous écarter ici et mettre hors de cause toute considération relative à des mesures qui concerneraient les individus à la tête de ces différents corps de métiers, c'est-à-dire les patrons, pour nous exprimer d'une façon concrète. Il est bien évident qu'étant donnée l'innombrable variété des diverses fonctions qui ont surgi à la suite du bouleversement économique et matériel de l'Evolution, les modes pour se procurer les moyens d'existence ont subi le contre-coup inévitable de ce revirement. Ce serait donc d'une longueur inutile de vouloir, comme nous l'avons fait pour l'agriculture dont les problèmes sont très importants, mais simples, généraux et peu nombreux, de vouloir exposer des mesures se rapportant aux autres branches du corps social, vu leur extrême variété et la complexité très grande des éléments qui contribuent dans chaque catégorie même à les produire, les développer ou les modifier.

Aussi, les considérations qui suivent ne sauraient-elles avoir qu'un caractère général.

La nature des moyens d'existence pour les chefs de métiers est l'individualisme. Depuis le plus simple boutiquier jusqu'au patron d'une usine qui renferme des milliers d'ouvriers, tous ceux qui représentent des corps séparés et indépendants de l'activité sociale, qu'ils soient minimes ou très considérables ont à demander à eux seuls leurs moyens d'existence. Tandis que le reste de la société dont les conditions de vie sont indirectes, se compose des auxiliaires peu responsables, des dépendances de toutes ces unités isolées autour desquelles ils gravitent ; ce sont des intermédiaires, des sous-ordres, en un mot des Étatistes. Leur unique mode d'existence est la rétribution ou le salaire. Le ministre d'État aussi bien que l'ouvrier, rentrent dans cette catégorie. Leur différence est en degré, non en nature, leur condition de vie est inégale, mais elle est semblable.

Dans cette classe nombreuse et variée des Etatistes, nous nous occuperons des humbles, c'est-à-dire des simples travailleurs, ouvriers manuels, et employés en général. Nous allons établir les rapports qui existent entre eux et les individualistes. Nous en tirerons des conclusions adaptées à la matière de notre sujet.

Ceux-là méritent la sympathie à un double point de vue : premièrement, comme nous l'avons fait remarquer plus haut, s'ils n'ont d'autres soucis de l'existence que de celui de gagner leur pain quotidien par le salaire, s'ils n'ont d'autre responsabilité que celle qui leur incombe pour la besogne qui leur est dévolue, ils sont réellement productifs, utiles, effectifs, beaucoup plus que l'ensemble des individus de la catégorie dont ils font partie. Par suite, ils ont droit avant tous les autres, au même titre que l'individualiste qui les fait travailler, sinon au superflu, du moins à tout le nécessaire. Ils ont droit à avoir un bénéfice proportionnel à celui du patron, mais ce bénéfice proportionnel n'est pas égal, car ce dernier a droit à un bénéfice en rapport avec l'ensemble des éléments qu'il a mis en action qui sont beaucoup plus considérables que ceux de l'intermédiaire étatiste. L'ouvrier travaille physiquement, c'est vrai, le patron de son côté moralement et intellectuellement, sa responsabilité et ses soucis dépassent de beaucoup ceux de l'ouvrier ; de plus, il a engagé ses capitaux matériels alors que l'Etatiste n'a rien engagé.

Du reste en ce monde tout est proportionné ; un chef dont les ressorts de la personnalité, de l'individualité sont plus développés, a plus de peines, de charges et de responsabilité, mais en retour ses satisfactions morales doivent être proportionnées à ses peines morales. Dans toute hiérarchie en général, il en est de même : plus les ressorts d'un sujet sont développés, plus fortes sont les réactions individuelles qu'il produit, plus fortes aussi ses joies, ses souffrances, ses jouissances.

Mais renversons l'ordre de cette hiérarchie, détruisons toute proportion, tout équilibre et faisons la supposition suivante : Prenons un travailleur manuel, dont toute la capacité se réduit à faire convenablement l'ouvrage qui lui est assigné pour gagner sa vie, nourrir lui et sa famille largement, enfin subsister en vivant à l'abri du besoin, mais rien de plus. Cet homme, mettons-le à la tête d'une usine : il ne fera pas ses affaires, sera réduit à la ruine et tous ses ouvriers seront congédiés. Donc, ni lui, ni son personnel, ni la société dans son ensemble n'auront rien gagné de ce fait. Mais après cet exemple qui est peut-être exagéré, prenons-en un autre.

Supposons que dans une société, soit mis en vigueur un système embryonnaire de collectivisme. Ce système aurait été mis en vigueur sans aucun tempérament, car la seule supposition du collectivisme absolu est déjà contraire au bon sens. Bref, supposons qu'à la suite d'un bouleversement et d'un répartissement social, il existe cent patrons au lieu de dix exerçant le métier de filateur. La production des tissus sera probablement la même ainsi que le gain des patrons, mais les frais, si théoriquement ils doivent être égaux, seront plus considérables si nous passons dans le domaine de la pratique ; ces nouvelles conditions unies à d'autres influeront sur les affaires des patrons, qui feront faillite et renverront le personnel. Cet exemple n'est donc pas moins probant.

Nous concluons d'après ce qui précède que le véritable socialisme, le seul qui puisse profiter à tous les membres de la société sans exception, est celui qui accorde la facilité à tout individu capable de produire et de servir la société, de pouvoir s'élever à un niveau égal à sa capacité intellectuelle, à sa valeur morale. Or, ce genre de socialisme sain, pratique, vital, n'est guère à l'ordre du jour en France.

Un politicien socialiste enrichi avait acheté un domaine. Il se plaisait à s'y donner l'allure d'un gentilhomme, tel un seigneur féodal, c'était le seigneur du village. Il savait du reste faire respecter ses droits à merveille. Un jour il fit donner une formidable volée de bois vert à un pauvre malheureux qui avait ramassé dans son parc quelques bûches de bois mort. Le bon apôtre n'affirmait guère par là que personne n'a droit au superflu quand chacun n'a pas le nécessaire ; sauf à la ville, chez ses électeurs, c'était un démagogue forcené, un artiste en « obscurantisme », en « pain gratuit » que sais-je encore ? A qui fera-t-on croire que dans sa morgue crapuleuse et aristocratique à la fois, il ne concevait pas le plus profond mépris pour ses prolétaires électeurs ?

Aux considérations générales qui précèdent, va suivre l'exposé de mesures d'utilité sociale, destinées à parer aux malaises, aux crises et aux désordres particuliers surtout aux grands centres industriels et populeux. Ces mesures seront relatives à la suppression ou à l'atténuation de la misère, du chômage forcé et volontaire, du vagabondage, de la prostitution ou du crime. Ce ne seront et, pour cause, que de brefs exposés ou des considérations d'ensemble.

Il est du devoir de tout homme de travailler,

mais aussi tout homme doit subsister surtout s'il n'est pas responsable de l'inactivité à laquelle il a été réduit. Tels sont les principes qui vont nous guider dans l'exposé des développements ci-après.

On sait que la mendicité est interdite en France, du moins officiellement ; elle devrait l'être en fait. La situation contraire constitue toujours pour une nation, à la fois une tare et une tache. Une tare, parce que les individus qui cherchent leurs moyens d'existence par l'aumône sont inutiles dans une société, s'ils sont sains et capables de travailler ; sinon, s'ils sont impotents, leur situation est une tache, une honte, pour la société qui refuse de donner les moyens de subsistance à des personnes incapables de se les procurer d'une façon convenable et régulière. Il n'existe donc aucun motif pour laisser subsister un état de chose dont la suppression serait, au double point de vue moral et matériel, avantageuse à la société.

De plus, beaucoup de ces mendiants sont des chemineaux qui exigent par la violence, qui obtiennent parfois par le meurtre, ce qu'ils ne peuvent acquérir de gré. Il ne faut pas les confondre avec ces travailleurs qui viennent se louer à la campagne pour des travaux périodiques temporaires. Ceux-ci possèdent ou doivent posséder leurs papiers. Ceux qui font partie de l'autre catégorie devraient être arrêtés impitoyablement, non pour être emprisonnés, mais pour être contraints à une besogne qui paye tout au moins leur entretien.

Mais les pouvoirs publics font preuve à cet égard d'une impassibilité qui revêt absolument la forme de l'insouciance ; aussi cet esprit de routine poussé à l'extrême n'a-t-il d'autres résultats que de nous apprendre de temps en temps que des vieillards ont été égorgés dans des habitations isolées ou que des attentats monstrueux et abominables se sont produits.

Des chemineaux qui désolent la campagne, on peut rapprocher les rôdeurs, souteneurs, tous gens sans aveu qui infestent les villes. Ces derniers sont pour la plupart de dangereux récidivistes. Aussi, ne siérait-il pas, lorsqu'un individu a encouru trois condamnations, de le rayer définitivement, disons le mot, du nombre des personnes libres ? Celui qui ne sait pas se servir d'une chose, ne doit pas en disposer ; pour la liberté, il en devrait être de même ; cette mesure qui leur serait appliquée, non pour les punir, mais pour les interner d'une façon sinon permanente, du moins pour une durée plus longue que celle fixée par la peine qu'ils subissent. Si en France, la place venait à manquer pour les recevoir, il en existerait ailleurs, mais là encore ils ne devraient être l'objet d'aucuns sévices, puisque leur exil, leur éloignement affecterait beaucoup moins la forme d'une mesure de rigueur que de prophylaxie sociale. On renferme les aliénés, on veut interner d'innocents tuberculeux ; pourquoi n'agirait-on pas de même contre les individus en question ?

D'une façon générale la justice est beaucoup trop clémente pour ces sortes de coupables. On abuse de la loi Béranger, des ordonnances de non-lieu, des condamnations pour la forme. De là, ce n'est pas le coupable qui est puni, mais le bon public. Si l'on dressait la statistique des honnêtes gens condamnés à mort indirectement par la bienveillance des juges, directement par les criminels qu'ils ont graciés, cela risquerait fort d'être plus suggestif qu'agréable.

Les naïfs seraient peut-être tentés de croire que les Bourses de Travail ont été construites pour trouver de l'ouvrage aux travailleurs réduits au chômage. Il n'en est rien. Ce sont des entrepôts de marchandise socio-gouvernementale ; elles servent de piédestal aux meneurs et autres fauteurs de désordre politique et électoral. C'est un tremplin destiné à faire rebondir bien haut quelque nullité, quelque pitre, quelque saltimbanque politicien, ou tout charlatan qui débite la drogue du jour. C'est toute leur utilité et leur raison d'être. C'est le réduit central, le quartier général, le corps législatif de la grève ; tel est leur rôle exact. Ce n'est pas ce que demande le prolétariat, non pas celui qui parle, s'agite et se mutine, mais celui qui souffre veut agir, travailler, vivre et produire. Si l'on y faisait une besogne plus sérieuse, peut-être y aurait-il moins de pauvres malheureux réduits au suicide ou au crime. Leur direction devrait être surveillée mieux qu'elle ne l'est. Mais l'Etat laisse faire et encourage même les démagogues.

Maudite engeance que les démagogues ! Ils ne sont bons qu'à jeter le trouble, le désordre et la confusion parce que tel est leur moyen de subsistance. Tels des vautours trouvent leur proie sur un champ de carnage, tels eux au milieu de la destruction. Ce sont des vampires qui sucent le sang du peuple et de toute la nation et les rejetons bâtards qui enlèvent au tronc social sa sève et son suc. Ce sont les véritables auteurs des désordres de Fourmies, de Châlons, d'Armentières, de Brest, de Limoges, sans oublier Marseille. Il en existe dont le souffle impur n'empoisonne pas seulement une cité mais le pays en entier, des Jaurès, des Vaillant, des Zévaès, etc. Il en coûtera cher au gouvernement de pactiser avec eux, car le flot populaire, en débordant, renverse tout sur son passage, s'il n'obtient pas entière satisfaction.

Les moyens, pour assurer l'existence, la protection ou la sauvegarde de l'individu, ne manqueraient pas. L'inconvénient est que leur inefficacité n'a d'égale que leur nombre : sociétés de secours mutuels, sociétés de patronage, caisses de retraite pour la vieillesse, mutualités, syndicats de toute nature, autant de clichés qui ne signifient rien, prétextes à beaux développements, faisant du bruit, mais n'apportant aucun résultat effectif, encombrant les colonnes des journaux, défrayant la conversation au cercle ou au café. Tout cela fait patienter le peuple, mais rien de plus. La montagne en travail enfante une souris. Au Parlement parfois, quelque beau parleur étale quelque projet de loi idiot, qu'il sait bien qu'il ne sera pas même pris en considération. Il fait cela pour la forme, pour la galerie, il est le premier à en rire dans sa barbe : « Allons, marche toujours, on verra bien après », voilà ce que pensent, ce que disent en leur for intérieur, nos dignes représentants, comme toute la horde gouvernementale. Le bon public gobe tout cela ; il prend les promesses pour de l'argent comptant. Il se méprend sans doute ; il a d'ailleurs un don spécial pour se faire tondre et raser.

Quoi qu'il en soit, il ne s'agit pas seulement de faire subsister les nécessiteux et en général tous ceux qui sont réduits au chômage forcé, à l'inactivité, il vaut mieux encore les faire travailler. Ce principe a été reconnu non seulement par tous les économistes, mais aussi par la plupart des philanthropes. Mais, dira-t-on, comment les occuper ? Les bras abondent plus que ne l'exigent les besoins de la société.

Pour résoudre cette question délicate, se présenteraient deux solutions principales. La première, qui peut paraître arbitraire, mais qui est nécessaire, serait relative aux moins grandes facilités qui seraient accordées aux travailleurs étrangers pour supplanter les ouvriers nationaux ; la seconde aurait pour objet, le développement et l'extension des travaux d'utilité publique, qui, en même temps qu'ils occuperaient et feraient subsister bon nombre d'individus, augmenteraient par là même dans son ensemble, la valeur du capital national.

Il paraîtrait excessif de prime abord d'entraver l'essor de la main-d'œuvre étrangère. Mais n'est-il pas encore plus excessif, plus odieux, plus inepte, plus contraire aux principes d'une saine et ferme prudence, d'un égoïsme bien entendu, de laisser prospérer et s'accumuler des ouvriers cosmopolites qui portent généralement chez eux le produit de leur travail sans en faire profiter la nation qui les a fait subsister et reçus dans son sein, que de laisser périr d'inanition des travailleurs nationaux ?

Nous l'avons exposé : nous, plus que personne, serions partisans d'un certain accord même le plus accentué que possible, qui soit susceptible de rétablir l'équilibre entre les diverses parties du monde, non seulement national et social, mais encore international. Mais ces concessions, ces accords ont des limites. Notre destinée fatale à nous tous, hommes, est de lutter pour l'existence et souvent nous sommes dans la nécesité de le faire les uns aux dépens des autres. Le *struggle for life* est une des grandes lois de l'humanité, une des conditions mêmes de notre existence. Aussi, entre nous Français, si nos intérêts réciproques ne nous' commandent guère de nous déchirer mutuellement (ce que nous savons si bien faire du reste dans nos querelles intestines et intérieures), d'autres intérêts d'une nature différente nous démontrent que nous ne devons pas laisser les voisins pénétrer chez nous, devenir nos rivaux dans notre propre maison.

Indépendamment de ce dernier motif, nous en aurions un autre à invoquer, qui, s'il ne possède pas d'importance au point de vue immédiat, n'en présente pas moins un plus considérable pour l'avenir. Nous devons conserver l'homogénéité de notre race. Le mélange des races, quelque raison que l'on puisse invoquer pour le contredire, ne produit guère que des résultats contraires, hétérogènes, disparates. Pour s'en convaincre, il suffit de lire l'ouvrage relatif à ce sujet de M. Lebon : « *L'évolution psycho-physiologique des peuples* ».

D'autre part, certains pourraient prétendre que les bras manquent ; cela est vrai dans les campagnes seulement ; étant donné, d'une part, la propension à l'immigration et en général à l'abandon de la terre, et de l'autre, la pénurie de la main d'œuvre dans laquelle on se trouve exposé, à l'époque de certains travaux qui reviennent périodiquement chaque année.

Dans les villes ce serait plutôt l'inverse qui serait la réalité exacte. Combien, en effet, d'individus sans aveu, piliers de carrefours et de boulevards, encombrent le jour nos voies de circulation en attendant de les infester et de les rendre inabordables la nuit, défiant du reste, l'œil indifférent de l'agent réglant sa conduite sur celle non moins molle et plus coupable de la police.

Joignons à ces désœuvrés volontaires, l'effectif des malheureux sans travail et nous aurons l'ensemble des individus dénués des moyens actifs et effectifs de subsistance. Ceci nous conduit à la deuxième solution qui nous permette de résoudre le problème de la suppression ou la diminution de la misère, du chômage, du vagabondage, de la prostitution et du crime, soit de toute mesure destinée à procurer du travail aux bras inoccupés pour quelque motif que ce soit.

Il s'agit des travaux d'utilité publique. Beaucoup sont en projet, mais bien peu en voie d'exécution. Il en résulterait un double avantage : celui de trouver de l'ouvrage à des travailleurs intéressants et de combattre les causes inhérentes à l'insalubrité de certaines cités. Il est d'autres travaux que ceux de l'assainissement et qui n'en présenteraient pas moins une grande importance, tels que le creusement de canaux, l'élargissement de certains cours d'eau. Ainsi le canal latéral au Rhône nécessiterait un nombre considérable de bras, sans compter que, s'il devait exiger des dépenses considérables, les résultats généraux qui en découleraient en seraient largement compensés. On discute aussi le projet de créer un port de mer à

Paris ; il existe déjà à l'état embryonnaire, car les paquebots de faible tonnage venant d'Angleterre entrent dans la Seine comme ils avaient quitté la Tamise et la Mersey. N'y aurait-il pas possibilité de creuser davantage encore le lit de la Seine, de façon à permettre que les bâtiments d'un tirant d'eau de quatre mètres puissent remonter jusqu'aux portes de notre capitale? Nous citerions encore d'autres projets qu'il importe peu d'énumérer ici.

Mieux vaut prévenir que punir, avons-nous déclaré précédemment, d'accord avec la plupart de tous les philanthropes et économistes. Mais si ce principe est juste, c'est assurément pour la question relative aux maisons de correction qu'il peut être sainement et opportunément appliqué. Or, la situation qui existe actuellement dans ces établissements, nous permet d'affirmer qu'elle est en opposition formelle avec ce principe.

Tout d'abord, beaucoup de jeunes sujets que l'on interne ainsi de vive force, ne mériteraient peut-être pas toujours cette mesure de rigueur. Si auparavant nous avons exprimé l'opinion que certains malfaiteurs attitrés et de profession jouissaient d'une liberté dont ils ne savaient faire aucun bon usage, ici nous élèverions l'avis contraire. Si pourtant on peut jusqu'à un certain point légitimer la mesure qui arrache du milieu de leur famille et retranche momentanément du sein de la société, de pauvres enfants, on ne saura jamais excuser les actes de violence ou de brutalité dont ils sont victimes de la part de leurs gardiens, c'est-à-dire de leurs bourreaux. Eux moins que les adultes sont responsables de leur méfait, étant donné leur âge ; leur culpabilité est encore amoindrie par le fait qu'ils doivent plutôt être considérés et traités en pervertis, en malades, en déviés, qu'en accusés et en coupables. Leur organisme physique, fruit d'un atavisme corrompu depuis plusieurs générations parfois, fruit d'une éducation mauvaise également pour leur corps et leur esprit, en ont fait les victimes fatales et désignées du revirement apporté par l'Evolution. Y aurait-il lieu de s'étonner que ces pauvres sujets, dont la plupart ont vécu dans les rues, dont beaucoup n'ont pas connu leurs parents, ayant eu constamment sous leurs yeux des exemples, ayant assisté à des scènes qui n'étaient pas de leur âge, aient donné dans les pièges qui leur étaient tendus naturellement, lesquels cependant ils auraient évités s'ils avaient eu cette éducation convenable qui leur a manqué. Cette éducation qui leur fait défaut, on croit la leur donner dans ces geôles qui s'appellent les maisons de correction, dès qu'ils ont succombé aux tentations vers lesquelles ils étaient inévitablement entraînés.

Leur corps est corrompu, leur esprit également. Or, au lieu de tendre à les redresser normalement, à les établir dans un équilibre convenable, l'éducation qu'on leur donne tourne tout au contraire à l'encontre du but que le législateur était en droit de supposer qu'elle leur donnât. Leur régime varie peu : point de morale, à la place, des coups, le pain noir, le cachot, et pire encore. Une fois sortis, ils deviennent les premiers candidats des prisons et du bagne. Une réforme radicale, tranchée des lieux dits de correction, sans doute par ironie, devrait être tentée, si l'on veut obtenir des résultats répondant à leur but véritable : Prévenir au lieu de punir.

CHAPITRE VII

REMARQUES RELATIVES A L'ENSEIGNEMENT

Parmi les remèdes que nous commandent les
conditions actuelles de l'Evolution, nous avons distingué ceux qui intéressent directement l'organisme, le corps même de l'homme. Ils n'ont d'autre but que de tendre à ramener dans son *habitus*
normal, notre organisme en quelque sorte faussé
par les nécessités actuelles, à le rapprocher autant
qu'il est possible de son état primitif et naturel.
Nous avons distingué également ceux qui intéressent la collectivité, la société proprement dite.
Les mesures prophylactiques concernant l'hygiène
ont fait l'objet du premier chapitre, des mesures
cherchant à parer aux plaies inhérentes au corps
social, ont fait l'objet du second. Fera l'objet
du chapitre présent, un sujet qui aurait des
points de contact nombreux avec les matières concernant le chapitre précédent, et qui ne laisserait
pas non plus de présenter une certaine analogie
avec le premier, nous voulons parler de la question relative à l'enseignement. Le passage relatif

aux maisons de correction, qui possède un certain rapport avec le thème que nous allons exposer, nous y conduit tout naturellement. Le côté pédagogique est en effet une des faces les plus considérables de la dite institution, laquelle cependant tiendrait plutôt de la police intérieure que de l'enseignement.

Etant donné d'un côté l'importance du sujet que nous allons développer, et de l'autre la difficulté où nous nous trouvons de pouvoir le classer dans l'une des deux précédentes catégories, nous avons décidé d'en faire l'objet d'un chapitre spécial.

Du reste, le présent chapitre aura un caractère moins objectif et moins général que celui des deux précédents : nous laisserons complètement de côté l'enseignement universitaire pour nous occuper surtout de l'enseignement moyen.

D'une façon générale, notre genre d'enseignement serait démodé, suranné, embarrassé dans les broussailles d'une scholastique froide et ennuyeuse. Il est incapable de former un homme, rationnellement, suivant les nouvelles conditions d'existence. Il n'est pas adapté au progrès (au progrès sans majuscule), au véritable progrès, constitué par une plus-value morale intellectuelle et aussi physique.

Pour expliquer ce double défaut, expression de notre opinion, nous allons ici appliquer et remettre en vigueur cette vieille et excellente maxime d'un ancien : *Gnothi Seauton,* Connais-toi toi-même. Cette maxime nous guidera, nous servira de fil conducteur, lorsque nous risquerons de nous égarer dans le nombre d'éléments contraires et divers que nous rencontrerons sur nos pas.

La science de l'homme, a dit en d'autres termes Malebranche, un de nos philosophes les plus originaux, est la première des sciences. Apprendre à se connaître est plus difficile, mais plus utile dans la vie, que de connaître des livres entiers. Etre transformé en bibliothèque portative ne vaut pas d'être simplement sage et avisé. Un homme qui est digne de ce nom est celui qui est à même de se conduire plutôt par sa propre action que par l'amas, la multitude des éléments extérieurs et factices qui ont été accumulés en lui, sans ordre et sans discernement. Or, ces résultats ne sont obtenus qu'autant que l'éducation, par les bases sur lesquelles elle repose, permet de les acquérir. L'enfant étant incapable de se diriger lui-même, l'éducation qu'on lui donne est-elle susceptible de lui fournir les moyens de connaître son fond intime, lui permet-elle de se tracer un plan de vie conscient et en harmonie avec lui-même, avec les circonstances, les milieux où il se trouvera? Etant donné les conditions actuelles dans lesquelles se meut et évolue l'enseignement, ce serait donner les gages d'un optimisme exagéré que de répondre par l'affirmative.

Nous allons tout d'abord nous occuper de ce que, dans l'état actuel de nos institutions pédagogiques, nous traitons de démodé. Peut-être va-t-on croire que nous allons attaquer les langues mortes. Bien loin de là. Loin de vouloir les écarter du programme actuel, nous pensons, au contraire, qu'il y aurait lieu de les étendre et de leur rendre l'ancienne importance qu'elles avaient autrefois. On dit avec juste raison, que l'on ne connaît véritablement bien sa langue, que si on a étudié le latin. En effet, la signification exacte de beaucoup de termes nous échappe, si nous ne connaissons pas ce vieil idiome. Tel n'est pas son seul avantage.

On a constaté que parmi les candidats à certaines écoles, où était exigé indifféremment l'un ou l'autre diplôme, le classique comme le moderne, les sujets qui possédaient le premier, donnaient les preuves d'une intelligence plus apte à généraliser, à synthétiser, à comparer, à saisir les rapports, à mieux discerner ; bref, leur esprit possédait plus de jugement. On accordait généralement que leur bagage scientifique était moins fourni, mais mieux choisi, et qu'ils savaient en faire un meilleur usage.

Mais ce par quoi l'enseignement des langues mortes pécherait, serait plutôt la manière dont il est enseigné. Le maître ne sait pas éclairer et guider l'esprit des enfants ; on s'imagine que le latin et le grec demandent seulement de la mémoire, et qu'il suffit de donner des thèmes à traduire à coups de grammaire et de dictionnaire. On ne se met guère à la portée des élèves : ainsi, pour citer un exemple, lorsqu'un mot latin présente divers sens, le maître se contente trop souvent de le traduire par un seul terme, alors que le mot latin embrasse un champ considérable : le terme « ratio » possède une quinzaine de significations ; s'il ne s'y arrête un instant, les élèves risqueront plus tard de faire un non-sens ou un contre-sens.

D'autre part, on abuse de certains procédés de scholastique, vieux jeu, on abuse des lettres de tel écrivain, illustre inconnu, à tel autre guère non moins hypothétique, vous forçant ainsi à prendre des métamorphoses plus contraintes que naturelles (lettres de Voiture à Hardy, pour lui annoncer la prise de Valenciennes ?) tout cela est bien vague. On abuse des parallèles ; comparer Corneille à Lucain, d'autres fois à Victor Hugo. Pourquoi pas Hésiode à Baour-Lormian, ou Tibulle à Cottin ou à Fenimore Cooper ? Bref, l'enseignement classique devrait être généralisé, mais en même temps guidé et éclairé.

D'un autre côté, et, ce par quoi l'enseignement offre un mauvais caractère de moderne, il est certain que l'on demande beaucoup trop aux candidats, que le programme est trop surchargé. Les connaissances qu'ils ont acquises aux dépens de leur santé et au prix d'efforts répétés ne leur seront plus tard que d'une utilité très restreinte. Souvent, dans le cours de la vie, ils n'ont guère à mettre en pratique, les matières qu'ils ont apprises sur les bancs de l'école. S'ils connaissaient une langue vivante de moins, une langue morte de plus, ils auraient acquis un développement intellectuel qui, à leur insu, leur serait plus tard d'une très grande utilité, et cela indépendamment de la plus grande distinction que posséderait leur esprit.

Le but et la portée d'une langue vivante ne sont pas les mêmes que ceux d'une langue morte ; cette dernière développe l'intelligence, l'autre possède une valeur pratique directe. Aussi peut-on affirmer sans crainte, que c'est surcharger la mémoire d'un écolier au delà des limites nécessaires que de lui enseigner plus d'une langue moderne, d'autant plus que la pratique et l'usage courant les apprennent beaucoup mieux que de longues années passées au collège.

De même, à combien profitent réellement l'algèbre et la géométrie qu'ils ont apprises ? La plupart ne font pas dix fois dans leur vie, l'application de ces deux matières sèches et arides, dont la seule utilité est générale et non particulière, théorique et non pratique, ces sciences donnant à l'esprit ces qualités de justesse et de généralisation qui leur sont propres. Il est peut-être téméraire d'affirmer qu'elles soient pratiquement inutiles, mais est-il besoin d'être grand clerc pour arpenter un champ ou cuber un appartement ? Ces opérations et d'autres non moins courantes et usuelles sont connues de tous. Tout le monde ne construit pas des ponts, mais ce vers quoi chacun doit tendre, c'est une plus grande perfection intellectuelle et morale.

Les forts en thème et les forts en *x* sont les enfants perdus de notre système d'éducation. Dans la conduite de la vie, ils donnent rarement les preuves d'énergie propre qui est demandée à l'homme pour obtenir un résultat qui n'exige pas seulement de la mémoire, non seulement même de l'intelligence, mais de l'intelligence combinée avec la volonté, c'est-à-dire le caractère, l'individualisme dans le sens non sociologique de l'expression. Beaucoup, à leur sortie de l'école, sont des personnes instruites, réellement intelligentes, mais elles sont peu capables, une fois devant la réalité, de faire saillie en avant par leur originalité, leur personnalité propres. Elles manquent d'audace et d'initiative, ou bien si elles les possèdent en idée et en principes, leur conduite donne un démenti à leurs intentions. « Leur intellect a été développé aux dépens de leur caractère. » Or, où pourrait-on trouver un genre d'enseignement plus imprégné que le nôtre de l'oubli et de l'insouciance des conditions propres à développer l'élan, l'action effective du caractère ?

Il suffit, pour s'en convaincre, de jeter un coup d'œil sur la situation qui est offerte à l'enfant dans tous les internats, quels que soient l'esprit et les tendances qui y règnent (nous parlons ici au point de vue général et sociologique, écartant toute question politique et religieuse). Or, l'écolier y est parqué, muré, à la fois isolé et trop livré à lui-même, ses seuls livres lui tiennent lieu, aussi bien, d'occupation que de distraction ; comme relation et fréquentation, ses seuls camarades, autres lui-même : comme perspective, quatre murs et quelques platanes rabougris. Du reste, les parents ont cette funeste habitude, de cloîtrer leurs enfants et de les éloigner d'eux le plus possible. C'est dans le sein de la famille qu'un homme commence à se former ; le foyer paternel est meilleur pour l'enfant que la morne geôle, dans laquelle, s'il ne souffre pas, il passe du moins des années inconscientes où les forces rudes de son énergie naissante se consument et se rouillent.

Mais, dira-t-on, c'est à l'école que l'enfant apprend à se former un caractère. Serait-ce à cause des taquineries dont il est l'objet? Pourrait-on supposer un instant que ces taquineries puissent être comparées au point de vue de sa formation avec les sévères leçons, la rigidité d'un père ? De quels secours peuvent lui être cette tournure d'esprit collégienne, ces habitudes de « potache » espiègle ? La maison paternelle est la place normale et naturelle de l'enfant, dans laquelle il recevra une véritable éducation saine et rationnelle ; aussi, les parents, à moins d'impossibilité absolue, ne devraient-ils jamais interner leurs enfants comme pensionnaires. L'internat est une plus mauvaise école encore que la caserne.

Mais plutôt considérons un élève au sortir de l'école, après avoir passé ses examens. Il est tout neuf. C'est un blanc-bec, un gamin. Le voilà lancé dans la vie. Il faut alors qu'il recommence une seconde éducation, celle de l'apprentissage de son caractère, après avoir fait à l'école celui de son instruction. Pris au dépourvu, n'étant pas préparé aux nouvelles exigences en face desquelles il devra lutter, il ne saura pas réagir par lui-même et tombera dans les pièges innombrables qui lui sont tendus par les divers filets de l'enchevêtrement social où nous sommes. Aussi a-t-on coutume de dire en France qu'un homme n'est formé qu'à trente ans. Un homme à vingt ans devrait savoir ce qu'il veut, comment il le veut et pourquoi il le veut. Il est loin d'en être ainsi. La responsabilité de ce méfait doit être partagée par les préjugés de la famille et le genre factice d'enseignement en vigueur.

Chaque chose présente toujours par un de ses côtés, un trait distinctif et typique de son caractère. Aussi reconnaîtrons-nous dans ce seul fait, la prédominance par trop exclusive des auteurs du xvii° siècle, dans le programme actuel, la caractéristique de notre enseignement démodé, vieux jeu, non adapté à notre esprit moderne.

Ainsi, on donne à apprendre par cœur à nos jeunes élèves des Provinciales entières, des Oraisons funèbres de Bossuet. Nous, partisans des vieilles idées, nous qui jusqu'ici, n'avons pas épargné ce qui dans l'état actuel du Progrès nous pa-

raissait répréhensible, posons ici un point d'interrogation et demandons si des enfants du xxe siècle
peuvent trouver goût à la froide, sèche et ennuyeuse prose des mêmes auteurs, défauts qu'ils
ne méritent pas, loin de là, mais que nous maintenons cependant, parlant non pas en notre propre
nom, mais en celui des élèves que l'on contraint
à s'assimiler des œuvres absolument arides et dé-
nuées d'intérêt pour eux. Croyez-vous que la casuis-
tique d'Escobar ait le don de les ravir au plus
haut degré, même agrémentée de la verve de Pascal ; que l'Oraison funèbre de Michel le Tellier
leur charme beaucoup le cœur et l'esprit ? Mais
c'est écrit sur le programme, il faut s'y conformer.

Que dire de l'œuvre de Boileau ! Quand je pense
que, depuis deux siècles, on contraint les malheureux
collégiens à absorber des satires entières de Boileau, entre autres le *Repas Ridicule!* Quelle beauté
peut-on y trouver ? Il n'y a pas un mot à retenir,
dans ce morceau de vers qui n'a même pas la qualité d'être naturel ; et c'est à ce défaut de naturel
qu'on reconnaît l'homme, car si Horace n'avait pas
écrit de *Repas Ridicule*, Boileau ne l'aurait pas
imité. Cela n'enlève pas sa valeur à la satire, qui
est nulle. Rien n'y fait. On sert toujours ce *Repas
Ridicule*. Les *Embarras de Paris* sont visiblement
copiés dans les *Embarras de Rome*. L'Art Poétique
renferme quelques bons vers, vieilles recettes de
cuisine littéraire, empruntées à Horace. Où je re-

connais le mieux l'auteur, c'est dans ce vers ineffable, de l'*Epitre à mon jardinier* :

Je dirige chez moi l'if et le chèvrefeuille.

Ce mot *dirige* « vaut tout un long poème » et sent son renard d'une lieue. Il m'a bien l'air en effet d'un directeur, d'un pédant, d'un Régent du Parnasse. Pour une fois qu'il a tenté de sortir de la petitesse, de l'étroitesse de son froid, de son pauvre génie composite et classique, il a vraiment bien mal réussi ! Et sa satire sur les Femmes, la seule où il soit un tant soit peu naturel, où il fait semblant d'avoir de l'esprit, par malheur on y trouve autant de sentimentalité que l'on peut en attendre d'un vieux barbon. Du reste, toute l'œuvre de Boileau flaire une odeur de lutrin, de vieux meuble, quelque chose qui n'est pas naturel, de faux, de guindé comme les vers de l'auteur. Cela sent le renfermé. On y reconnaît l'homme qui est toujours resté dans sa chambre ou dans quelque coterie littéraire, parqué, muré, où le génie s'étiole, faute de respirer la grande et vraie nature.

Il serait temps de rajeunir quelque peu l'enseignement. Ainsi on pourrait accorder plus de place au romantisme, dont le génie svelte, éthéré, névrosé quoique bien humain, bien senti et fortement vécu, est sorti spontanément d'un Chateaubriand et d'un Lamartine, puisant à leurs véritables sources, la jeunesse des sentiments et la noblesse de la pensée. Voilà l'école véritablement française. Je demande au partisan le plus acharné de la triste école où régentait Boileau, si les quatre vers suivants du *Crucifix* ne valent pas l'œuvre entière du dénommé auteur :

> Le vent qui caressait sa tête échevelée,
> Me montrait tour à tour ou me voilait ses traits,
> Comme l'on voit flotter sur un blanc mausolée
> L'ombre des noirs cyprès.

Par ces vers, vous leur montrerez la Mort, vous leur montrerez l'Amour, vous les ferez pleurer, vous les ferez penser.

Non pas que nous voulions prétendre qu'il faille proscrire entièrement l'étude des auteurs du XVIIe siècle : Corneille a de sublimes élans et Racine sait parler au cœur. Molière est encore vivant plus que jamais. Mais Lamartine, Victor Hugo et Musset ne les charmeraient-ils pas au même titre que Despréaux ? Assurément, il y aurait beaucoup à élaguer dans les écrits des précédents auteurs, mais leur œuvre est assez féconde et assez variée pour en extraire encore une anthologie éclectique où la Nature et l'Idéal se fondraient harmonieusement.

Mais, va-t-on nous accuser, vous allez faire des névrosés, des rêveurs de ces enfants. Nous ne croyons pas que cette réforme superficielle soit en opposition avec l'avis que nous avons exprimé naguère, par lequel nous avancions que l'enseignement devait être modernisé, mis en rapport avec notre genre d'esprit et notre caractère ; il y a tout lieu de supposer que ces deux ordres d'idées, loin de se combattre, convergent, au contraire, vers le même but.

Nous le répétons encore, on a une crainte exagérée de sortir de la routine, du cadre étroit du programme, de placer l'enfant dans le domaine de la vie pratique, de le lancer au milieu du champ de bataille de la vie. On oublie que plus tard, cet enfant aura des devoirs de citoyen à remplir, qu'il sera une partie intégrante de la société, que des responsabilités, des charges lui incomberont, auxquelles il ne devra pas se dérober. L'enseignement moral, social, n'existe pas ; son utilité effective prévaudrait bien cependant sur celui de la géométrie. L'enseignement de l'histoire est mal compris également. Cette partie ainsi que la littérature forment l'esprit plus que toute autre ; leur association donne d'excellents résultats. Ainsi, une heureuse initiative, et qui entre bien dans le cadre de celles que nous préconisons, est celle par laquelle on donne un sujet d'histoire à écrire, sous une forme non seulement documentaire, mais aussi littéraire.

D'autre part, certaines connaissances usuelles sont cachées à l'enfant, mais ceci est plutôt du ressort de la famille que de l'école.

Pour donner un exemple typique de la vieille méthode, de la routine stupide et sans but par laquelle on enserre le cerveau et les jambes de l'enfant, je citerai le fait suivant : Le professeur donnait une leçon de géographie au moment même d'une éclipse de soleil, celle du 28 mai 1900. Il n'osa, ou n'eût l'idée de faire sortir ses élèves pour qu'ils observassent le phénomène, pensant sans doute que son verbiage prévalait sur cette infraction à la règle. Mais la sacro-sainte routine ! Autre fait qui indique une plus saine entente du règlement : Pendant les repas, on nous lisait les faits relatifs à la guerre hispano-américaine, à l'époque du conflit. Le surveillant croyait, avec raison, qu'il donnait à lire simplement une page d'histoire actuelle. Je me souviendrai toujours aussi de notre professeur d'humanités qui nous dissuadait souvent de manger « au râtelier de l'État ».

Il existe un autre côté de l'éducation qui est sinon entièrement négligé, du moins peu s'en faut: nous voulons parler des soins physiologiques, ou l'exercice. Or, il suffit de jeter les yeux sur une cour de récréation dans un lycée pour se convaincre que cette question si importante, est considérée comme négligeable. Dans certains établissements où l'on croirait que se serait réfugiée la vieille routine, le jeu est obligatoire. Une telle mesure ne peut donner que d'excellents résultats. L'exercice opère une heureuse diversion : quand la fatigue n'est pas trop intense, l'esprit est plus apte à concevoir. Généralement, les heures consacrées à cette détente de l'esprit et du corps ne sont pas

assez longues. C'est un très mauvais raisonnement
de s'imaginer qu'une heure de plus consacrée à
l'étude soit une heure gagnée. Le contraire serait
plutôt la vérité. En toute chose, il faut une juste
proportion.

Pour que l'éducation soit vraiment rationnelle
et normale, il faut qu'à l'instruction de l'esprit
soient ajoutés les soins qu'exige le développement
corporel qui doit marcher de pair ; une nourriture
saine n'y suffit pas, il faut en plus l'exercice. D'aucuns cependant déclarent qu'un pareil système est
susceptible de fortifier les muscles, mais incapable
d'élever l'esprit. Il est trop facile de répondre que
de fortifier les membres, élève justement l'esprit,
ce que nous devons traduire en disant qu'il fortifie
le caractère. Les maladies de la volonté sont dues
très souvent à une cachexie, à une dépression du
système nerveux, dépression résultant pour une
grande part et du surmenage intellectuel et de l'insuffisance d'exercice corporel. Nous ne sachons pas
qu'en Angleterre, l'importance réservée à cette partie de l'éducation, que certains jugent exagérée,
ait donné de mauvais résultats ; bien loin de là, et,
il ne serait pas téméraire d'affirmer que cette nation doit une partie de sa vitalité à l'excellence de
son éducation si bien entendue et si bien appropriée aux conditions normales de l'individu.

Assurément, le Progrès, avec ses processus de

jour en jour plus accentués, nous impose des exigences auxquelles nous devons faire face, mais qui ne sont pas à ce point impérieuses qu'on ne puisse s'y dérober quelque peu. Plus haut, nous avons indiqué certaines mesures prophylactiques qui nous permettraient de réagir, de laisser reprendre à la nature les droits qui lui sont dus. Nous en avons indiqué les moyens et nous avons cité en premier lieu une plus grande part à concéder aux exercices physiques (physiologiques serait plus exact), et en particulier aux sports. Mais ces exercices doivent être pratiqués dès l'enfance et faire partie de l'éducation, concurremment avec l'enseignement.

Considéré dans son ensemble, notre enseignement a donc besoin d'être modernisé ; il devrait tendre à sortir du moule trop étroit, dans lequel il se module depuis de nombreuses générations. Il ne convient plus à nos mœurs, il n'est plus conforme à nos institutions et à notre caractère, il ne reflète plus l'aspect de notre civilisation, il se tient à l'écart du courant d'esprit actuel et tout encombré qu'il est des matières trop nombreuses, mal choisies, indigestes et lourdes qui surchargent son programme, il n'en laisse pas moins d'être incomplet et insuffisant pour former, pour dresser un enfant comme sa nature, sa constitution exigeaient qu'il fût instruit et guidé.

Bien loin de vouloir prétendre qu'il acquerra

ce caractère moderne en donnant prise et en laissant pénétrer en lui l'esprit nouveau résultant de ces principes précédemment exposés, subversifs dans leur ensemble, nous pencherions plutôt du côté opposé et serions inclinés à estimer comme trop considérable la part qui leur a été faite dans notre enseignement pourtant vieux jeu et suranné. C'est dans un autre sens qu'il y aurait lieu de tendre ses efforts.

Bref, il faut qu'une fois sorti du collège, l'étudiant soit à même, plus qu'il ne l'est actuellement, soit capable de se diriger seul, de se choisir une ligne de conduite, de se tracer un plan de vie juste et approprié ; pour atteindre ce but, seul un genre d'éducation qui lui donne la faculté de mieux connaître son fond intime par un usage adapté et une assimilation heureuse des matières qui lui seront enseignées, pourra et devra être tenté et expérimenté.

Ainsi sera appliquée dans toute son étendue et toute son acception, cette vieille maxime que nous avons exposée plus haut : Connais-toi toi-même. Plus de morale et d'hygiène, moins de géométrie, moins de thèmes tendront à former un véritable écolier moderne. Une synthèse harmonieuse au lieu d'un amas de matériaux lourds et incoordonnés n'en feront pas une « tête bien pleine », elles en feront une « tête bien faite ».

Il nous plaît de finir par cette métaphore, reflétant un certain caractère de psycho-physiologie et qui est à la fois très expressive, très pittoresque et très exacte. Elle est née de cet esprit « ondoyant et divers » qui, pour être venu avant le grand siècle classique, n'a pourtant pas trop mal réussi à se frayer un chemin par lui-même ; s'inspirant de son libre génie, il fut le précurseur de Sainte-Beuve ; on sent déjà un romantique en lui.

Nous avons passé sous silence l'enseignement primaire et c'est par lui que nous aurions dû commencer. Mais en ce lieu, nous ne saurions nous étendre beaucoup ; nous serions entraînés à des considérations politiques et religieuses qui ne rentrent pas dans le cadre de cet ouvrage.

Nous nous contenterons de faire une simple remarque qui concordera d'ailleurs avec les lignes que nous avons écrites précédemment, et qui nous ont servi de conclusion, les lignes suivantes ne contribueront qu'à la compléter, la rendre plus précise et plus nette. Nous citerons le fait suivant :

Dans une école primaire d'une ville, — je pourrais en donner le nom, aussi bien que l'emplacement du local en question, — j'entendis chanter l'*Internationale*. Ma surprise fut à son comble, non moins que mon indignation et ma gaieté tout à la fois, lorsque je pus constater que le maître d'école enseignait la même chanson à des enfants de quatre à six ans. Enfin, pensai-je en moi-même, cette école que j'avais tout lieu de supposer être un modèle du genre, doit refléter un caractère très accentué de ce que l'on appelle vulgairement (mais non exactement) l'esprit avancé. Je me trompais lourdement ; j'en constatai la preuve le lendemain même. L'instituteur faisait réciter la leçon de géographie, il demanda à un enfant de lui débiter la série des caps de l'Europe ; je dois faire observer que l'ordre dans lequel l'enfant étalait lesdits promontoires ne possédait qu'une importance très relative. Avec une désinvolture qui montrait le plus profond mépris des positions géographiques, les unes par rapport aux autres, le jeune candidat passait du Sud au Nord, puis encore au Sud pour revenir à l'Ouest de l'Europe. Non pas qu'il faille rendre l'enfant responsable de ce manque de scrupule par trop flagrant, mais le pédagogue l'y incitait tout naturellement : Encore trois, encore deux, encore un » : tel était le stimulant plus mécanique qu'intelligent qu'il mettait en usage, dans son interrogatoire.

La géographie réduite à la nomenclature, est la plus stupide manière par laquelle elle peut être enseignée ; elle l'est plus encore que l'histoire-bataille ; il vaudrait mieux dans ce cas, raconter aux enfants des histoires de brigands, cela aurait tout au moins l'avantage de les distraire. Mais étendre le programme de la géographie, et surtout en guider l'enseignement, serait peut-être encore à faire. Le développer dans l'enseignement secondaire aurait pour résultat de donner un certain cachet de cosmopolitisme (ce terme, dénué de toute acception équivoque), qui ne messiérait pas à des écoliers modernes. Une heureuse initiative, en dehors il est vrai du domaine scolaire, mais répondant aux principes que nous avançons, est celle désignée sous le nom d'échange d'enfants, par laquelle des parents de nationalités différentes, échangeraient leurs enfants ; méthode excellente pour apprendre des langues vivantes, peu coûteuse pour connaître un pays étranger, très apte à développer les idées et à ouvrir l'esprit des jeunes gens.

Autre question qui est à l'ordre du jour plus que jamais. Tout esprit sensé regretterait à juste titre, qu'un temps précieux soit perdu pour apprendre cette « science » de l'orthographe, qui, loin de favoriser l'essor intellectuel de l'enfant n'a d'autre résultat, que de lui donner encore un cachet formaliste, étatiste, par trop régulier. L'importance exagérée qui lui est concédée dans la comptabilité particulière, comme dans l'administration de l'Etat, montre jusqu'à quel point cette fixité, cette ponctualité, cette réglementation paperassière a versé en quelque sorte dans nos veines son sang lourd, peu subtil, quoique chlorotique et anémié. Si notre tournure d'esprit semble manquer d'allant et d'élan, elle le doit sans doute à cet excès de régularité, de ponctualité, dont nous retrouvons l'expression caractéristique, le coefficient en quelque sorte, dans l'importance démesurée accordée à l'orthographe, non proportionnée à son utilité pratique et morale qui est complètement nulle, personne ne cherchera à le contester.

L'Etat qui tend toujours à exercer sur les esprits, sur l'ensemble de la nation qu'il préside, sa pression officielle et morale, n'a pourtant pas réussi à enlever à nos tendances françaises, leurs qualités de souplesse et de flexibilité, de bon sens et de clarté qui leur sont propres, qui sont comme un héritage de famille, de race. Aussi une réaction s'est-elle opérée contre le machinisme, l'automatisme gouvernemental, symbolisé en quelque sorte, sinon effectivement condensé par la rigueur de l'orthographe, réaction qui s'est traduite dans la sphère qui nous occupe par la réforme de ladite orthographe.

On a cherché à la simplifier, à en rendre l'usage plus facile et plus courant, mais il était à craindre que l'on ne tombât dans l'excès opposé et que cette simplification poussée à l'extrême, ne contribuât à la rendre par des innovations trop précipitées, encore plus embrouillée et plus difficultueuse. Ceux qui inclinaient le plus vers une réforme radicale et tranchée, ne devaient sans doute que tenir un compte médiocre des résultats inévitables de la brusque application qu'ils préconisaient. Vouloir écrire comme l'on parle : ce serait tendre à substituer à l'ancienne orthographe, par trop formaliste peut-être, mais encore logique, un galimatias, un jargon qui, sans aucun doute, aurait donné comme conséquences de dépasser le but : chacun aurait écrit comme il aurait parlé, mais un si grand nombre d'accents et d'intonations diverses auraient fait varier notre langue d'une portion des territoires français à une autre partie, qu'il en serait résulté un désordre que l'ancien mode eût encore prévalu avec tout avantage et sans comparaison aucune. De Bruxelles à Perpignan, en passant par Paris et Saint-Flour, de Genève à Québec en passant par Rochefort, se seraient relevées des modifications si diverses dans le langage écrit, qu'il eût été nécessaire de créer des dictionnaires français-belges, français-canadiens, français-provençal.

D'autres moins hardis et plus sensés, mais non pas plus heureux, ont créé le projet d'une réforme partielle et mitigée : deux cents mots seulement seraient l'objet de la réforme. Un certaine confusion et un certain désordre n'en seraient pas moins évités par ce fait ; avec l'innovation précédente il y a différence de degré, mais non de nature.

Ne serait-il pas beaucoup plus simple et plus pratique, et c'est là l'opinion de nombreuses personnes, de laisser l'orthographe telle qu'elle est, sans y apporter le moindre changement, car changement signifie, quand il est inutile, trouble et confusion, mais de ne pas l'exiger officiellement, tout en restant officiellement maintenue.

Cette réforme, s'il est permis d'appeler réforme cet essai timide et insignifiant en apparence du moins, n'en aurait pas moins pour conséquence très importante d'écarter les inconvénients qui résultent ordinairement, pour les divers candidats en question, de son application par trop sévère et par trop rigoureuse. Toute licence à cet égard devrait être accordée à l'enfant de l'école primaire ; on serait moins indulgent pour un candidat de l'enseignement secondaire ; étant donné le temps considérable depuis lequel des textes de toute nature auraient passé devant ses yeux, il serait peu admissible que, par la seule mémoire de la vue, il ne parvînt pas à retenir, sinon d'une façon absolue et impeccable, du moins approximativement l'orthographe dans son ensemble, et cela, tout en étant moins sévère qu'on ne l'est actuellement pour les mêmes candidats.

Qui les empêcherait de se perfectionner dans la suite ; quoi donc surtout retiendrait le travailleur manuel ou l'humble employé qui n'ont étudié qu'à l'école primaire, de se remettre par l'usage et par la pratique, au niveau et en accord avec la norme, l'emploi officiel de cette science, puisque nous voulons l'ériger à la hauteur d'une science ? D'autre part, une correction et une régularité libérée et dénuée de la moindre concession devraient évidemment être exigées de la part des individus ayant charge de veiller à ce qu'elle soit officiellement maintenue ; dans cette catégorie ne rentreraient guère que les typographes. Ainsi serait conservée cette esthétique des mots, cet aspect extérieur qui sied aussi bien aux petites choses comme aux grandes.

Tel est à peu près tout ce que nous avons cru devoir exposer et mettre en avant parmi les choses relatives à notre genre d'éducation et d'enseignement. Il serait absolument vain de notre part, de supposer, même un instant, que certaines mesures que nous proposons, soient d'une efficacité absolue, efficacité du reste sujette à varier suivant des conditions qui résultent de divers facteurs qui peuvent, sinon en annuler, du moins en modifier l'opportunité.

CHAPITRE VIII

Les différents maux attachés à notre civilisation sont d'une telle complexité et d'une telle diversité, qu'il serait hasardeux et imprudent de prétendre qu'ils comportent en eux des éléments qui les rendent susceptibles d'être étendus et répartis également dans l'ensemble de la société en France et à plus forte raison dans le monde entier, le monde civilisé, bien entendu.

Un grand nombre de phénomènes étudiés ou esquissés précédemment, n'existent guère encore qu'à l'état latent, et très souvent ils sont combinés avec des conditions qui ne résultent pas précisément du Progrès.

Vouloir accuser le Progrès de toutes les calamités et de tous les malaises qui pèsent sur notre civilisation, serait méconnaître aveuglément que de tout temps, l'homme a combattu, a souffert, dans sa lutte pour l'existence. Et même nous devons admettre et avouer que la misère réelle, provenant précisément de la pénurie des ressources nécessaires pour la vie est beaucoup moins accusée et moins générale que dans les siècles passés. Mais ce n'est justement pas ce que nous voulons prouver et mettre en saillie dans cet ouvrage, nous tendrions plutôt à avancer simplement que le Progrès n'a pas répondu à toutes ses promesses et que nous sommes la proie de beaucoup de maux qu'il a apportés avec lui, non pas cependant à l'en accuser impitoyablement et comme de parti pris, mais de façon à dégager ce qui en lui n'est pas irrémédiablement condamné et perdu, de façon à le tourner tout entier vers notre plus grand bien et des conditions de vie meilleures et plus convenables.

D'un autre côté, en France même, pour ne nous occuper que de notre pays, ces phénomènes apparaissent avec une intensité différente et très inégale, suivant le degré de civilisation du milieu où l'on se trouve. C'est à Paris, cela se conçoit facilement, que s'accusent avec le plus de violence et de crudité, les symptômes et les maux du Progrès, puis par degré, dans les autres grands centres. Par degré ne veut pas signifier précisément par degré de population. Certaine ville considérable peut conserver encore un caractère plus « provincial », s'il est permis de s'expliquer ainsi, plus local, plus retiré, qu'un tout petit port de mer, comme Cherbourg, un centre ouvrier comme le Creusot. Aussi

après Paris, devrions-nous citer immédiatement
Marseille, et même cette grande cité com-
merciale et industrielle, revêt-elle un cachet de
cosmopolitisme plus accentué, quoiqu'un peu différent de celui de notre capitale. Cette ville, lieu de
passage d'une population flottante énorme, renferme dans son sein 100.000 étrangers, provenant
d'une émigration le plus souvent intermittente, et
subsistant dans des conditions peu normales ; les
éléments qu'elle contient en font plutôt un grou-
pement artificiel et sans homogénéité. Ajoutez à
cela les autres accidents hétérogènes, dus à sa
grande intensité de vie, et l'on ne saurait être
étonné de la violence des crises politiques, sociales,
économiques qui l'ont déchirée, maux que tend
actuellement à pallier une municipalité aussi honnête qu'intelligente.

Autant de centres que nous aurions à examiner,
autant de considérations respectives qu'il y aurait
lieu de faire, depuis les villes comprenant des centaines de mille habitants, jusqu'à nos humbles
bourgs. Peu à peu, nous nous trouverons dans les
champs, en face des paysans, devant la nature. Là
encore, nous trouverons le mal moderne, non pas
à son apogée et dans son plein développement,
mais à la source même ; nous avons parlé de la
désertion des champs.

Chez les puissances voisines, le virus du Progrès a pénétré et s'est manifesté avec une moindre

intensité qu'en France. Notre pays, à ce point de vue, possède le triste privilège de tenir le premier rang. L'Angleterre, sans le dépasser dans l'ensemble, pourrait cependant soutenir facilement la comparaison et briguer avec lui cet honneur douteux, et même, à cause de son grand développement industriel et économique, refléterait-elle mieux que notre pays l'expression du mal matériel ; alors que la France l'emporterait sensiblement sur elle par le côté moral, ou, plus exactement, immoral. C'est chez nous que se découvre le plus ce genre d'esprit appelé « fin de siècle ». C'est chez nous qu'il dévoile le plus, qu'il dessine le mieux son cachet propre et s'enfonce le plus profondément dans nos mœurs : crimes passionnels, divorces, dépopulation, apparition de nouvelles couches, crimes spécialement modernes. La France est le pays d'exportation de la littérature malsaine et dépravée, Paris, le grand centre de fabrication.

L'Allemagne viendrait peut-être après, nous ne nous occuperons guère des autres nations de l'Europe. Notons que c'est en Russie où les quatre cinquièmes de la population représentent l'élément agricole, que les germes nocifs de la civilisation se sont le moins manifestés.

Par contre, dans notre pays se révèlent, beaucoup plus accentués que partout ailleurs, ces phénomènes moins sociaux que matériels, dérivant des troubles portés dans les conditions anciennes de l'existence, et caractérisés par cette espèce de misère artificielle par laquelle le pauvre, ou plutôt celui que des conditions mécaniques, pour ainsi dire artificielles, forcent à être moins que pauvre, c'est-à-dire dénué complètement de toute ressource. Tandis que ce phénomène sévirait avec une intensité beaucoup moindre chez les autres nations, chez lesquelles la misère directe, proprement dite, serait au contraire plus accentuée ; ainsi en Italie, si le prolétaire est sujet plus qu'en France à l'indigence, cela provient de ce que le sol ne produit pas assez et de ce que les capitaux manquent également.

Nous arrêterons ici nos considérations sur les pays de l'Europe ; entreprendre de les étudier, même succinctement, serait aussi délicat et scabreux qu'inutile ; nous n'avancerions pas, et nous risquerions d'alourdir notre marche précipitée.

Par contre, et tel est le sujet de ce huitième chapitre, nous allons insister et appuyer assez fortement sur un État qui n'est pas européen, dans lequel le Progrès n'a pas moins pénétré, mais combiné avec de tels éléments, que l'étude de ladite question pourra peut-être, par un exemple concret, confirmer l'ensemble ou tout au moins une partie de ce que nous avons avancé ou exposé précédemment.

***

Cette puissance n'est autre que les Etats-Unis d'Amérique du Nord. L'exemple de cette puissance sera susceptible de montrer quelle somme d'énergie réelle et efficace peut produire l'homme, et par suite la société, lorsque aucun obstacle insurmontable n'a entravé leur développement normal et naturel.

Il serait non seulement téméraire, mais encore absolument inexact, d'affirmer que le Progrès n'ait pas pénétré dans ces Etats avec toutes ses manifestations et conséquences, et même, devons-nous reconnaître qu'il s'y est montré avec une intensité telle, que l'on pourrait affirmer à bon droit, que ledit État ne saurait être dépassé par aucune des puissances d'Europe, même celles dans lesquelles l'Evolution a le plus profondément imprimé ses traces, en France, en Angleterre, en Allemagne, par exemple.

Bien plus, avec un degré plus accentué encore, il s'est manifesté avec des tendances et des processus qu'on ne saurait trouver dans la vieille Europe. Les Américains bâtissent des maisons de quinze étages, exécutent des constructions colossales qui nous étonnent. Chez eux se sont constitués des *trusts* gigantesques, ils ont construit des voies ferrées qui, à un moment donné, balançaient la longueur de toutes celles de l'Europe réunies. Et c'est justement parce que, chez eux, l'Évolution s'est développée avec une telle puissance, une telle ampleur et a obtenu sinon des résultats, du moins un aspect extérieur si considérable que nous devrons reconnaître que le Progrès a apporté des conséquences moins néfastes dans son ensemble.

Cette assertion peut paraître hasardeuse et osée à première vue. Une simple mise au point rétablira la question sur sa base véritable. Quelques brèves considérations suffiront.

Remarquons que l'ensemble du territoire des États-Unis embrasse une étendue qui égale seize fois celle de la France, que sa population, double actuellement, égalait à peine la nôtre il y a une vingtaine d'années. Ceci posé, notons qu'il existe un développement de voies ferrées en Amérique neuf fois plus considérable qu'en France.

Ce simple rapprochement ne peut être fait sans laisser naître dans l'esprit que le mode, du moins l'intensité de l'effort matériel et économique n'ait été égal, sinon semblable dans les deux États. Une simple opération d'arithmétique suffit à nous montrer que l'ensemble de l'effort des représentants de notre pays a été cinq fois moindre pour la construction des mêmes voies ferrées que le total de l'effort de la partie opposée. Et pourtant, on ne saurait prétendre que le territoire français n'est pas mieux desservi à ce point de vue que le territoire américain, l'utilité des moyens de communication ainsi que leurs divers rendements ne ressortissant pas seulement du chiffre de la population, mais aussi de l'étendue de la superficie.

Pour obtenir un résultat inférieur à celui de cette nation de la vieille Europe, le Yankee a donc dépensé une énergie, une force cinq fois plus considérable. Ainsi, bien qu'apparemment, cette partie du Progrès, la construction des chemins de fer, présente un aspect à première vue plus considérable, le résultat acquis, le bénéfice net, le bien-être en résultant n'en a pas moins été inférieur.

Ceci n'est qu'un exemple recueilli dans le nombre de cent autres non moins suggestifs et susceptibles de nous indiquer la véritable nature, l'exacte portée des phénomènes qui ont accompagné le Progrès dans cette partie du Nouveau-Monde.

Nous citerions encore la construction d'un grand nombre de bâtiments de toute espèce, de toute catégorie. Des villes entières ont poussé, en quelque sorte, sur la prairie où hier encore des Indiens se poursuivaient sur le « sentier de la guerre »; alors que les habitants de notre vieux continent se contentaient de demeurer dans la maison qui les avait vu naître, qui avait vu naître leur père, leur aïeul ; ceux, bien entendu, dont les mœurs et les habitudes n'étaient pas sédentaires, n'en habitaient pas moins des locaux qui, pour une grande part, étaient construits de longue date déjà.

Cependant, le Yankee courait l'aventure, peinait, souffrait, travaillait. Tout en faisant la part des conditions nouvelles nécessitées par l'Évolution, on admettra sans difficulté aucune, qu'une moindre dépense physique et pécuniaire ait été demandée à l'Européen sédentaire qu'à l'Européen expatrié.

Nous avons parlé de l'industrie du bâtiment. Il en est de même dans le domaine de l'agriculture. Alors que le laboureur de l'Ancien-Monde se contentait de retourner un sol retourné depuis vingt siècles, le colon du Far-West devait se lancer résolument à l'œuvre et, avant de pouvoir cultiver et exploiter une terre encore vierge, devait-il tout d'abord la défricher, abattre les arbres énormes qui en montraient, avec la superbe végétation, la richesse future, mais encore devait-il combattre et peiner dur avant d'atteindre un résultat faiblement proportionné à ses efforts.

L'existence de l'Américain était donc difficile, hérissée d'aspérités, de difficultés de toutes sortes. Les moyens de communication étaient rares dans ces pays neufs où il n'existe pas de milieu, de terme moyen entre la piste et la voie ferrée ; les grands, même les petits centres étaient clairsemés ; l'habitant était donc presque livré à lui-même, et, comme souvent il ne pouvait appeler l'aide du maçon et du charpentier, il en était réduit par la nécessité, mère de l'initiative, à faire appel à sa propre individualité, à ses propres ressources morales.

Dans les villes mêmes, une dépense d'énergie non moins considérable était exigée de lui. Des rouages que les vieilles civilisations comportent avec elles et dont la constitution, l'établissement sont synonymes de calme, de repos, de plénitude, de facilité, donnant à l'individu des commodités et un bien-être qui lui rendent l'existence plus douce, tous ces rouages avec le cortège des facilités plus grandes qu'ils comportent avec eux, n'existaient pas dans ces pays neufs, où tout sent la hâte, l'effort, l'activité intense, où l'homme a dû péniblement lutter avant d'atteindre un résultat convenable, pourtant moindre que celui trouvé sans peine par le citoyen de l'autre côté de l'Atlantique.

Cette existence enfiévrée, surchauffée, condensée que nous menons ne l'est qu'apparemment ; elle n'est pas remplie d'efforts pratiques et réels. Nous piétinons sur place ; et, assurément, nous nous agitons, mais tout cela est factice.

Non pas que notre fatigue n'égale pas celle des habitants de ces terres vierges, de ces cités nouvellement écloses : elle est simplement différente. La nôtre est plus artificielle, la leur est plus réelle, partant plus naturelle et plus saine. L'Américain combat le dur combat de la vie ; nous aussi, nous menons ce dur combat, mais nous nous y prenons d'une autre façon et ne souffrons pas moins en réalité.

Pour rendre notre pensée plus claire et plus vive, nous sommes obligés de l'exagérer : le Yankee meurt à la peine, de fatigue et d'effort ; nous, nous mourons parce que nous nous rognons les vivres les uns aux autres ou bien nous périssons par l'abondance même, la pléthore, les plaisirs, la volupté. Le premier essuie souvent la sueur de son front, le second retourne accablé après une nuit de fête.

Il existe d'autres différences non moins grandes : tandis que, chez nous, le petit propriétaire aisé se tourne dès quatre heures vers le café pour dépenser son argent résultant d'une aisance honnête, son pareil d'outre-mer peine jusqu'au coucher du soleil, le plus tard qu'il peut, et souvent il manie encore rudement la bêche quand la lune l'éclaire de ses rayons (ce que j'ai constaté dans une famille de paysans sobres et endurants ; je prête ce détail à l'Américain).

Les forces perdues, les énergies engouffrées par l'Étatisme ne le sont pas en Amérique, où le fonctionnaire n'existe que dans les proportions nécessaires à toute civilisation. Il y a toujours des maisons à construire, des terres vierges à défricher. L'homme n'a pas de temps à perdre, une heure perdue c'est comme s'il perdait un demi-dollar. Il travaille, il peine, il marche de l'avant. Il n'a pas le temps de parler, de discuter ; il agit. Il a raison ; son esprit n'en est que plus sain, son corps également.

Une telle situation ne peut amener que de bons résultats au simple point de vue politique. L'homme qui discute, qui ergote, est généralement un homme qui ne travaille pas. Mais en France, nous sommes forcés de pérorer, d'ergoter, de nous étourdir, de nous ahurir, de nous « chamailler » les uns les autres par nos propos qui ne signifient rien, mais qui nous font beaucoup de mal quand même, et cela nous est commandé jusqu'à un certain point par les nécessités nouvelles engendrées par le Progrès, nécessités résultant d'un manque de nécessités.

On a dit que le Français est un peuple léger, badin, subtil. Le premier qui nous a fait cette réputation est le Romain César, dans ses Commentaires des Gaules. Nous venons de citer à peu près ses propres expressions. Elles ne méritent pas plus d'être appliquées à notre caractère qu'à celui de tout autre peuple.

Il existe de l'autre côté de l'Atlantique une race vigoureuse, celle des Franco-Américains ou les Canadiens Français. Ils ont fait preuve d'une telle vitalité, d'une telle exubérance d'énergie et de force, d'un tel sens pratique, qu'on ne saurait retrouver les mêmes qualités à un degré égal chez les Anglo-Américains ; plus encore que ces derniers, ce sont des travailleurs rudes, tenaces, entreprenants, persévérants ; ils ne parlent guère, quoiqu'ils descendent des Normands.

Trop parler, avons-nous dit, est la source de la basse et malsaine politique, celles des démagogues, des tribuns factieux, vides, turbulents, incohérents. L'homme qui travaille raisonne juste, bien, sainement, froidement, impartialement. Je préfère le raisonnement d'un paysan qui a labouré toute sa vie que celui d'un candidat, vague conseiller général, qui a passé la moitié de son existence à discuter sur des questions dans lesquelles ses deux extrémités supérieure et inférieure ont une égale compétence. Le premier avec son gros bon sens s'entendra bien avec tout le monde, sauf avec les fainéants et les parleurs ; l'autre enverra tout à la dérive, barque à travers, il fera du bruit et rien de plus.

Nous n'avons nullement l'intention de célébrer aveuglément les louanges des Yankees. Chez eux, il existe aussi des agitateurs populaires néfastes. Des grèves importantes ont éclaté en Amérique, elles ont eu une intensité et une durée bien moindres. L'armée régulière ne comprend guère qu'une cinquantaine de milliers d'hommes. Elle a plus que suffi pour rétablir l'ordre ; en France, dix fois autant de troupes ne sont pas de reste.

Cela provient de ce qu'en Amérique, entre ouvriers et patrons, devant les exigences de la vie, il est de leur intérêt commun et réciproque, de se concilier au lieu de se combattre inutilement. Mais en France, les conditions d'existence sont plus faciles apparemment ; bien que l'on prétende que les États-Unis soient plus riches, le capitaliste et le travailleur, chez nous, éprouvent davantage le besoin de se gruger l'un et l'autre. Cela, joint à nos mœurs politiques, à nos habitudes processives et querelleuses, nous y incite tout naturellement.

Le capitaliste américain est issu ordinairement des rangs inférieurs de la société. Cela se conçoit dans un pays où la journée appartient à celui qui se lève matin et où les capitaux constitués sont plus rares, où l'activité de l'homme d'action possède un champ plus large pour se donner libre carrière. Aussi les rangs de la société sont-ils moins divisés, le patron ne rougit pas de se mêler à ses ouvriers ; quand il le faut, lorsqu'il s'agit de donner un « coup de collier », il « met la main à la pâte » ; sans morgue, bon, paternel, il leur accorde plus facilement que ne ferait l'Européen, leurs droits qui ne leur sont pas octroyés officiellement, mais plutôt moralement, droits qui ne sont pas arrachés par la force, mais provenant de concessions réciproques. Le travailleur répondant de même, de la concorde naît la prospérité et des facilités communes.

Observez l'allure d'un Américain type ; elle est virile, martiale, aisée, son corps alerte et dégagé, n'en est que plus robuste ; il y a dans son aspect un caractère de désinvolture où la virilité n'est pas exempte de souplesse ; remarquez surtout sa physionomie (car la physionomie synthétise l'homme en particulier et très souvent sa race en général), il y a quelque chose de non fini, d'ébauché, où les grandes lignes frappent par leur régularité et leur symétrie, mais où les détails ne sont pas polis, finiolés. A un Européen raffiné et mielleux, cet homme ne saurait être sympathique ; lui déplairont sa figure anguleuse et tranchante, son allure saccadée, impérieuse et nerveuse. Ne croyez pas que le

Yankee perde son temps à parler beaucoup, à lire, à discuter, à quémander. Il se contente de combattre le dur combat de la vie, il n'en est pas plus malheureux pour cela, il est allègre et content, il est sain de corps et d'esprit. Comme il connaît la valeur du travail et de l'effort, il sait faire valoir ses droits, mais il reconnaît aussi ceux des autres. En France, beaucoup d'individus ne sont bons qu'à crier et clabauder sans savoir pourquoi. Du bruit, du bruit et encore du bruit!

D'autres fois l'intrigue remplace le travail, la ruse l'honnêteté et l'action effective.

Quoi qu'il en fasse, l'Américain opère toujours à « grand coup ». L'aspect de sa maison ne brille guère, quoique de construction solide ; il n'a pas même jeté du plâtre sur les murs dont on voit encore les grosses pierres fortement cimentées, il est vrai. Il a manié plus souvent la hache que le rabot, le marteau que la lime. Ici, nous parlons au propre et au figuré. Cette métaphore nous tiendra lieu de considérations longues et oiseuses, philosophiques et onctueuses.

Pour revenir de nouveau au chapitre des voies ferrées, qui est, du reste, une des faces principales de l'Évolution moderne, on ne saurait méconnaître que l'ingénieur américain n'ait fait preuve d'une audace qui traduit d'ailleurs celle de la race entière. Cette audace a été payée par de nombreux accidents et catastrophes. Mais elle était commandée par les nécessités ; il est cruel de dire que quelques individus ont payé de leur vie le plus grand bien-être qui est résulté, pour les autres, de la moindre dépense de temps et d'argent et autres causes inhérentes à cette trop audacieuse simplification, à cette économie non pas égoïste, mais peu humaine. Chez nous, on aurait remanié vingt fois les plans, exécuté un grand nombre de levés, on aurait beaucoup parlé, discuté, dépensé plus de capitaux, plus d'années, moins de vies.

Nous n'avons nullement le désir de faire ici une apologie aveugle, mais seulement d'exposer impartialement tout ce qui répond à notre sujet ; il serait, d'ailleurs, vain de nier qu'il existe des abus en Amérique ; 'a vérosité de la magistrature y rivalise hautement avec celle d'un autre pays.

La loi de Lynch rentre également dans la catégorie de ces mœurs américaines, qui, bien qu'elles présentent un certain bon côté, n'en montrent pas moins jusqu'où peut s'abaisser un peuple plus simpliste que simple, plus expéditif que spéculatif, qui sacrifie trop la théorie à la pratique, par trop oublieux de la forme.

Dans la guerre de Cuba, nous retrouvons encore un exemple de cette allure à « grand coup » reflétant un sans-gêne, un sang-froid qui dénote un manque complet de scrupules. L'exemple n'en est pas moins suggestif. Tout en versant des larmes de crocodiles sur le sort des Cubains, ils ont proprement bâclé ou mis en état leur marine et administré une magistrale râclée à la pauvre Espagne qui ne pouvait se défendre, en « cinq secs », comme on dit dans un certain argot. Dewey entrant fièrement dans la baie de Cavite, sans tenir compte des forts et des torpilles, prouva par la rapide et peu coûteuse annulation de l'escadre adverse, qu'une fois de plus la Fortune couronnait l'audace. Quoi que l'on puisse prétendre, il a déployé la même audace que Nelson à Aboukir ou Courbet à Fou-Tchéou. Il a donné, en quelque sorte, un élan et une impulsion native à cette guerre si rapidement terminée.

Un autre exemple est celui de la guerre de Sécession. Les Fédéraux n'ont pas hésité un instant a se lancer dans cette guerre, la plus sanglante du siècle après les guerres napoléoniennes et qui a accumulé des ruines et des calamités dont seule l'étonnante vitalité de ce peuple lui a permis de se relever. Grâce à cette guerre, l'Union a été maintenue et aujourd'hui la grande république américaine est « une reine casquée au milieu des nations », au lieu d'être divisée comme ses sœurs de l'Amérique latine en un amas de petits pays dont les forces sans cohésion sont disséminées et dispersées, au lieu d'être tournées vers le même but, la même action effective et efficace. Les hommes d'État qui formèrent ces conceptions larges, simples et généreuses, reflètent encore mieux cette tendance de l'esprit particulier à toute grande nation, la prédominance des grands moyens, proportionnée à l'étendue et aussi aux conséquences de l'effort. Et certes, l'application de ces principes a donné des résultats qui pourraient faire réfléchir les nations chez qui une politique basse, étroite, mesquine, émousse l'entente exacte de leurs intérêts primordiaux qui se présentent toujours sous la double face matérielle et morale.

Nous avons dit que malgré cette apparence dure et sévère que l'on découvre dans la physionomie et dans le caractère américains, on ne saurait prétendre qu'ils soient dépourvus sinon de grâce et de douceur, du moins d'une certaine souplesse.

Il existe en France une situation tranchée entre les différents attributs et fonctions. L'exclusivisme, l'automatisme avec leurs dérivés, l'esprit de corps, l'esprit de parti, l'esprit de clocher résident à un moindre degré chez les Américains. Cette situation, sans engendrer ni désordre, ni activité exagérée et enfiévrée chez eux, a développé certaines qualités qui leur ont rendu à la fois le corps et l'esprit plus agiles et plus souples et, indépendamment de ces avantages particuliers, cela a contribué à apporter de la cohésion, de l'équilibre entre les différents membres de la société. Y aurait-il lieu de s'en étonner ? L'homme, devant le nombre et la variété des éléments au milieu desquels il a dû se trouver mêlé, y a opposé une réaction correspondante et adéquate ; nous l'avons montré précédemment.

Le lettré, en Europe, est uniquement lettré ; il n'entend rien à la vie pratique qui est pour lui un monde inconnu, il a peur rien que de frôler un paysan ; il en est de même dans toutes les attributions ; personne n'ose sortir de la case où il se parque et se confine dans son atmosphère propre. Un professeur d'agriculture, ce semble, devrait posséder des connaissances pratiques, non pas égales, mais proportionnées à sa science livresque et pédante. Ce n'est qu'un fort en *x*, que, par un virement mécanique et artificiel, venant de haut lieu, émanant de la sacro-sainte administration de la Machine, on a investi de cette magistrature.

On a l'habitude de se représenter un Yankee sous la forme d'un marchand ou sous les traits d'un spéculateur, d'un chasseur acharné à la poursuite du lièvre-dollar. Ce n'est là qu'un de ses différents aspects ; la facilité avec laquelle il se plie et se fond dans les divers moules que les circonstances lui commandent ou lui demandent, laisse de lui une impression plus variée qu'on ne le suppose généralement.

Ce marchand de porc salé, ce « farmer », si les circonstances l'exigent, est transformé soldat le lendemain. Tant Nordistes que Sudistes l'ont bien montré dans la guerre des Esclaves. Le banquier et l'épicier ont combattu côte à côte avec la même farouche âpreté ; à l'un comme à l'autre, était ouvert le chemin pour devenir major ou général. Après la guerre, ceux qui avaient obtenu un grade supérieur retournèrent à leur besogne sans arrière-pensée : le magistrat, tel Mac Kinley, retourna au Palais de Justice, le négociant à son bureau, le laboureur à sa charrue, et lorsque les deux partis se furent réconciliés loyalement, ils apportèrent la même ardeur à l'œuvre de la réfection nationale et commune que celle qu'ils avaient montrée dans leur acharnement antérieur.

En France, un militaire est un militaire, et un civil est un civil. Ceci n'est qu'une simple remarque ; bien au contraire, les milices firent preuve, pendant la guerre de Sécession, d'une telle inexpérience qu'on peut en conclure que leur emploi deviendrait insuffisant en Europe ; Nordistes et Sudistes montrèrent une égale infériorité en fait de science et d'organisation militaires ; ces derniers ne succombèrent que sous le nombre.

***

Nous avons fait jusqu'ici plutôt l'exposé des causes qui ont amené aux États-Unis ces conditions d'existence si différentes des nôtres ; nous avons plutôt fait la genèse de l'évolution économique et montré ses résultats antérieurs et présents que dépeint leurs conséquences futures. Ces conséquences seront considérables, nul ne saurait le contester et même à l'heure actuelle elles commencent à se dessiner profondément. L'Union, après une longue période de préparation et d'incubation, est parvenue aujourd'hui à une grande prospérité susceptible de se développer encore dans l'avenir. Les États-Unis ont tous les éléments voulus pour devenir avant peu la première puissance économique du monde.

Cet excès d'extension de leur territoire qui, autrefois ne tendait qu'à paralyser leurs efforts, leur sert maintenant à merveille ; ils ont l' « aisance des coudes », comme nulle part sur le vieux Continent, avec tous les avantages inhérents lorsqu'elle est adaptée à des conditions favorables.

Les conséquences qu'a apportées avec lui le Progrès, mélangé heureusement avec des éléments qui en ont détruit les tendances funestes et dépressives, sont non seulement matérielles, mais encore morales. Il suffirait, pour le prouver, de mettre sous son véritable jour l'entente dont les Américains se font de la liberté ; on pourrait constater que ce peuple de marchands est un peuple sérieux, ayant une exacte conception des véritables intérêts qui incombent à l'homme pour son essor le plus commode et le mieux en rapport avec ses contingences les plus sûres et les plus directes et sa pente la mieux inclinée.

Parler de liberté ! Quel sujet délicat ! Cette liberté, combien elle éveille des idées ! Combien elle compte de partisans, de prôneurs surtout ! Mais si jamais nous venions à en perdre le germe, que de même qu'une fleur rare et délicate elle ne puisse pousser sur notre vieille Europe, en ces terres vieilles et trop surchauffées, peut-être la retrouverait-on dans sa printanière et primitive beauté, avec sa double corolle d'utilité pour tous et d'indépendance pour chacun, dans ces terres nouvelles de la jeune Amérique.

La liberté de l'individu est aussi grande qu'elle peut l'être, mais subordonnée à la liberté de tous ; l'autonomie, dans chaque État, s'étend jusqu'aux limites au delà desquelles elle détruirait les bases solides et permanentes de l'Union ; quant à la liberté religieuse, elle est absolue et complète et non hypocritement masquée sous l'apparence d'une neutralité, d'une tolérance haineuse, sectaire et vipérine comme elle l'est en France ; la liberté d'association s'arrête là où elle confinerait à la sédition.

Pourtant, il existe deux mesures qui sembleraient prouver que cette liberté commencerait à y être aussi battue en brèche. L'alcool a été supprimé, c'est-à-dire la liberté de s'empoisonner ; d'autre part, des mesures très sévères ont été prises contre l'immigration. Les États-Unis cherchent à conserver autant que possible l'homogénéité de leur race, qui ne pourrait que perdre au contact d'éléments trop inférieurs. L'immigration des Chinois a été interdite, celle des étrangers ne possédant pas un capital suffisant suceptible de fructifier utilement, est passée de son côté au crible d'une douane qui relèverait plutôt de l'ethnographie que du financier. Qui donc songerait à blâmer cette mesure de prophylaxie nationale?

Quelle que soit la prospérité de cet État si jeune, si plein d'action, de verdeur, de vie, d'élan, il n'en tend pas moins à devenir tôt ou tard victime, comme les nations de la vieille Europe, des manifestations et réactions cachexiques du Progrès, qui jusqu'à présent l'ont effleuré, sans le contaminer. La richesse a causé la ruine matérielle et surtout morale de Rome ainsi que d'autres métropoles. Elle est en train de ronger deux nations anglo-saxonnes et une autre celto-latine ; elles réagissent grâce au sens pratique développé qu'elles portent en elles-mêmes ; il n'en a pas été de même pour l'Espagne qui, aujourd'hui, est presque au fond de l'abîme : elle porte au front la marque de l'or du Pérou.

Quoi qu'il en soit, les États-Unis passeront, dans un avenir plus ou moins rapproché, sous ces fourches caudines sous lesquelles les courberont de force l'oisiveté, la mollesse et la prospérité. Déjà les milliardaires américains viennent faire la grand fête à Paris ; cela commence à devenir significatif.

*
* *

Mais il s'est levé un homme qui n'est autre que le président de la République actuel, M. Roosevelt. Il leur prêche la bonne parole et leur donne le bon exemple. Personnalité très saillante que M. Roosevelt et surtout très typique, méritant d'attirer l'attention très particulièrement. C'est un

Américain dans toute l'acception du mot, c'est-à-dire un homme complet, varié, en qui les influences anciennes et ancestrales se sont le mieux fondues, greffées sur l'arbre du Progrès et de la civilisation. Dernièrement, on pouvait lire dans les colonnes de journaux, qu'il avait tué un ours, non dans un parc ou un jardin, mais dans les montagnes Rocheuses. Ce simple détail est aussi suggestif que toute une série de considérations.

Il se manifeste chez nos modernes générations une propension de moins en moins prononcée pour les plaisirs qui dénoteraient plutôt un cachet de virilité, d'esprit aventureux que de frivole mondanité. Nos modernes gentlemen, nos « petits vernis » de chambre et d'antichambre croiraient se déshonorer dans le cadre sauvage de la campagne. La grande Nature écrase leur petitesse. Ils n'y sont pas à l'aise. Mais le Président de la première République du monde cherche ses délassements dans le sein même de la Nature, dans les plaines immenses que parcourent encore des buffles sauvages. Roosevelt, une fois retrempé dans ces terres vierges, humant la liberté, la saine raison, le courage et le calme audacieux, reviendra présider paisiblement le Congrès et dicter ses lois. Le Sénat romain vint au-devant de Cincinnatus qui conduisait sa charrue. Parfois quelque *congressman* vient l'entretenir des questions importantes qui ont surgi dans le monde et qui méritent son attention immédiate ; l'ancien « cow boy » écrit quelques lignes, puis repart le fusil sur l'épaule, battant ce même sol battu par le Natchez poursuivant l'Osage. Il ne diffère d'eux que par un seul point : c'est qu'il est le chef de l'État le mieux policé, le mieux constitué du globe.

La Nature est bonne, saine, franche, honnête, harmonieuse, et celui qui vient la caresser amoureusement peut seul connaître le secret de sa force et de sa beauté.

Cet homme couvert de peaux de bêtes en poursuivant le buffle, n'en a pas moins écrit deux ouvrages : la *Vie Intense* et l'*Idéal Américain*. De l'accouplement de ces deux titres naît une belle maxime. Elle nous découvre à la fois le champ de la spéculation et le champ de l'action, celui de la pensée et celui de la lutte.; elle nous montre le bras qui frappe des coups durs, répétés, intenses, sous la direction du cerveau éclairé par l'Idéal.

Intensité d'action, idéalité de pensée, belle doctrine. Aucun des philosophes, dans le nombre de leurs conceptions, n'en a trouvé une aussi belle que celle contenue dans ces deux titres.

Autre titre d'un chapitre « Honnêteté et Action effective ». Tel est, en effet, le résumé, l'expression la plus concrète et la plus expressive du grand président. Voyons-le à l'œuvre.

Cet intrépide apôtre de l'honnêteté et de l'action effective commence par déclarer la guerre aux fainéants, aux lâches, aux timides, auraient-ils les meilleures intentions, car il est tout aussi coupable de laisser faire le mal que de le commettre.

Certains s'imaginent avoir rempli convenablement leurs devoirs de citoyen pour avoir éloquemment et académiquement déblatéré avec des connaissances non moins placides qu'eux-mêmes, contre la mauvaise politique.

Son enseignement mériterait bien d'être compris en France, où la plupart des honnêtes gens déclarent ne pas vouloir se mêler de politique, sous le prétexte où s'endort leur mollesse et leur égoïste insouciance, qu'il suffit d'être mêlé à cette malsaine politique pour être métamorphosé en gredin et se salir les doigts. Chez nous, seuls les individus qui sont dépourvus de scrupules, sont pourvus d'audace et de volonté. Ils en profitent aux dépens des bons. Ceux-ci, tels des agneaux timides, attendent langoureusement qu'on leur fasse l'honneur de les dépouiller et de les égorger. On le leur fait. Les loups-cerviers, les caïmans, les limiers de toute espèce, sortis des bois épais et touffus, des marécages purulents du domaine judéo-maçonnique se chargent de l'opération et l'exécutent à merveille. Le patriotisme est pendu à la potence de la délation, des notes secrètes, de la destitution. S'ils s'en contentent, bien leur en prenne. D'autres trouveront cette situation intolérable!

Quant au justicier qui est de l'autre côté de l'Atlantique, s'il gourmande les braves gens que l'amour du bien ne réchauffe que médiocrement, il dénonce à haute voix les canailles et les fripouilles, dévoile à nu leur turpitude, leurs basses malversations et le leur jette sans hésiter à la figure.

Ce justicier ressemble aux Chevaliers Errants du Moyen Age, il en a l'allure, la morne et froide apparence. S'il n'est pas bardé de fer comme eux, s'il ne ceint pas l'épée, il n'en défend pas moins, dans son genre, l'orphelin et l'opprimé, c'est-à-dire le faible contre les coups des routiers et les reîtres modernes.

Et pourquoi ne serait-il pas, lui aussi, un Chevalier Errant? N'a-t-il pas combattu comme colonel à la tête de sa vaillante cohorte de *Rough Riders*, n'a-t-il pas pris une part glorieuse au combat sanglant de Santiago où la valeur américaine faillit se briser contre la ténacité espagnole?

Lui aussi, chevaucheur sans trève, une fois revenu dans la politique, mène le bon combat, « soufflète l'imposture », fait « blêmir la trahison » et « déconcerte le mal ». Point de merci, point de quartier à ces truands, à ces ribauds modernes qui s'appellent les démagogues corrompant le peuple pour vivre de lui, à ces spéculateurs qui établissent les plans de trusts gigantesques, abîmes de misère, ou bien tous ceux qui ont voué leur âme à la Bourse ou au comptoir.

Il n'est pas moins l'ennemi déclaré des idéologues, de leurs belles mais vides doctrines. « Il y a longtemps, dit-il, que l'Empire du Tsar serait effacé du nombre des nations si le malsain mysticisme de paix de Tolstoï avait été appliqué. » Il a donc une assez piètre idée de l'opinion qui a le don d'esbaudir et de faire tomber en pâmoison bon nombre de nos songe-creux actuels. Cette maladie de la pâmoison bouche bée est très commune à notre époque.

Nettement impérialiste, ce que nous devons traduire en français par nationaliste. Pour lui, le diplomate est le serviteur du soldat, et non son maître ; en France, les armes le cèdent à la toge. Cette opinion pourrait paraître audacieuse ; mais sur les lèvres du président, qui oserait le contester ? Ardent patriote.

La nation, dit-il, est meilleure et plus riche parce que Cashing lança son torpilleur dans la nuit pour couler l' « Albermale ». Si, en France, on disait que nous sommes plus riches parce que Douzans exécuta la même opération dans la rivière Min, on n'y comprendrait rien

A remarquer l'insistance qu'il met pour que les États-Unis construisent une puissante marine de guerre. Bref, il possède tous les défauts nécessaires pour être un césarien et un clérical, dans le modèle du genre (car il ose quelquefois parler de Dieu).

Ce qui ne veut pas dire qu'il ne soit pas un homme sage, judicieux, ami de l'ordre, pondéré. Il ne viendra à l'esprit de personne de penser qu'il aurait été réélu si l'ensemble de sa valeur ne lui avait conquis les suffrages du peuple américain, si pratique et si sérieux.

Il est partisan de la politique de labeur et d'effort intenses qui, seule, parvient à augmenter les ressources matérielles et la prospérité d'un pays.

Avec un aisance, une souplesse que l'on ne rencontre guère que dans le caractère américain, il donne maintenant des conseils qui semblent émaner d'un marchand paisible et tout à l'heure il en donnera d'autres propres à un hidalgo.

Autre aspect de cette originale physionomie. Une nation, dit-il, est plus riche du talent d'un poète que de la prospérité d'un marchand de clous. N'oublions pas que Roosevelt a fait des études classiques, qu'il a été au collège jusqu'à dix-huit ans. — Il passait ses vacances à tuer des bisons.

Mais lorsqu'il se trouve tout à fait dans son élément, c'est quand il célèbre les louanges des grands hommes de la Révolution dont les belles actions, non moins que les conceptions nobles, généreuses, élevées, ont fondé ou consolidé les bases de l'Union au milieu de péripéties, de luttes, d'efforts aussi glorieux que pénibles. Sa grande âme, mise au contact de celle de Washington, de Lincoln, de Grant, semble respirer à pleins poumons un air qui la pénètre et le vivifie. Roosevelt est un enthousiaste et non un sceptique, un blasé, un ricaneur. C'est l'homme qui possède le moins de ressemblance avec ce vil ricaneur de génie qui s'appelle Voltaire. C'est un homme dans toute l'acception de ce terme.

Ici, nous ferons un rapprochement qui pourrait paraître forcé. Confronter Mistral et Roosevelt peut sembler étrange. Ces deux hommes n'ont pas moins des rapports aussi étroits que peuvent avoir entre eux un homme d'État et un poète. Celui qui a chanté la sauvage Camargue et sa morne solitude, celui qui a célébré l'Amour et les vertus familiales, qui dès le début du poème, célèbre les exploits du grand Suffren, devait sympathiser avec le patriote, avec l'homme des vertes solitudes. Du reste, Roosevelt a envoyé une lettre de remerciements au poète qui lui avait envoyé *Mireille* ; dans cette lettre, étaient exprimés des sentiments qu'il est maintenant facile de deviner.

Nous rapprocherons encore Lamartine de Roosevelt. Le rôle politique de ce poète est digne de remarque et il n'est pas banal de considérer que cet homme, que l'on a qualifié de névrosé, ait fait en somme la République de 1848. L'opinion générale attribue ce résultat uniquement à l'enthousiasme pour une idée de liberté dont s'éprit un jour le poète politique. Ce serait mal juger Lamartine que de porter sur lui une telle sentence. « Ce névrosé, cette femme » avait réellement l'étoffe d'un homme d'État ; il fit preuve d'une unité de vue très remarquable et resta toujours égal à lui-même. Autant il met d'ardeur à lancer le peuple dans cette voix de liberté juste et équilibrée, dont il avait posé lui-même les bases précises, autant il déploya de force et de sagesse à le contenir lorsqu'elle allait déborder en flots dévastateurs. Sa véhémente éloquence qui arracha le drapeau rouge des mains du peuple, était soutenue par un esprit. de pondération digne d'un politique éminent.

Ces qualités, il les puisa au sein de la Nature. C'était un campagnard, un paysan de génie ; il ne pouvait être qu'un homme équilibré, sincère, courageux. Dans sa vieillesse, il ressemblait à un aigle ; or, les aigles habitent les hautes solitudes.

En un mot et pour conclure, et pour revenir à notre sujet, contentons-nous de déclarer qu'il était, l'antithèse de la « légèreté, de l'inconstance, de la volabilité, de l'indue exaltation, de l'indue dépression, de l'hystérie, de la neurasthénie sous toutes leurs myriades de formes ». Il le prouva bien : il préféra mener une vieillesse pénible que de flatter le pouvoir régnant et renoncer à ses premières idées.

C'est une étude de psycho-physiologie à la fois rendue et bien sentie.

Le contact de la Nature est salutaire ; la Nature est harmonieuse ; par elle le corps est sain, l'esprit de même. C'est en le retrempant dans sa source que l'homme aiguise le tranchant de sa virilité : nous venons de parler de Roosevelt ; c'est en elle qu'un peuple recouvre sa santé morale et physique : nous avons parlé du peuple américain.

Pourrions-nous mieux finir que par cette ample et vibrante apostrophe à la Terre, de François Fabié un de nos poètes sociologues actuels ?

Rends leurs corps beaux et fiers comme des troncs
Comme tout ce qui naît et croît en liberté ; [de hêtres,
Ressuscite pour eux l'âme de leurs ancêtres,
Toute faite d'élan, de force et de clarté,
Afin qu'un jour, pareille à la ruche en furie
Que dans l'herbe, en luttant, renversent deux taureaux,
Tu puisses de ton sein voir jaillir, ô Patrie,
Tout armés et vibrants, tes essaims de héros !
Car ce n'est plus qu'en toi, terre calomniée,
Que placent aujourd'hui leur espoir de demain
Tous ceux qui, te fuyant, ne t'ont pas reniée,
Et qui rêvent du soc une plume à la main.
Insulte à qui te hait, dédaigne qui t'outrage
Souris au déserteur qui retourne vers toi,
Donne à tous tes enfants patience et courage,
La joie à qui récolte, à qui sème, la foi.
Et tu nous sauveras des abîmes où tombe
Tout peuple qui t'oublie ou rit de tes leçons
Car tu ne voudras point n'être plus qu'une tombe,
O mère des soldats et mère des moissons !

LIVRE III

L'EFFORT EXTÉRIEUR

CHAPITRE IX

L'EXPANSION COLONIALE. — SA NÉCESSITÉ. — INCON-
VÉNIENTS QUE PRÉSENTE SON APPLICATION ET
LEUR VALEUR EXACTE : MOYENS D'Y REMÉDIER.

Les mesures que nous avons proposées précédemment comme susceptibles d'obvier aux inconvénients inhérents au Progrès, ont fait l'objet du
deuxième livre. Parmi elles nous avons distingué
celles qui pouvaient, dans la limite du possible, retrancher les causes ou pallier les conséquences
capables d'atrophier, de contaminer l'organisme
physiologique de l'homme ; sans nous faire fort
de leur efficacité complète et absolue, il est probable que leur application ne saurait apporter que
d'heureux résultats ; quant à celles que nous avons
proposées comme pouvant parer aux réactions que
l'Evolution a entraînées avec elle, dans les différentes branches de l'activité sociale, nous sommes dans
l'obligation de reconnaître que nous les avons
mises en avant à titre de simple vœu, de désir, que
nous avons plutôt déploré un état de choses que

nous n'avons songé à y remédier ; dans le huitième chapitre en particulier, grâce à la comparaison que nous avons faite de la société française avec la société américaine, nous avons été à même de faire des constatations peut-être suggestives, mais aussi vaines que suggestives. Du reste nous ne saurions proposer comme des modèles, la société, la civilisation américaines. Connaître ses plaies, en sonder la gravité ne vaut pas les guérir. Il est inutile de faire remarquer d'autre part la faible étendue qu'embrassent les modifications d'ailleurs superficielles relatives à l'enseignement.

Bref, nous n'avons pas répondu à l'objet du sixième chapitre et sauf quelques réformes locales et restreintes que nous avons mises en avant, aucune solution importante et générale n'a été présentée en vue de nos crises intérieures, sociales et économiques. Aucune solution du reste ne saurait être apportée avec quelque chance d'efficacité. Il est bien évident, en effet, que plus l'humanité suit la voie de l'Évolution, plus profondément se manifestent et s'accusent les blessures qu'elle aura portées à la société, et plus accentuée sera l'incoordination de ses différentes parties, plus la lutte pour la vie sera difficile, malgré une apparente diminution de l'effort à produire.

Sans doute, la misère proprement dite n'existe guère dans la société française, et même cette misère que nous avons désignée sous le nom d'artificielle, par laquelle le pauvre meurt de faim au milieu d'une abondance inaccessible par le fait d'un défaut du mécanisme social, est beaucoup moins considérable qu'elle ne tend à l'être. Etant donné la part énorme qui est occupée par les différentes branches de l'Etatisme, cette misère artificielle a jusqu'ici mesuré ses désastres et ses calamités. Jusqu'ici la société a pu résister dans cette mauvaise position défensive, à l'offensive du Progrès.

Mais des remèdes tels que le fonctionnarisme et le militarisme, moins une nation en possède, avons-nous déjà déclaré, moins elle s'exposera à en voir se développer plus tard les germes morbides.

Peu à peu cette situation simplement inquiétante deviendra menaçante. Les malaises succéderont aux symptômes, les crises aux malaises, puis, les ruines, les calamités et les catastrophes.

Devant une telle éventualité, devrons-nous laisser pénétrer dans nos veines ce virus contemporain, ou, opérant la réaction opposée, mais qui est encore à chercher, trouverons-nous des remèdes propres à en prévenir les causes, à en atténuer les effets ? Devant un problème qui se pose avec des bases si redoutables, devant un état de choses qui impose si impérieusement ses conditions, que faire, de quels côtés tourner nos regards inquiets, éperdus et incertains, où se réfugieront nos espérances, nos dernières illusions, nos dernières chances de salut ?

Que faire? Nous n'entrevoyons hélas ! aucune

solution, et s'il nous vient à l'esprit d'en proposer une apparemment propice et efficace, nous en reconnaissons immédiatement l'inanité, car toujours nous retombons dans le même cercle vicieux, toujours nous retombons dans ce même gouffre de la simplification du travail, une des faces de l'Evolution et aussi de la misère. Combien citerions-nous encore d'autres maux dont la complexité n'a d'égale que la gravité? Les calamités qu'apporte le Progrès, s'accentueront-elles donc toujours davantage avec leur avenir aussi inéluctable qu'épouvantable? Sont-elles donc impossibles à éviter et le Progrès, comme l'épée de Damoclès, devra-t-il constamment être suspendu sur nos têtes, faisant l'objet de nos perpétuels soucis et de nos continuelles, mais vaines appréhensions?

Où donc trouverons-nous ces remèdes? De quelque côté que nous nous tournions dans notre vieille Europe et particulièrement dans notre vieille France, nous devrons reconnaître que de jour en jour, les places laissées à notre activité sociale, deviennent de plus en plus rares et de plus en plus difficiles à obtenir. Sans doute, ces mêmes fonctions sont plus avantageuses à tout égard pour ceux dont la fortune les en a gratifiés, mais l'abondance des uns ne soulagera pas la misère des autres. Si d'un autre côté nous envisageons les diverses forces de l'activité individualiste, nous devons faire une constatation analogue et admettre qu'il existe une flagrante surproduction agricole et industrielle, sans parler de l'encombrement dans les autres carrières.

Quel est le remède qui nous permettra de sortir de cette situation inextricable et de parer d'une façon efficace aux maux qui nous menacent? Ce remède existe, mais il répugne à notre tempérament de Français ; ce remède est l'émigration ; il faudra bien que nous nous y résignions, car dans la tempête sociale, ce sera notre seule planche de salut. Par l'émigration seule, nous pourrons retrouver le calme qui suivra cette effervescence fiévreuse, ce bouillonnement stérile et morbide dans lequel nous sommes plongés ; elle seule rétablira l'équilibre moral et l'équilibre matériel, et même d'une façon plus indirecte et plus lointaine l'équilibre physiologique ; elle seule nous fera retrouver un calme salutaire qui suivra ce factice et inutile piétinement sur place dans lequel nous vivons.

Parler de l'émigration à nous Français, semble peine perdue, discourir sur ce sujet est considéré même contre une insulte au bon sens. Pérorer sur les colonies est parfois un thème favori, comme un prétexte pour un beau morceau d'éloquence, mais rien de plus. Envisager cette question sérieusement confine au ridicule. On sait bien, dit-on de tous côtés, que nous ne sommes pas un peuple colonisateur. Il faut laisser cela aux Anglais qui s'y entendent à merveille ; quant à nous, nous sommes bien chez nous, nous n'avons qu'à y rester;

aucune nécessité pour nous d'aller chercher fortune ailleurs. Mais alors, dans ce cas, ne posséderions-nous des colonies que pour nous offrir ce vain luxe, et si nous avons pris « un morceau considérable du gâteau africain », ne l'avons-nous fait que pour nous passer cette fantaisie, parce que c'était à la mode dans le concert européen? Voilà encore jusqu'à quel point l'esprit de l'Etatisme a pénétré dans nos mœurs, dans nos habitudes, disons mieux, dans notre sang, notre constitution même. Nous ne possédons des colonies que pour en faire « état », pour montrer qu'officiellement, sur le papier et d'après la statistique, nous autres Français, non seulement nous possédons des colonies, mais sommes encore des mieux partagés. Les résultats pratiques que nous pourrións être en droit d'exiger de ces colonies sont hors de cause dans la question. Mais nous avons des colonies et nul n'y contredira.

Si quelque étranger, tout individu sceptique, se méfiant à bon droit de nos aptitudes, élevait le moindre doute à ce sujet, tout de suite lui ferions-nous résonner à l'oreille, une série ininterrompue de chiffres et d'autres documents, où les termes de kilomètres carrés et de millions d'habitants rimeraient entre eux et seraient vingt fois répétés.

Donc c'est entendu, au point de vue officiel, étatiste, nous sommes un peuple colonisateur, mais s'il s'agit de passer dans le domaine de la pratique, de la mise en valeur, si on nous parle d'émigrer, do franchir les mers avec nos capitaux, ceci n'entre pas dans la question et reste en dehors du sujet.

Pourtant ce luxe des colonies nous coûte 130 millions par an ; si c'est pour obtenir un résultat aussi désastreux que spécieux, il vaudrait mieux assurément, que nous n'ayions jamais fait leur acquisition. Nos hommes politiques, nos explorateurs, nos soldats qui ont eu l'idée de nous créer cet empire colonial, qui l'ont reconnu et pénétré, ceux qui ont donné leur vie pour nous le conquérir, ont dépensé en pure perte leur temps et leurs efforts, puisque par la mise en valeur de leur immense étendue, par leur exploitation rationnelle, nous n'en tirons pas une juste et légitime satisfaction. Jules Ferry, Courbet, Gallieni, Brazza, Lamy, ce sont en vain dépensés pour leur acquisition aussi coûteuse en efforts que stérile en résultats.

En devrions-nous être réduits à les abandonner, du moins certaines d'entre elles, à en arracher notre drapeau qui flotte dans un champ stérile et désert ? Sans doute, si en opposition formelle avec les mobiles qui nous les font occuper actuellement, la compréhension exacte de nos intérêts les plus immédiats ne nous commandait de les conserver précieusement, car elles seront le débouché par lequel s'écoulera le trop-plein de notre activité sociale, c'est vers elles que versera le courant débordant de nos crises inférieures.

En attendant, ce même rôle est dévolu à l'Etat, à l'Etatisme plutôt. Le fonctionnarisme est notre meilleure colonie, le meilleur dérivatif à nos énergies, exubérantes en nombre mais non en rendement effectif. Mais à cause justement de la trop grande faveur dont le fonctionnarisme est l'objet, il ne peut, par là même, contenter tous ses partisans par suite de la rivalité entre ceux qui briguent l'honneur d'être les fidèles serviteurs du gouvernement. Cette situation ne pourra se prolonger indéfiniment ; déjà, sans que nous en soyions encore à la période de crise violente, cette course aux emplois devient de plus en plus hérissée de difficultés et d'obstacles.

La création d'un courant d'émigrants pourrait faire très heureusement diversion à cette tendance, qui, pour affecter un caractère d'indolente passivité, n'en produit pas moins un résultat subversif par les malaises et les désordres qu'elle tend à engendrer.

Or donc, avant d'aborder de plain-pied la question relative à un système de colonisation, peut-être serait-il préférable d'étudier le *substratum*, l'essence, la nature des forces qui semblent nous river d'une façon presque irrésistible à notre sol (c'est-à-dire à notre bureau), d'analyser cette mentalité particulière à notre époque, qui fait que les choses afférentes à la réglementation gouvernementale deviennent le réceptacle, le récipient de l'excédent de nos énergies amollies. Nous analyserons à nouveau la psychologie de l'Etatisme ; nous constaterons jusqu'à quel point cette fleur trop rare de l'Individualisme a de la peine à pousser sur notre sol ; nous chercherons à qui en incombe la responsabilité.

*
* *

Que les enfants de ces durs et incléments pays de la Savoie, de la Bretagne, des Pyrénées, de la Provence montagneuse cherchent soit dans l'armée, soit dans quelque position bureaucratique et officielle, un emploi qui leur permette de subsister, cela se conçoit dans de larges limites. Si le « bien » ne produit que la moitié du blé nécessaire à la famille, il s'ensuivra qu'un, deux, trois enfants devront nécessairement se procurer par ailleurs des moyens d'existence et s'ils ne peuvent y parvenir d'une façon naturelle, directe, individualiste, il faudra bien qu'ils vivent d'une manière artificielle, indirecte, étatiste.

Mais combien s'en rencontre-t-il dans le nombre de ceux qui cherchent un refuge dans les bras du Gouvernement, qui agissent ainsi sans être poussés par une nécessité médiate ou immédiate. Ainsi pour citer un exemple : combien d'instituteurs qui ne gagnent que 900 francs par an, alors que s'ils avaient labouré la terre comme avaient fait leurs pères, ils eussent pu avec la liberté, sinon jouir d'une aisance convenable, du moins vivre à l'abri du besoin.

Nous avons parlé de la désertion des champs et du malaise qui règne dans la vie rurale, mais ce malaise quoique assez général ne sévit guère à l'état de crises que dans les régions précitées, ainsi que dans les régions viticoles de l'Extrême-Midi, et encore que temporairement dans ces dernières. La plupart de nos cultivateurs peuvent « joindre les deux bouts », tout juste, il est vrai, et non comme ils devraient l'espérer, mais leur situation toute précaire qu'elle soit, n'est nullement inférieure à celle de la plupart de nos modestes employés du Gouvernement.

Prenons le cas d'un petit propriétaire, c'est-à-dire un paysan, qui récolte bon an, mal an, ce qui est nécessaire pour sa nourriture, qui, par exemple, récolte du blé pour l'échanger contre du pain avec son boulanger, qui a sa vigne et boit son vin, plus ou moins peut-être, suivant que l'année a été plus ou moins heureuse, qui peut, sans délier sa bourse, nourrir sa bête, qui récolte quelques légumes peu coûteux et nourrissants. Cet homme pourra subsister, et, du surplus du blé qu'il vendra, des volailles qu'il portera au marché, il pourra renouveler son matériel, parer à l'imprévu, acheter un nouveau cheval, soit ; il sera à même de nourrir sa famille et lui, quoiqu'il ne puisse s'offrir aucun luxe.

L'exemple agricole que nous avons pris ne peut s'appliquer à tous les cas, il n'en montre pas moins quelques-unes des différences qui existent entre la vie naturelle et individualiste et la vie artificielle et étatiste. Les différences ne s'arrêtent pas là : plus le cultivateur a d'enfants, plus il est riche, car il possède de nouveaux bras, la terre donne d'ailleurs à celui qui s'en occupe une nourriture dépassant ses nécessités naturelles, c'est-à-dire nécessités premières. L'employé, au contraire, moins il a d'enfants, plus il est riche, parce que ce capital qui s'appelle appointement, à l'inverse de celui de la terre, diminue en raison des bouches qu'il contribue à faire subsister ou laisse à son bénéficiaire un moindre avantage.

On voit donc qu'il existe corrélation étroite entre la dépopulation et la désertion des champs au point que la dépopulation de la campagne implique également celle de l'ensemble de la société.

Mais ce n'est pas ce que nous voulons prouver ; nous voulons simplement avancer ceci, qu'en France l'agriculteur mal éclairé, mal guidé, n'ayant pas une notion exacte du crime de lèse-patrie, attentatoire également à ses propres intérêts, qu'il commet lorsqu'il dit un dernier adieu à sa chaumière où l'on mange quelquefois du pain noir, mais où l'on risque moins de mourir de faim qu'à la ville, dont le vain miroitement l'éblouit comme l'alouette, pour le perdre et le consumer, nous voulons prouver que ce paysan fait preuve d'Etatisme, accumulant inévitablement toutes les conséquences de ce fléau aussi bien sur lui que sur l'ensemble de la société.

Le fonctionnaire est sûr aussi de gagner son pain, encore faut-il qu'il atteigne le poste où il trouvera ce pain qu'il n'aura plus qu'à ronger ; c'est là que gît la difficulté, difficulté qui ne tend qu'à se développer encore, dans l'avenir.

Nous ne saurions citer d'exemple plus vivant de ce fléau que celui de la Corse. Une grande partie des Corses mâles se trouvent sur le continent ou dans les colonies — position fausse et immorale, — casés dans les emplois de gendarmes, douaniers, militaires, gratte-papier de toute espèce ; l'île pourtant est peu peuplée et suffisamment fertile, les capitaux, il est vrai, manqueraient plutôt.

Nous allons donner un aperçu de l'état d'âme corse, qui est peut-être le coefficient de l'Etatisme à son plus haut degré. Quand les conscrits de l'île arrivent au régiment, ils sont tous étudiants ou bureaucrates tout au moins, se font du moins enregistrer comme tels. Ainsi donc, ceux que, sur l'étendue du territoire français, on estime n'avoir jamais passé leur vie que dans les maquis et les montagnes, sont ceux qui représentent le mieux ce genre de civilisation caractérisé par un dégoût très prononcé pour les travaux manuels apparemment déshonorants.

L'esprit d'Etatisme serait donc, par un certain côté, un signe de cachexie intellectuelle et morale. Par lui en effet, l'individu tout en se donnant une vaine apparence de distinction et de prétention, est un timide, puisqu'il se dérobe aux soucis de l'existence, qui sont le cortège inséparable d'une carrière individualiste.

Un Parisien normal, un Provençal pur, un Flamand, de l'un et l'autre côté de la frontière, sont essentiellement individualistes ; lors même qu'ils embrassent une carrière étatiste, la façon avec laquelle ils procèdent a un cachet d'indépendance et d'initiative.

D'une façon générale, les Anglo-Saxons savent, à un haut degré, faire œuvre d'action individuelle.

Pour en revenir à la Corse, nous devons reconnaître que ses enfants donnent à la France ses meilleurs soldats, les plus endurants, les plus disciplinés. Nous ne voulons pas ici faire une vaine critique, mais exposer un fait de psychologie particulière aux individus, comme générale à des groupes. Par la confrontation de ces deux éléments opposés : timidité civique, intérieure d'une part, courage martial, extérieur, d'autre part, nous voyons synthétiser des qualités et défauts étatistes, par lesquels l'individu agit avec audace et décision à condition qu'il ait reçu l'impulsion première, qu'il se soit mis sous la tutelle de l'Etat, d'une force étrangère à lui-même.

L'individualisme des Français est assez caractérisé, mais plutôt en spéculation qu'en fait : il découvre plus d'inventions, sème plus d'idées, qu'il ne bénéficie de leur application.

Par la Révolution, accès subit d'individualisme, elle a donné la première un élan irrésistible à ces aspirations à la liberté, vers lesquelles convergeaient tous les peuples, mais elle a été elle-même victime dans la suite de cet excès de liberté, car elle est tombée dans les mains de celui qui, expression du mauvais esprit latin, s'appelle Napoléon, génie outrancièrement étatiste.

Et même lorsqu'on parle de l' « Empereur » l'idée que l'on a de lui, n'est-elle pas pour ainsi dire étatiste, officielle ? On tombe en extase devant ce grand homme, non pas à cause de l'œuvre utile, efficace qu'il a accomplie, mais uniquement parce que son nom impose, forme un bloc puissant capable de résister indéfiniment aux atteintes de l'oubli.

Premier Consul, il trouve la France agrandie grâce aux conquêtes de la Révolution jusqu'au Rhin. La France était suffisamment grande ; malgré cela, chaque année de son règne est marquée par des victoires qui se traduisent par des annexions officielles ; l'Empire comprit jusqu'à 130 départements. Il eût pu écraser les vaincus d'une énorme contribution de guerre et laisser intact leur territoire, pour tourner ses efforts du côté des colonies. Mais son ambition étatiste et militariste (souvent ces deux termes ne font qu'un en lui) ne pouvait se nourrir que de batailles officiellement gagnées, de territoires officiellement annexés, par contre, il négligea complètement la prospérité matérielle.

Il ménagea il est vrai les finances, s'il n'épargna pas le sang : c'est le fait d'un administrateur ; il codifia, c'est le fait d'un législateur ; tout cela sent l'officialisme.

Washington ne codifia pas. Il se contenta de jeter les Anglais à la mer, il donna une constitution appropriée aux Etats-Unis, il répara les désastres de la guerre. Son esprit ne concevait que ce qui pouvait pratiquement servir sa patrie ; c'est le propre de l'individualiste de réaliser une action dont la conception est idéale et les conséquences utiles. Napoléon accumula ruines sur ruines, il diminua la France, qui' devint plus petite qu'en 1789, il diminua la taille moyenne des Français. Son œuvre est grandiose, vaine, négative à la fois ; celle de Washington est moins considérable, solide, positive. Le premier réglementa, militarisa la France, le second donna de l'impulsion et de l'élan à l'âme américaine.

Prétendre que l'officialisme de l'un est à notre caractère ce que l'individualisme de l'autre est à l'esprit américain, serait établir un rapport dont les termes ne seraient pas justes ; ce n'est pas ce que nous voulons avancer. Nous avons déjà déclaré que le Français est essentiellement individualiste, dépassant même en idée et dans le champ spéculatif, celui de l'Anglo-Saxon ; nous ne le cédons à aucune nation pour l'ingéniosité de nos inventeurs et surtout l'audace de nos lanceurs d'idées, ce dernier avantage serait peut-être moins heureux.

Par contre, nous serions moins audacieux dans l'action, et lorsque nous jouissons d'un avantage nous aimons à le montrer, à en faire « état » ; nous aimons le convenu, le réglementé, le classé, le constitué outre mesure. Ceci est vrai en tout et pour tout, dans les petits côtés, comme dans les questions importantes.

Pourquoi un écolier s'efforce-t-il d'apprendre les matières qui lui sont enseignées? Uniquement, surtout du moins, pour passer ses examens, non pour sa formation intellectuelle. On aime faire montre de ses diplômes, du grade de sous-officier que l'on a gagné au régiment. Quant à la manie des décorations, inutile d'en parler, il s'est même opéré une réaction à ce sujet, ce qui prouve que notre amour du constitué a des limites.

Mais si l'esprit public possède certaines tendances étatistes et routinières, l'État de son côté est venu les renforcer encore et s'est fait le soutien de cette mesquine, étroite, rampante politique collectiviste, dont l'essence est de comprimer, d'étouffer tout élan d'énergie, d'écraser par sa masse lourde et compacte, les ressorts flexibles de la libre initiative et de couler dans le même moule, fidèle reproduction de lui-même, les cœurs et les intelligences.

Si encore cette réglementation poussée à l'extrême ne reposait pas sur un fond d'anarchisme et d'incohérence, — les extrêmes se touchent, — pourrait-on encore supporter ce carcan dur et pesant, mais qui ne nous conduirait pas à la perdition.

Malheureusement, il n'en est pas ainsi, car cet édifice monstrueux, mais informe et chancellant sur ses bases, dont l'entrée est ornée des deux figures néfastes et ridicules des Combes et des Pelletan, n'attend que la pioche du démolisseur. Que ce démolisseur apparaisse et il sera suivi de la cohorte nombreuse des audacieux, des vaillants, des bons et des honnêtes.

En attendant ce jour libérateur, faudrait-il s'étonner que dans ces conditions actuelles avec un gouvernement qui est devenu le centre de toutes les forces capables d'annihiler l'énergie des individus, faudrait-il s'étonner qu'il ait attiré ces mêmes forces vers lui pour les faire servir à ses égoïstes, mais étroits intérêts, au lieu de chercher à les faire converger vers un but plus élevé, plus éloigné et plus utile tout à la fois? Nous voulons parler de la colonisation. Nous voilà revenus à notre sujet, après de longues considérations indirectes, mais nécessaires.

*
* *

Il est avéré que notre gouvernement ne porte qu'une attention très secondaire aux choses coloniales et maritimes.

Nous avons eu dans le ministère dernier un ministre de la marine socialiste, M. Doumergue, qui a prononcé à la tribune, ces paroles textuelles : « Je ne suis pas partisan de la politique de la plus grande France ». Il a du reste agi avec un succès presque égal à celui de son confrère Pelletan. Quant à ce dernier, ce serait peine perdue que de vouloir exposer à quel gâchis sans nom il a conduit notre marine. Il ne faut pas beaucoup d'hommes pareils pour perdre une nation. Quand on pense que ce ministre n'attachait d'autre importance aux questions maritimes que celles relevant de la politique intérieure du jour, on sera fixé sur l'œuvre qu'il était à même d'accomplir pendant la durée de son mandat. Il a marqué son passage à la rue Royale par la proscription des sœurs, l'expédition qu'il fit armer contre un missionnaire patriote, par les nombreuses exécutions sèches que sa main exécuta entre autres, celle de l'amiral Bienaimé, qui s'était mêlé de ce qui ne le regardait pas, lorsque son patriotisme éclairé dépeignait respectueusement encore la situation. Enfin le couronnement de son œuvre posthume a été la perte du *Sully*, qui par les 28 millions qu'il a coûtés, représente les fatigues et les sueurs de milliers de Français, bâtiment réservé aux batailles, mais coulé par la torpille de la zizanie, échoué sur le banc de sable du *jem'enfichisme*.

Le profond abandon dans lequel sont laissées notre marine et nos colonies contraste étrangement avec la nécessité qui nous ferait une loi d'envisager cette question tout à fait sérieusement. Ceci est d'autant plus regrettable que nous possédons réellement des aptitudes colonisatrices — ce que nous prouvent, du reste, les exemples convaincants de l'histoire, — lesquels sont en contradiction formelle avec l'habitude invétérée, passée presque à l'état d'axiome que nous ne sommes pas un peuple colonisateur. Si nous ne sommes guère portés à émigrer, nous savons du moins, le cas échéant, lorsque la nécessité nous y pousse, produire une réaction proportionnée avec l'effort à fournir.

L'empire colonial que nous avions acquis sous l'ancien régime n'a été perdu que par les fautes de l'Etat, par l'insouciance de Louis XV ainsi que par l'attention démesurée que Napoléon attacha au continent, au lieu de jeter les yeux sur la carte des mers. Nous reviendrons du reste sur cette question.

Au xviii⁰ siècle, avec Dupleix qui est le plus grand nom de notre histoire coloniale, nous avons possédé à un moment donné l'Inde presque entière. Ce bureaucrate-empereur força la consigne, son génie parvint à établir sa domination et celle de la France sur l'empire des Rajahs, comprenant une population de 30 millions d'habitants. La fatalité voulut qu'une signature de Louis XV anéantît par le rappel de cet homme, les espérances aujourd'hui et dès longtemps déjà réalisées par d'autres que nous, par les Anglais.

L'étonnante perspicacité de ce grand génie qui mourut sur la paille après avoir cherché de nous créer un empire, avait tout de suite compris que l'Inde ne pouvait être effectivement conquise que par les

Indiens. Il créa les Cipayes. Clive ne sut qu'appliquer son système. Les Anglais surent du reste, dans la suite, le faire servir admirablement pour leurs conquêtes, système rentrant merveilleusement dans leur caractère ; ils préfèrent envoyer d'autres troupes que les leurs, par procuration, lorsqu'il s'agit d'affronter les balles ennemies ou les palétuviers pestilentiels.

A côté de Dupleix, nous pourrions placer dans un rang encore honorable les noms de Champlain, Flaucourt, la Galissonnière, Martin, sous l'ancien régime, Faidherbe, Brazza, Gallieni, Ballot sous la troisième République, laquelle nous a, il faut le reconnaître, conquis, puis reconstitué et administré étatistement notre empire colonial.

Pourtant, à part Jules Ferry, nous n'avons eu aucun homme politique, qui ait fait de la chose coloniale, le pivot de sa politique. L'initiative privée a toujours prévalu sur l'initiative de l'Etat. Marchand a été rappelé comme Dupleix avait été désavoué. En France, l'Etat de tout temps a plutôt contrecarré que secondé les entreprises hardies des individualités audacieuses, le contraire s'est produit en Angleterre.

Mais le fait de conquérir ou de posséder des colonies, d'avoir eu quelques hommes clairvoyants et entreprenants ne constitue pas une preuve suffisante pour établir qu'une nation possède des qualités émigratrices.

L'histoire va nous donner encore la preuve en question.

Assurément, à l'heure actuelle, sur toute l'étendue des continents, beaucoup moins de Français que d'Anglais ou d'Espagnols, voire d'Allemands, sont dispersés hors de la vieille Europe. Est-ce à dire que le Français ne soit pas colonisateur ? Loin de là. Et même, si nous considérons quels immenses efforts, a été capable d'accomplir le petit nombre de nos nationaux à diverses époques et dans des contrées différentes, nous pourrons affirmer qu'aucun peuple n'aurait été capable de faire ce que nos colons français ont accompli.

Nous avons incidemment parlé dans la deuxième partie, de l'œuvre considérable accomplie par lês Canadiens français dans l'Amérique du Nord. Il y aurait lieu d'y revenir.

Par quel hasard, s'il est permis d'employer ce terme en l'occurrence, les 60 000 colons, que le traité de 1763 avait laissés sous la domination des Anglais, ont-ils pu, non seulement ne pas être absorbés par l'élément anglo-saxon, beaucoup plus nombreux et que l'on dit d'ailleurs si vivace, si éliminateur pour les autres races (souvent grâce à l'eau-de-vie), mais encore s'accroître jusqu'au chiffre de 2 millions d'habitants, et cela en maintenant leur langue, leurs institutions, leurs habitudes de l'ancien régime, ayant à lutter entre temps, contre des forêts à défricher, un climat implacable, offrant ainsi l'exemple le plus étonnant de la vitalité d'une race que l'histoire ait jamais enregistré ?

Les Anglais ne peuvent rien citer de pareil à leur actif.

Dans l'Océan Indien également, les îles Bourbon et Maurice ne sont-elles pas de vraies perles, comme la Guadeloupe et la Martinique dans l'Océan Atlantique ?

Actuellement, il n'y a guère que 300 000 Français dans toute l'étendue de notre possession du Nord de l'Afrique. Et pourtant ce sont ces mêmes colons, ce sont leurs pères, perdus au milieu d'une population indigène, nombreuse et hostile qui ont pu effectuer, faiblement aidés par le concours de l'Etat, la rénovation complète d'une contrée vouée à la barbarie, c'est-à-dire au fanatisme musulman. Ce sont eux qui ont construit ces barrages, ces routes, ces voies ferrées, élevé ces cités à l'américaine et donné une physionomie européenne à une contrée égalant la moitié de celle de la France. Ces résultats dont la semence a été jetée souvent au milieu de la conquête, sont l'œuvre de ces colons français en moins de cinquante ans.

Le Français s'acclimate, prospère, se développe dans les contrées hyperboréennes, tempérées et tropicales ; nous venons de le constater.

Après de tels exemples, nous laisserons volontiers la parole à ceux qui prétendent que le Français, dans ses entreprises coloniales, ne sait pas joindre l'esprit pratique à l'esprit d'aventure.

On pourrait également faire observer avec raison que la population de la France ne s'accroit pas
dans des proportions suffisantes pour que nous
nous offrions le luxe d'envoyer au loin nos enfants,
qui sont tous nécessaires pour maintenir dans leur
intégrité, sinon tous nos intérêts économiques, du
moins, le sol de notre territoire.

Cette objection paraîtrait irréfutable au premier chef. Il n'est que trop vrai en effet, que notre
pays est affligé du fléau précité à un tel point qu'on
ne saurait le retrouver, non seulement comparable,
mais encore rapproché, dans aucune autre nation.

Mais si, au lieu d'examiner la face spécieuse
d'apparence de cette question, nous pénétrons au
fond des choses et la rétablissons sur ses assises
réelles et véritables, nous reconnaîtrons qu'elle
n'est pas viable et qu'au contraire elle sert, bien
loin de lui nuire, la cause que nous défendons ici.

Supposons, en effet, qu'il existe 500 000 de nos
nationaux de moins sur le sol de la métropole ;
que ceux-ci, après avoir émigré, se soient fixés aux
colonies. Il en résulterait qu'en cas de conflit, l'effectif militaire représenté par le même nombre
d'habitants serait autant d'enlevé pour la défense
de notre territoire. Or, prenons comme base l'état de
paix pendant lequel l'élément militaire est égal au
centième environ du total de la population. D'autre part, remarquons que dans l'étendue de nos
possessions, tiennent garnison actuellement 20 000
soldats français. Or, ce chiffre ne représente pas

une population civile de 500 000 âmes, — chiffre qui nous servira de base, — mais bien de 2 millions d'habitants. C'est-à-dire en d'autres termes, que si nos possessions extérieures étaient peuplées par des colons au lieu d'être occupées par des troupes, il s'en suivrait qu'en temps de guerre, un même effort serait produit par l'élément militaire d'une population civile quatre fois plus nombreuse. Ce n'est pas tout, en faveur du système que nous mettons en avant ; nous devrons ajouter d'autres facteurs favorables.

L'effort que pourrait produire en temps de conflit l'effectif combattant de ces 500 000 colons, des colons au lieu de l'être par des troupes, il en résulterait que pour concourir au même but, un effort quatre fois moins considérable devrait être exigé. Ce n'est pas tout, en faveur du système que nous mettons en avant, nous devrons ajouter un autre élément favorable.

L'effort que pourrait produire en temps de conflit l'élément combattant de ces 500 000 colons, dépasserait de beaucoup le résultat que pourrait donner un contingent de troupes arrivant de la mère-patrie, contingent représentant, d'ailleurs, une population bien plus nombreuse.

Sur ce demi-million d'habitants, pourrait être facilement levé un effectif du dixième, soit 50 000 combattants, proportion qui, en cas de conflit, ne saurait guère se rencontrer en France par suite de l'encombrement et de la multiplication des rouages inhérents aux vieilles nations et aux vieilles civilisations.

De plus, quelle serait la valeur militaire réelle des renforts arrivant en cas de guerre, de la métropole? A peine débarqués et à peine remis des fatigues d'une longue traversée, ils auraient immédiatement à faire face aux balles et aux fièvres ennemies ; leur nombre fondrait en même temps que leur valeur individuelle diminuerait, défauts auxquels remédierait seule une relève facile et opportune.

Pour donner une idée de la mortalité élevée des expéditions coloniales, notons seulement que, pendant l'expédition de 1895 de Madagascar, 7 000 soldats sur 15 000 périrent des maladies, 24 seulement moururent au vrai champ d'honneur réservé aux soldats.

D'un autre côté, les renforts pourraient-ils même débarquer ; les bâtiments transportant hommes, vivres et munitions pourraient-ils échapper à la surveillance des croiseurs ennemis? Les câbles et fils télégraphiques coupés, les moyens de communication interceptés, la colonie serait condamnée à un isolement et à une inanition complète.

Les Espagnols avaient 200 000 hommes à Cuba ; 2 000 d'entre eux seulement résistèrent efficacement et infligèrent de fortes pertes à l'armée américaine, douze fois supérieure en nombre. C'était au combat du 1er juillet. Quand le 3 juillet l'escadre Cervera fut détruite, toute résistance sur terre était brisée ;

tous les côntingents espagnols se rendirent peu
à peu au corps expéditionnaire américain.

Si l'escadre russe avait été en force suffisante au
début de la guerre actuelle pour battre victorieusement la flotte japonaise, la guerre n'aurait coûté
à la Russie que quelques obus, un ou deux bâtiments peut-être ; elle aurait duré la durée de la
bataille navale.

Trafalgar arrêta net les projets grandioses de
Napoléon sur l'invasion de l'Angleterre, de même
qu'Aboukir empêcha l'occupation effective de
l'Égypte déjà à moitié conquise.

Une possession excentrique ne saurait donc être
défendue avec des chances nombreuses de succès
qu'à la condition que l'accès soit absolument as-
suré, que l'on puisse accumuler en temps voulu,
et cela sans gêne aucune, toutes les forces nécessitées.

Comme la France ne dispose pas d'escadres assez
fortes pour résister victorieusement à la marine
d'une certaine puissance, elle ne pourra en temps
de conflit conserver ses possessions extérieures
qu'à la condition d'en faire un tout complet, un
bloc solide et indépendant, se suffisant à lui-même.

Pour atteindre ce but, il n'y a guère d'autre solution que celle qui est mise en avant ici-même.

Mais pourra-t-on encore faire observer avec
juste raison, les troupes provenant de la levée en
masse effectuée dans la colonie, seront sinon d'une

valeur combative naturelle, du moins d'une qualité acquise bien inférieure à celle des troupes régulières dont l'organisation serait complète et homogène. Ces colons ne formeraient guère qu'une multitude de miliciens sans solidité qui fondrait à vue devant les bataillons ennemis bien disciplinés et bien constitués.

Il est manifeste — et il serait inutile de chercher à le contester — qu'à ce dernier point de vue ces forces n'offriraient pas les conditions requises pour réaliser le type d'unités militaires permanentes. Mais aux colonies, n'est pas pratiquée ou très peu du moins la guerre régulière, comme dans les vastes plaines de l'Europe où des masses considérables manœuvrent dans un ordre parfait avec une précision mathématique.

Le caractère d'une guerre coloniale n'a aucun rapport avec celui d'un conflit continental européen. La science d'un Frédéric, d'un Napoléon, d'un Soult, d'un Moltke, d'un Kuroki n'a aucun point de ressemblance avec les éléments avec lesquels elle devrait s'associer dans ces pays éloignés où la nature est un ennemi contre lequel tout effort vient se briser.

La nature commande dans ces pays la guérilla, la guerre d'embuscades. Pendant la guerre d'Espagne, tous les généraux de Napoléon battirent sans effort aucun toutes les armées régulières espagnoles qu'ils rencontrèrent ; il n'en est pas moins vrai que 10 000 *guerrilleros* seulement vinrent à bout de la Grande Armée et de bien d'autres encore.

Cet exemple ne fera qu'appuyer ceux qui vont suivre et qui nous montreront quels efforts approchant du prodige peuvent produire des colons miliciens. Nous les emprunterons à l'histoire contemporaine même.

Que l'on tienne compte, en effet, de l'effort énorme qu'a dû produire l'armée anglaise dans le Sud-Africain. Chacun a encore présents à la mémoire les échecs répétés de cette force militaire immense qui, usée dans des escarmouches innombrables et incessantes, subit par le feu de l'ennemi des pertes s'élevant à 70 000 hommes tués ou blessés, qui en perdit un nombre égal des suites des fatigues et des maladies sur son effectif, qui par des renforts successifs, atteignit le chiffre formidable de 340 000 combattants, égalant ainsi la population des deux Républiques.

Les Burghers survivants de cette grande guerre peuvent se glorifier de la valeur surhumaine dont ils ont fait preuve, car pour retrouver de pareils exemples où la force militaire envahissante égale ou dépasse la population civile envahie, nous n'en rencontrons seulement que deux dans l'histoire. Le premier n'est autre que l'invasion de la Grèce par les cinq millions d'hommes de Xerxès ; le second est plus rapproché, celui de l'envahissement du Canada français par les 60 000 Anglais durant la guerre de Sept Ans.

Conduits par Montcalm, ces héroïques miliciens de la Nouvelle-France purent même, grâce à leurs succès répétés, contraindre l'ennemi pendant deux ans à se tenir sur la défensive et, si à la fin, ils succombèrent, ce fut moins sous les coups des soldats anglais que sous ceux des milices américaines prélevées sur une population de un million et demi d'habitants.

Ces mêmes Américains soutenus, il est vrai, par la France, réussirent vingt ans après à jeter à la mer les anciens compariotes, les Anglais, qui de ce fait, durent fournir l'effort le plus considérable qu'ils eussent jamais produit jusqu'à nos jours, pendant la guerre sud-africaine.

Faudrait-il encore citer l'exemple des insurgés Cubains qui, retranchés dans leurs forêts, résistèrent pendant trois ans à toutes les forces régulières de leurs anciens concitoyens jusqu'à l'intervention des États-Unis.

Quelles qu'aient été la valeur, la bravoure ou la sagacité de ces anciens colons miliciens descendant d'Anglais, de Français, de Hollandais ou d'Espagnols, il n'en demeure pas moins qu'ils possédaient en leur faveur des avantages qui devaient nécessairement les favoriser dans leur mode de résistance.

Déjà leurs pères, pour remonter aux origines ataviques (la psycho-physiologie même ancestrale est toujours utile à étudier), Huguenots de France, Puritains d'Angleterre, Catholiques d'Irlande ou compagnons des Conquisitadores poussés par un sombre et froid esprit d'aventure, étaient au moment même où ils posaient le pied sur le navire qui devait les exiler à jamais, étaient alors même des audacieux ou des révoltés ; autant d'éléments qui avaient contribué à aigrir leur sang et qui devaient se retrouver chez leurs âpres descendants dont ils devaient augmenter le courage, retremper la volonté et le caractère.

Un grand nombre d'entre eux périrent à la peine; ils avaient à lutter contre des ennemis sauvages, contre l'Iroquois, le Natchez, le Caraïbe ou l'Hottentot ; en luttant contre eux et contre les fauves qui infestaient leurs contrées, ils devinrent bons tireurs ; mais ils ne laissaient le fusil que pour reprendre la charrue ou la hache, défricher les terres vierges ou les mettre en culture. Malgré toutes ces difficultés, ils se multiplièrent et se développèrent tant il est vrai qu'ils possédaient des qualités propres à aiguiser leur moral comme à fortifier, vivifier leur corps.

Ils posséderaient donc des qualités d'iniative et d'endurance, lesquelles n'auraient pu, en cas de conflit avec des troupes régulières envahissantes, se rencontrer au même degré dans ces dernières.

Connaissant toutes les gorges perfides, les ravins profonds, les forêts impénétrables, ils pouvaient soit faire heurter les bataillons ennemis contre des obstacles qu'ils avaient préparés contre eux (comme ont fait les Boers), les « canarder » sans porte, puis reculant, en cas de fuite, mais non de défaite, se cacher dans les lieux connus d'eux seuls. Telle est la *guérilla*.

On pourrait, d'un autre côté, faire observer que l'exécution du projet en question coûterait des sommes considérables. Mais ne dépensons-nous pas, sur notre budget colonial, la somme de 30 millions uniquement pour l'occupation de nos possessions? Or, si la moitié seulement de la même somme était consacrée à créer un courant d'émigration, il serait vain de nier que par la suite, non seulement les sacrifices consentis ne seraient pas largement récupérés, mais encore que nos finances seraient dégrevées des sommes que nous dépensons perpétuellement pour maintenir les garnisons normales, nécessaires dans nos colonies.

Nous y entretenons également un nombre considérable de fonctionnaires et employés de toute catégorie. Les frais qui résultent de ce fait, seraient supprimés par la seule présence de nos émigrants, qui, sans que cela leur cause de grandes dépenses ou leur crée de graves embarras, seraient fort bien à même de veiller à la direction des services intérieurs, conditions de liberté, du reste, pour eux.

Peut-être dans le but de maintenir un contact assez étroit avec la mère-patrie, quelques officiers généraux, quelques administrateurs de rang élevé, devraient-ils rester attachés à la colonie?

Ceci posé, et ayant aplani certaines difficultés que pouvaient soulever à bon droit ceux qui auraient pu trouver ce projet d'expansion inopportun et téméraire, nous allons maintenant donner quelques considérations générales sur l'application qu'il y aurait lieu de faire pour la mise en vigueur du système proposé.

Notre rôle n'est pas ici de délimiter d'une façon précise tous les détails que pourrait suggérer l'examen approfondi de la question ; nous nous contenterons d'indiquer les grandes lignes.

Il est vrai qu'une certaine discipline devra être exigée de la part des troupes constituant ces milices ; une année de service militaire serait indispensable pour atteindre un but qui leur permette de posséder une organisation et une cohésion relativement irréprochables, du moins suffisantes. Par contre, les avantages résultant des causes que nous avons précédemment exposées seraient acquis à ces miliciens ; le tout contribuerait à former une force militaire suffisamment organisée, supérieure même comme valeur indivuelle de chaque unité, à celles provenant de la métropole, lesquelles devraient en plus s'acclimater et se reconaître dans les contrées au milieu desquelles elles auraient à opérer.

Ainsi donc, la création d'un fort courant d'émigration, bien loin de nuire à notre défense nationale, bien loin d'entamer notre trésor, ne saurait, au contraire, que les favoriser puissamment.

Ce projet ne saurait s'étendre évidemment à toutes nos colonies ; la plupart sont peu aptes à voir se développer en elles un noyau d'émigrants. Seul, parmi tous les inconvénients que nous avons relevés jusqu'ici, celui-ci ne saurait être tourné sous une face qui lui permette de coïncider, de cadrer entièrement avec le système que nous avons mis en avant.

L'insalubrité du pays est un obstacle qui ne saurait être évité par aucun moyen. Mais cet inconvénient n'est que partiel et local.

Ainsi l'Algérie-Tunisie formant le bloc principal de nos possessions africaines, est saine et habitable dans toute son étendue. Madagascar même est pratiquement colonisable dans toute son étendue, en ce sens que sur le plateau central de l'Imérina pourrait se développer un centre d'émigration suffisant, et au delà, pour établir sa domination sur l'île entière. Quant au reste de nos possessions africaines, elles ne sauraient être sujettes à recevoir un courant d'émigrants, étant situées totalement dans la région tropicale. Le plateau de la Foutah-Djallon, au Sénégal, serait relativement salubre ; mais cette étendue est bien peu considérable si on la compare à l'immense superficie de tous nos territoires du gouvernement de l'Afrique Occidentale qui ont leur trait d'union au lac Tchad.

En Asie, le Tonkin devient habitable ; pour peu que l'on s'élève à l'altitude de 500 mètres, on retrouve le climat de l'Algérie ; ce pays est d'ailleurs

à peine situé en deçà de la limite du tropique du
Cancer ; quant au reste de l'Indo-Chine, il est inutile de l'envisager sous un autre point de vue que
celui d'en faire des territoires d'exploitation.

En Océanie, la Nouvelle-Calédonie n'attend
que des émigrants.

Si nous envisagions la présente difficulté, en
nous contentant de comparer l'étendue de nos possessions avec celles où l'Européen ne saurait s'acclimater, nous serions dans la nécessité de reconnaître que ces derniers l'emportent de beaucoup
en superficie sur les précédentes ; mais tel n'est
pas le côté sous lequel nous devons nous présenter
la question, car, si nous comparons l'effectif des
troupes qui se trouvent dans les premières avec
le contingent de celles qui sont dans les secondes,
nous devrons faire la constatation inverse et admettre que le cinquième seulement de nos militaires métropolitains tient garnison dans des possessions équatoriales.

En effet, il n'y a guère qu'en Cochinchine que
la France entretient un nombre considérable de
soldats nationaux, le reste de nos possessions tropicales est gardé par les troupes indigènes ; seul le
cadre est européen.

Nous pourrions aussi, — si nous voulions n'épargner aucune considération, — faire remarquer
qu'indépendamment des îles Maurice et de la Réunion qui sont seulement sur le bord du tropique
du Capricorne, les îles de la Martinique et de la

Guadeloupe sont situées respectivement sous le 18°
et le 16° de latitude ; dans les mêmes îles, cependant, prospère une population créole.

Les différences, dans le climat de nos différentes
colonies, nous conduisent à distinguer parmi elles
les possessions de peuplement et nos domaines d'exploitation. Or, il est évident qu'ici nous n'envisageons que les premières, les autres sont hors de
cause ; pourtant, nous ferons quelques observations sur ces dernières qui nous permettront de
préciser exactement la critique qu'il y aurait lieu
de faire sur l'ensemble de nos colonies.

Nous avons fait observer précédemment dans
quel état d'abandon étaient plongées nos colonies,et
le marasme qui y régnait. Nous envisagions en ce cas
seulement nos possessions de peuplement. Nous dé-
plorions qu'étant le seul dérivatif pour recevoir
le trop-plein de nos énergies nationales, sociales
plutôt, elles n'aient pas fait, plus qu'elles ne le
mériteraient, l'objet de l'attention publique ainsi
que des soins du gouvernement. Cette assertion,
cette constatation plutôt, nous la maintenons
tout entière.

Mais il serait, d'un autre côté, injuste de nier
le degré de prospérité très satisfaisant qu'ont atteint
nos colonies d'exploitation. Comme elles ne présentent ici pour nous qu'un rapport indirect avec
la matière de notre sujet, nous nous contenterons
de ne faire à leur égard que quelques observations

succinctes et générales. Nos négociants dans nos factoreries et nos comptoirs, nos administrateurs dans les postes respectifs qui leur ont été assignés, ont mis tout en œuvre aussi bien pour leurs propres intérêts que pour les intérêts généraux de la colonie, d'une façon indirecte ou expresse, pour que l'essor de ces mêmes possessions fût rapide et fructueux.

Les progrès que nous avons réalisés pour la mise en œuvre de leurs ressources et productions naturelles n'ont pas été dépassés chez nos voisins, même chez les Anglais.

Pourrions-nous citer un exemple plus probant que celui de l'Indo-Chine. Cette colonie est en voie d'amélioration rapide et les résultats considérables jusqu'ici obtenus ne sont que la semence de nouvelles moissons, les espérances des prospérités futures. Des voies ferrées ont été construites, des canaux creusés, un impôt suffisant mais non écrasant pour l'indigène constitue un budget convenable, propre à faire face à de nombreux intérêts, la civilisation opère de rapides progrès, l'indigène s'instruit et vit heureux sous notre domination. Le chiffre de ses échanges, — coefficient de la prospérité d'un pays, — a doublé en six ans. Le tout est de conserver une si précieuse possession.

Des résultats analogues ont été obtenus en Afrique également. Le Dahomey a réalisé, depuis sa conquête, des progrès tout à fait inattendus ; le Sénégal et la Côte d'Ivoire ont donné des preuves suffisantes des ressources qu'ils sont à même de fournir. L'*hinterland* du Soudan et le Congo ont moins brillé ; cela tient à l'absence des moyens de communications de ces deux régions.

La prospérité du Congo belge nous prouve que les espérances que l'on pourrait former sur le territoire situé de l'autre côté du fleuve sont fondées, mais qu'elles sont plutôt dans leur période de conception qu'à celle de gestation. Le développement d'une contrée tropicale est inutilement lié, disons-mieux, ne fait qu'un avec celui de ses moyens de communication, et, parmi ceux-ci, seules les voies ferrées entrent en ligne de compte, le transport par traction animale étant à peu près impraticable.

Malheureusement, nous avons négligé jusqu'ici d'attacher à cet élément de succès toute l'importance qu'il mériterait. Nous avons mis vingt ans pour construire la voie ferrée de Dakar à Kayes. Pendant ce temps, les Anglais et les Allemands, par la rapidité merveilleuse avec laquelle ils ont construit leurs lignes de chemins de fer, ont fait preuve d'un sens pratique tout à fait développé, n'ayant pas hésité un instant, à donner à leurs possessions la solution primordiale inhérente à leur prospérité.

Cette assertion est aussi évidente que peut l'être un principe de géométrie, elle ne repose sur aucun argument moral. Puisqu'il est vrai que la surface d'un carré construit sur une ligne est proportionnée à la longueur de cette ligne, il s'ensuit, si nous passons à l'application géographique ici en cause, qu'une ligne de chemin de fer, par exemple cinq fois plus longue qu'une autre, desservira une superficie de territoire vingt-cinq fois plus considérable, les bénéfices à réaliser seraient donc quintuples

Quoi qu'il en soit, la situation de nos possessions d'exploitation serait, dans son ensemble, prospère et brillante. Preuve nouvelle que nos nationaux ont fait preuve d'une capacité qui dénote à la fois de la hardiesse et un sens pratique dont nous, Français, avons maintes fois déjà donné les preuves dans nos entreprises coloniales.

Mais là encore, cet esprit individualiste qui s'est manifesté non seulement chez nos commerçants, mais même chez nos fonctionnaires, n'est nullement de nature, vu les résultats qu'il est susceptible de donner, à parer aux maux résultant de nos crises sociales.

L'Européen qui séjourne quelque temps dans une factorerie ne mérite pas le nom de colon. La signification primitive, comme du reste sa véritable acception, font de ce terme le synonyme de paysan, au moyen âge un colon était un cultivateur. (En latin *colere* signifie à la fois habiter d'une façon permanente et cultiver.) N'y a-t-il pas connexion naturelle dans ces deux termes disjoints dans notre langue?

La constatation que nous faisons, relative à la prospérité de nos possessions d'exploitation, ne diminue donc en rien la constatation adverse concernant l'abandon dans lequel sont plongées les autres.

Cette situation double et contraire se conçoit aisément. Nous sommes un peuple entreprenant si les circonstances l'exigent ; mais, comme le Français, étant donné la facilité avec laquelle il peut, sur le sol même de la métropole, se procurer les ressources nécessaires pour sa subsistance, ne ressent nullement le besoin de s'expatrier pour atteindre ce but, et, comme d'un autre côté celui qui a l'intention de s'installer dans un comptoir y fait ordinairement fortune, il s'ensuit que nos colonies qui demandent à recevoir des colons restent désertes alors que les autres prospèrent. L'initiative privée résout le problème en ce qui concerne ces dernières, puisque tel est son intérêt, il n'en est pas de même pour les autres.

Puisqu'il en est ainsi et puisque nos colonies de peuplement n'attendent que des bras, l'État accomplirait œuvre d'Étatisme pratique en donnant une plus grande facilité qu'il ne fait à nos nationaux pour émigrer. Au lieu de donner un refuge dans ses bureaux à ceux qui briguent l'honneur de le servir, il devrait employer à cette action plus utile les forces économiques comme les énergies morales dépensées en pure perte. Mais nous avons déjà fait remarquer l'étroitesse de sa politique. *Quid plura ?*

Ici, assurément, nous proposons un système qui,

rentrant dans la juridiction du gouvernement, mériterait d'être considéré comme étatiste. Par contre, il ne faut perdre de vue que quels que soient les termes que l'on emploie, il faut leur donner une interprétation en rapport non pas à une certaine définition, à une formule toute faite, mais plutôt à la nature des éléments avec lesquels ils se trouvent associés. Si l'État érige en système la doctrine communiste, s'il donne la facilité à des colons de se créer une situation aux colonies, dans les deux cas les individus auront dû leurs moyens d'existence à l'État ; mais alors que, dans la première de ces deux questions, l'initiative du sujet est annihilée, par contre elle trouve dans la seconde un terrain favorable pour se développer, l'État ne lui donnant qu'une impulsion première.

L'Officialisme, en principe, est tout aussi favorable que l'Individualisme pour le développement de la société et de chacun de ses membres en particulier, les premiers pas de la civilisation n'ont été autre chose que les premiers pas de l'Étatisme ; mais il est encore plus vrai que tout système politique, comme toute chose, du reste, doit être appliqué selon le mode le plus opportun pour l'intérêt de ceux qui y sont intéressés.

Si telle application d'Étatisme est plus propre à rehausser la valeur morale et à développer le bien-être d'un sujet que la mise en vigueur d'un système individualiste où la personne livrée à elle-même ne saurait réagir, ce dernier système doit céder le pas au premier.

Autre face de la question. Prenons le cas d'un sous-préfet et d'un paysan. Les ressorts intellectuels du premier sont plus nombreux que ceux du second ; par contre, son utilité sociale est tout à fait problématique. Exemple qui montre la complexité de la question ; mais en toute chose, il est facile de discuter quand on a rétabli la question sur sa véritable base.

CHAPITRE X

Alors que sur le premier chapitre nous avons surtout porté notre attention sur la nécessité créée pour nous d'émigrer, afin de parer à notre malaise intérieur social, nous nous occuperons plutôt, dans le présent, du rôle national et plus général dévolu à la même question.

Les avantages au point de vue financier et militaire qui, nous l'avons vu plus haut, résulteraient de l'application du projet en question, ne seraient pas les seuls à être considérés.

La création et le développement d'une colonie, indépendamment des bienfaits précités, en infèrent d'autres à la métropole, qui résultent, du reste, ordinairement de la reproduction des autres petits centres extérieurs issus d'elle-même.

Ces avantages, conviendrait-il de les énumérer : échanges plus suivis avec la mère-patrie, extension de son influence, de sa langue, débouchés pour son commerce, développement de la civilisation, avantage moral sans doute, mais non moins important. Nous en citerons d'autres également.

Les questions maritimes et coloniales (les deux ont une étroite connexion) possèdent une importance capitale pour nous à l'heure actuelle, comme d'ailleurs pour toutes les nations.

A mesure que le monde vieillit, que s'accomplit l'Évolution non de la société, mais de la société universelle, se manifestent certaines tendances qui poussent tous les peuples à gagner la prépondérance sur les mers, à développer leur commerce, à augmenter le nombre de leurs débouchés, à peupler de leurs nationaux les annexes de la métropole ou, à défaut, d'autres régions externes. (Nous, Français, nous n'avons pas besoin de recourir à cette extrémité.) Bref, ces tendances sont l'expression, le produit fatal et inéluctable des changements opérés non dans l'activité sociale et nationale de chaque peuple, mais dans l'activité mondiale.

Étant données ces conditions, il est évident qu'une nation qui s'y déroberait soit par négligence, soit pour tout autre motif tarirait par là même, pour elle, toute source de prospérité dans l'avenir, mettrait même en jeu son existence matérielle, intimement liée, constituant, elle aussi, en quelque sorte, une face de la défense nationale.

Actuellement, les grandes puissances se livrent beaucoup moins qu'autrefois des batailles dont le bilan se chiffre par des milliers de morts ; mais les batailles qui ont pour théâtre le terrain économique, bien qu'elles affectent une allure plus pacifique, se traduisant pour les vaincus par des pertes de centaines de millions sur le chiffre total des échanges, n'en sont pas moins désastreuses pour eux.

Ce fait n'est pas à notre avantage pour nous, Français. Cependant, il serait nécessaire que nous réagissions, que, secouant notre inertie due non pas à notre manque d'esprit d'entreprise, mais à notre bien-être plus apparent que réel peut-être, nous nous lancions dans la voie où s'engagent si hardiment nos voisins.

Nous avons des habitudes casanières, nous avons des idées de clochers, nous sommes imbus de vieux préjugés et notre esprit, fin et railleur, optimiste trop souvent, quoique parfois pessimiste par boutade, se complaît dans l'indolente facilité d'une existence dépourvue de soucis, fermant ainsi les yeux sur nos véritables intérêts.

Or, ceux-ci sont réellement compromis. Considérons le marasme dans lequel se traîne languissante notre marine marchande que les grèves ont encore fortement déprimée, l'état de stagnation par trop flagrante de notre commerce extérieur invariablement rivé au chiffre de 8 milliards depuis une quinzaine d'années, alors que celui de l'Allemagne a doublé dans la même période ; jetons les yeux sur l'outillage imparfait, sur l'installation incomplète de nos ports, incapables même de recevoir des bâtiments d'un certain tonnage ainsi que la part très faible réservée à notre pavillon national dans le chiffre de nos exportations et importations.

La marine marchande doit être soutenue par la marine militaire ; en temps de guerre, un croiseur escorte fort à propos le paquebot. Nous avons déjà parlé de la déchéance matérielle et morale de notre marine. Lorsque les intérêts d'un parti prédominent sur les intérêts généraux, lorsque la défense nationale est subordonnée à la politique intérieure, ces mêmes causes apportent invariablement les mêmes résultats. Ce n'est que trop vrai actuellement. Nous devons le constater avec amertume, mais non sans haine ni colère. Le patriotisme ne saurait se contenter de cette abnégation qui serait la négation même de ses propres devoirs et de sa propre conscience.

La troisième face de nos forces extérieures n'est autre que les colonies. Nous étant fait un devoir de signaler la situation de celles dont la prospérité était due à notre initiative privée, intéressée, du reste, à leur mise en valeur, nous devrons de même reconnaître que les autres sont dans un état inférieur même à celui dans lequel elles se trouvaient au moment de la conquête, après l'introduction de facteurs morbides.

Pourrions-nous citer un meilleur exemple que celui de la Nouvelle-Calédonie? De cette île, véritable perle de l'Océan Indien, que les Australiens dispersés dans leur sèche et immense Australie nous convoitent, ne cherchant qu'un prétexte pour s'en emparer, nous en faisons le séjour, la résidence de nos forçats. Cette colonie est empoisonnée à tout jamais si on n'en exporte pas cet élément cachexique.

D'autre part, si l'on prétend que la Tunisie est un protectorat français, nous n'en disconviendrons pas, car officiellement sur le papier, la Régence est sous notre domination. En Tunisie, 100 000 Italiens se trouvent en présence de 23 000 Français ; mais alors que la moitié de ces derniers sont des fonctionnaires, maîtres d'école ou militaires, l'élément italien tout entier vit de la terre, est attaché à elle. Quiconque parcourrait la Régence s'imaginerait facilement que c'est une terre italienne habitée par quelques Français. En cas de conflit, la situation de nos nationaux, entourés par leurs nombreux ennemis, serait fausse et peu enviable. La terre a toujours appartenu à celui qui la cultive et la force effective prime le droit officiel, qui n'est pas le droit moral.

Bref, nous avons des colonies pour le compte des forçats et des étrangers, deux d'entre elles tout au moins.

Peut-être serait-il exagéré de prétendre que l'élément étranger, profitant de sa supériorité numérique, chercherait à nous supplanter et à nous combattre, peut-être chercherait-il plutôt à s'associer avec nous.

Mais, dans ce cas, on observerait le phénomène ethnographique qui tend à se produire en Algérie, où les nationalités différentes fraternisent, se fondent à tel point les unes dans les autres qu'elles tendent à méconnaître l'autorité de la race officiellement prépondérante. Celle-ci, du reste, cherche elle aussi, non pas précisément à renier l'hégémonie de la métropole, mais elle y est portée tout naturellement en raison des nouveaux éléments avec lesquels elle se trouve mêlée et par une sorte d'américanisation. Le problème des races est, du reste, extrêmement complexe en Algérie, ce qui n'est pas de nature à développer l'homogénéité de la population : rivalités entre Européens, celles-ci les moins vivaces, rivalités entre ces derniers et les indigènes, entre les indigènes et les Juifs, entre les Juifs et tous les autres éléments.

Loin de nuire aux intérêts de la mère-patrie, ces différentes oppositions se neutralisent les unes les autres et écartent pour la France la crainte de voir un jour toutes les forces de la colonie réunies contre elle-même.

Comme dans presque toutes nos possessions, l'élément indigène se trouve nombreux, il s'ensuivrait que seraient écartées pour la France les tendances séparatistes que manifestent généralement contre la mère-patrie, — nous en avons donné des exemples plus haut, — la plupart de ses enfants émigrés.

Si en Algérie, les Français étaient en nombre

seulement double de celui qui existe actuellement, que notre colonisation eût pénétré jusqu'au cœur des montagnes de la Kabylie et de l'Aurès, l'élément indigène étant contenu par la force moins considérable de l'élément français, suffisant cependant, car il détiendrait en lui-même l'organisation armée, il ne serait pas nécessaire que nous entretenions 9 000 hommes pour l'occupation de la même possession.

La garnison actuelle serait impuissante, du reste, en cas d'insurrection, à assurer la protection des petits centres trop isolés qui ne laisseraient pas d'être mis fortement en péril. Des massacres seraient inévitables, car la race musulmane est implacable et fanatique. On l'a bien vu en 1871. La révolte si localisée de Margueritte suffit même à prouver qu'il ne suffit pas d'entretenir des forces dans les grands centres et qu'il conviendrait de les répartir davantage.

Pour obtenir ce résultat, la création de petits noyaux d'émigrants s'impose. Le gouvernement général de l'Algérie y a du reste pourvu et cette mesure n'attend qu'une rigoureuse impulsion pour arriver à une fin effective et à un résultat suffisant.

La devise de Bugeaud était : *Ense et aratro*, par l'épée et par la charrue.

Mieux vaut, en effet, après la conquête, l'occupation : agricole, permanente et efficace, rationnelle, naturelle ; que l'occupation militaire : factice, irrégulière, mal répartie, coûteuse.

En attendant mieux, s'impose pour notre grande colonie la création de *réduits centraux* où se réfugieraient, en cas de soulèvement, — cas très probable, — nos colons, sauvegardant ainsi leur existence et leurs biens.

Il faut à tout prix que nos colonies de peuplement parviennent à pourvoir par elles-mêmes à leur défense et à leur administration. Pour obtenir ces résultats, la création d'un courant d'émigration devient nécessaire, d'autant plus que, quels que soient les sacrifices qui seraient consentis présentement, ces sacrifices devraient être largement récupérés dans la suite.

Ces possessions n'ont de raison d'être que dans ce but. Assurément, les zones tempérées sont beaucoup moins riches que les régions tropicales ; le colon ne doit pas compter y faire rapidement fortune. *L'Eldorado* se trouve par la charrue et non par le pic du minier ou dans des plantations de riches cultures équatoriales à grande étendue.

Mais les terres tempérées de l'Algérie-Tunisie, de l'Imérina, sont salubres ; elles attendent de devenir de nouvelles Frances ; pour cela, il faut que des travailleurs venus de la mère-patrie viennent les féconder ; ils ne trouveront pas des terrains exubérants, luxuriants, comme dans les alluvions du Mékong, du Sond-Coï, de l'Ogoué, mais des surfaces à peu près analogues à celles de l'Europe, avec un climat et des cultures à peu près identiques. C'est ce qu'il faut.

Les résultats acquis aujourd'hui par nos colons algériens, qui ont donné à leur pays une prospérité non seulement relative mais fort satisfasante, font regretter qu'ils n'aient pas été plus nombreux dans l'accomplissement de leur œuvre, car tout résultat est subordonné au nombre et à la quantité.

Nous allons, dans la suite du présent chapitre, esquisser par quelques traits généraux ou plutôt laisser entrevoir par un simple exposé de choses le mode par lequel le système que nous avons proposé pourrait être appliqué.

Nous avons parlé dans le deuxième livre de la crise intense qui sévit dans les régions dont l'unique production, l'unique ressource est la culture de la vigne ; nous avons montré quelles calamités sociales et économiques régnaient dans ce pays.

Ce serait, assurément, être par trop affirmatif de déclarer, sans tenir compte des autres éléments complexes et multiples, que seule l'émigration pourra offrir à ces malheureux viticulteurs le moyen de parer à leurs maux.

Nous nous y croirions cependant autorisés par l'exemple même d'un grand nombre qui, dès la première crise, celle du *phylloxera*, émigrèrent en Algérie, il y a une trentaine d'années.

Ces hardis colons languedociens et catalans ont fait sinon fortune en Afrique, du moins acquis une situation toujours plus brillante que celle qu'ils auraient eue s'ils étaient restés en France, où ils n'auraient trouvé que la misère. Beaucoup d'entre eux, même, ont fondé certaines maisons commerciales d'une grande importance ou créé d'importantes exploitations agricoles dans lesquelles sont récoltés plusieurs produits différents. Ces pionniers du Sud forment le fond des colons algériens, comme lés Anglais de la côte Est le meilleur élément de la race américaine.

Leur exemple ne demande qu'à être suivi actuellement, aussi bien pour leurs intérêts les mieux compris que pour ceux de la colonie et de la métropole.

L'État devrait établir des facilités pour qu'un nouveau courant soit créé. Ceci est seulement à titre de simple vœu, car on sait maintenant à quoi s'en tenir sur le dévouement de l'État et son attention pour nos questions extérieures qui sont aussi intérieures.

Pourquoi formerions-nous de vagues et d'irréalisables espérances, puisque des forces mêmes qui de leur propre impulsion, s'expatrient, sont à jamais séparées de nous, se perdant et se noyant au milieu d'éléments étrangers?

Ici, il est question des Basques. Le courant d'émigration dû en partie à leur esprit d'initiative, en partie à la nature ingrate de leur province de Navarre, est très considérable puisque, depuis quinze années seulement, 80 000 d'entre eux se sont fixés dans l'Amérique du Sud principalement. Si on ajoute à ce chiffre celui des émigrants des autres provinces, le total de l'ensemble depuis une vingtaine d'années seulement s'élèverait à 200 000 individus.

Serait-il téméraire d'affirmer que si le gouvernement avait su capter ce courant, en le canalisant pour le détourner vers nos terres d'Afrique, la moitié facilement eût pu effectivement être utilisée pour féconder ces régions qui attendent impatiemment des bras ?

Il est écœurant de constater que cette énergie si précieuse, ait été perdue et gaspillée sans que l'on ait essayé seulement de la retenir !

Autre exemple. Des pêcheurs bretons ne récoltant plus chez eux cette moisson qui s'appelle le poisson tentent de s'établir en Algérie pour trouver dans la Méditerranée ce que l'Océan leur refuse. On les tracassait de toute façon, on leur rendait la vie intolérable, quand on ne s'occupait pas d'eux. Bref, ils retournèrent découragés dans leur pays. Il est juste de reconnaître, d'autre part, que s'ils ont périclité, les pêcheurs italiens qui leur ont enlevé tout moyen de subsistance, font fortune et font merveille. Voilà comment nous opérons dans nos colonies ! Nous ouvrons la porte à des intrus et nous y refusons nos frères !

Il arrive parfois de lire dans les journaux, sous la rubrique « Perdus en mer », que des centaines de pêcheurs ont été engloutis ; point de commen-

taire, sinon, comme par hasard, ce simple détail :
« Les femmes et les enfants commencent déjà à
prendre le deuil. » En Bretagne, beaucoup de ci-
metières sont peuplés de croix d'absents disparus.
On ne paraît pas se soucier beaucoup de ces catastrophes qui rentrent dans la catégorie des faits
divers. C'est que le prolétaire individualiste, —
paysan ou pêcheur en particulier, — beaucoup plus
malheureux que le prolétaire étatiste, ne sait pas
élever la voix. La famille d'un ouvrier tué par
accident reçoit du patron une indemnité très large ;
pourquoi les pouvoirs publics ne feraient-ils pas de
même pour un pêcheur ? Hélas ! Les plus à plaindre sont ceux que l'on plaint, qui se plaignent le
moins !

*

L'effort expansionniste, la représentation des
énergies de chaque nation en dehors du continent
par de là les mers, la reproduction des ressources
matérielles jointes au réveil des énergies morales,
suivies par un juste retour de leur multiplication,
en un mot ce mouvement de cosmopolitisme, symbolisé par le paquebot, le cuirassé et le colon ou le
planteur est aujourd'hui le mouvement auquel
obéissent, sous la poussée invincible et irrésistible
des nouvelles conditions d'existence, tous les peuples civilisés. Ils cherchent à s'épandre, à s'extério-

riser, à trouver leurs moyens d'existence hors de leur sphère par la conquête, l'exploitation, le peuplement, la mise en valeur des terres nouvelles, sans négliger les moyens de les protéger et ceux de communiquer librement avec elles.

Nous donnerons dans le troisième chapitre quelques considérations plus étendues qui éclairciront et compléteront les lignes précédentes.

Bien qu'au point de vue social direct, la matière de ce chapitre semblerait s'écarter quelque peu du sujet, si nous devions restreindre celui-ci avec une délimitation rigoureuse aux questions qui ont un rapport étroit avec le but que nous avons poursuivi jusqu'ici ; il n'en demeure pas moins que loin de nuire à ces mêmes questions, l'objet de ce chapitre ne peut, au contraire, que les renforcer et y appuyer encore de tout son poids.

Or donc, si les avantages qui résultent pour la France au point de vue de ses intérêts non pas seulement intérieurs et sociaux, mais encore extérieurs et nationaux, ont eu une part égale et ont fait de notre part l'objet de la même attention, loin de le regretter, nous pensons, au contraire, que nous n'aurions guère pu agir différemment.

N'existe-t-il pas connexion étroite entre les intérêts de chaque citoyen, même d'un groupe de citoyens formant un parti, une caste ou toute autre association politique, et les intérêts généraux de l'ensemble des citoyens formant la nation ?

N'affirmerait-on pas à bon droit qu'un grand nombre de conflits qui s'élèvent dans le sein d'une société, ou d'une nation (ici nous confondons les deux termes à dessein) proviennent justement du défaut de coordination et d'harmonie qui existe entre ces deux forces qui, loin de s'opposer, devraient se concentrer pour le bien particulier comme pour l'intérêt général.

La politique intérieure et la défense nationale, si elles ne sont pas précisément une seule et même chose, devraient du moins être toujours intimement unies.

L'oubli de ces principes précipite les peuples dans l'abîme. Nous avons parlé de certains ministres et de leurs funestes agissements ; nous n'y reviendrons plus.

Le sujet du chapitre suivant aura un rapport apparemment plus indirect avec la nature de la matière en question : cherchant à exposer les causes qui doivent inspirer et guider notre politique extérieure dans ce qu'elle a de commun avec nos intérêts sociaux, nous serons obligé non pas seulement de faire quelques considérations sur des faits qui se passent actuellement, mais nous devrons remonter encore dans l'histoire pour exposer sous son véritable jour la ligne de conduite qui doit servir de pivot à nos intérêts nationaux et aussi d'une façon moins immédiate, mais considérable cependant aux affaires sociales.

CHAPITRE XI

LA SITUATION MARITIME DE LA FRANCE
PAR RAPPORT AUX AUTRES PUISSANCES.

A mesure que les siècles effectuent leurs cours, que des temps nouveaux succèdent aux temps passés pour être remplacés à leur tour par d'autres périodes, certains changements s'opèrent constamment dans les couches profondes, dans la vie intérieure de la société mondiale constituée par les peuples et les races du globe, qui suivent toujours dans leur essor celui que leur commande leurs intérêts les plus immédiats et les plus contingents, intérêts qui varient de l'une à l'autre de chacune de ces différentes forces, mais qui n'en affectent pas moins cependant quelques traits essentiels qui permettent de fixer avec quelque précision à l'ethnographe, à l'historien et au sociologue, les grandes lignes du mouvement et la principale direction qu'elles subissent.

Parmi les membres de cette société universelle, les plus puissants, les plus influents en quelque sorte, imposent leur autorité et leur domination sur l'ensemble des autres ; souvent il en résulte pour ces derniers un bienfait, car incapables de se guider par eux-mêmes, ils bénéficient de la tutelle exercée sur eux par les membres ou les partis prédominants (ce que nous devons traduire par les peuples forts et civilisés), plutôt qu'ils ne souffrent de leur prépondérance. Mais il n'en demeure pas moins que le plus souvent les puissants oppriment les faibles ; ceci est vrai en particulier, ceci est encore plus vrai en général.

Aussi bien pour un individu isolé que pour une race, lorsque leurs intérêts respectifs leur imposent des nécessités auxquelles ils ne sauraient se dérober qu'au prix de leur existence, aucune autre considération n'entre alors en ligne de compte que celle résultant du mode le plus apte et le plus propice pour se trouver dans de telles conditions qu'ils puissent parer dans toute leur étendue à leurs besoins urgents et immédiats.

Tel est le grand principe dont s'est toujours inspiré, ou plutôt dont ne se sont jamais départis, spontanément entraînés qu'ils y étaient par leur pente naturelle, — l'homme pris séparément, — le groupe d'hommes constitués en société, — les diverses forces composant un parti national, soit un peuple ou un État, — la combinaison de certains peuples formant une race.

Ce sont ces deux derniers points, et, en particulier le troisième, que nous allons étudier et sur lesquels nous voulons porter notre attention.

Jusqu'ici nous ne nous sommes occupé que des deux premiers cas, après avoir rapidement passé en revue les différentes scènes de l'évolution contemporaine, et en avoir indiqué les principales transformations qui se sont manifestées dans son cours, nous avons timidement esquissé quelques mesures propres à rétablir l'équilibre physiologique de l'homme, puis l'équilibre de la réunion d'hommes constitués en société, nous avons même atteint le troisième rang de la quadruple hiérarchie précitée et avons abordé la question nationale qui est la France comme cas particulier.

Mais alors que dans le chapitre précédent nous avons indiqué les rapports qui existent entre la société, d'une part, et la nation, d'autre part, nous rechercherons dans celui-ci ceux qui sont établis entre cette dernière, c'est-à-dire notre propre pays, et l'ensemble des autres nations et des autres races que la nôtre.

Ce simple préambule trop synthétique, trop général et trop précis à la fois, peut mériter le reproche de ne pas embrasser des considérations connexes, indirectes et détaillées ; mais de ces considérations approfondies et analytiques nous n'en voulons à aucun prix, elles alourdiraient notre marche et seraient en disproportion avec la nature de notre sujet.

Nous planons, nous ne creusons pas. Nous ne considérons que les grandes lignes ; si nous voulions nous arrêter à tous les objets que nous rencontrerions sur nos pas, leur multitude nous empêcherait de fixer notre regard sur le point où nous nous dirigeons ; nous risquerions même de le perdre de vue si nous ne franchissons violemment et rapidement les obstacles nombreux et variés des détails.

Par contre, devrons-nous reconnaître qu'il nous est arrivé maintes fois de nous servir de détails ; mais lorsque cela nous est advenu, nous ne l'avons fait que pour synthétiser l'ensemble par un trait caractéristique. Du reste, notre œuvre est d'une telle étendue, qu'une généralisation excessive serait d'une complexité et d'une difficulté inouïes.

Il est de toute évidence que dans ce chapitre-ci, nous ne pouvons en aucune sorte envisager l'ensemble des nations dans leur rapport avec l'ensemble de la société dans chacune d'elles respectivement. Nous nous bornerons à l'étude de l'homme en France, de la société française, de la France. Nous ne considérons encore que cette dernière dans ses rapports avec les autres peuples. L'étude de ces dernières questions possédera un caractère de spécialisation généralisé autant que possible.

Le *struggle for life*, la lutte pour l'existence, est le but final de toute force vivante, isolée ou collective, quelle que soit la portée ou la nature de ses tendances.

Les loups sortent du bois et s'attaquent aux brebis pour subsister, les peuples, les races procèdent d'une façon analogue ; ils franchissent les frontières et débordent dans les régions voisines et même, par delà les confins les plus lointains, si la fatalité les y pousse.

Lorsque les Celto-Aryens sortant des profondeurs de l'Asie envahirent les pays occupés par les Ligures et les Ibères, leurs chefs ne possédaient pas de cartes ; leur seul guide était la fatale, l'inéluctable nécessité.

Bellovèse et Sigovèse firent de même.

Plus tard, 1 200 000 Kimbro-Teutons envahirent la Gaule, l'Espagne, menaçèrent même l'Empire romain. Marius extermina les derniers dans la plaine de Pourrières, devant une montagne morne et sauvage. Ce fut avec Platées et Arbelles la plus sanglante hécatombe de l'antiquité. Leurs frères furent également couchés dans les champs de Verceil par les légions romaines. Les uns et les autres avaient reculé devant la Baltique débordée et envahissante ; eux aussi débordèrent et envahirent ; écho avant-coureur du vent glacial d'Hyperborée que devint l'invasion des Germains. Ceux-ci renversèrent l'Empire romain, s'établirent dans des régions entières, vivifièrent et rajeunirent le sang pourri et épaissi des vieux Latins.

Le calme se fit après la tempête ; après l'orage le ciel se rasséréna ; le moyen âge s'endormit dans une quiétude profonde. Seules le troublèrent les Croisades, nécessité morale, non moins invincible que les nécessités matérielles ; elles firent légère-

ment tressaillir le visage du moine contemplateur,
— symbole de l'époque.

Quelques symptômes de délocalisation, d'extériorisation : Bouvines, première bataille internationale ; la guerre de Cent Ans, formidable duel de
l'Angleterre contre la France presque entière. Avec
François Ier et Charles-Quint, l'Europe se dérouille
par la Réforme, la Renaissance. Les batailles occupent le règne du Grand Roi, elles ont le continent pour théâtre.

Mais dès longtemps déjà, le mouvement expansionniste de continental et d'européen tendait à
devenir maritime et mondial. Les Portugais ouvrent la voie, puis viennent les Espagnols, les
Hollandais. Les Anglais et les Français viennent
après.

Nous ne nous occuperons que de ces deux derniers peuples ; par la comparaison que nous ferons
de leur mode de politique, nous en déduirons les
conclusions appropriées à notre sujet.

Auparavant, pour éclaircir notre exposé, nous
serions tenté de les résumer ; nous dirons donc
immédiatement que l'Angleterre a retiré tout avantage, à l'inverse de la France, d'avoir suivi une politique extérieure, maritime et coloniale.

Sa situation insulaire lui offrait tout d'abord
l'avantage naturel d'être éloignée du théâtre des
luttes continentales dans lesquelles s'épuisa
notre pays. L'Angleterre put tourner la presque

totalité de ses forces contre notre marine et nos colonies, pendant que nos armées luttaient contre les puissances adverses que sa politique habile avait jetées contre nous. Pendant la guerre de la Succession d'Autriche, nous avons ce même Etat sur les bras ; pendant celle de Sept Ans, nous avons la Prusse. Nous y perdons la presque totalité de nos possessions extérieures.

Même situation sous la Révolution et l'Empire Ici, nous allons envisager le rôle de Napoléon.

On peut affirmer que la faute, la seule faute de ce grand homme a été de n'avoir entrepris la politique extérieure de lutte contre l'Angleterre que d'une façon indirecte, c'est-à-dire en portant son attention presque exclusive sur le continent après avoir trop tôt désespéré de la marine.

Ce génie comprit tout de suite que la grande, la véritable ennemie, c'était l'Angleterre. Ce fut d'ailleurs la pensée maîtresse de sa politique. Déjà sous le Directoire, il conçoit le projet audacieux d'occuper l'Égypte, située à mi-chemin entre l'Angleterre et les Indes. Il avait même des vues sur cette ancienne possession française. Malheureusement, la destruction de la flotte à Aboukir anéantit ses projets. Il demeurait prisonnier dans sa conquête ; l'expédition était manquée.

Il ne désespéra pas quand même ; il nourrit cette fois le dessein d'envahir l'Angleterre elle-même. On connaît l'issue de ce projet grandiose, la plus belle conception de Napoléon : Trafalgar fut le tombeau de notre marine. Tel est le cliché, l'expression consacrée que l'on trouve comme une formule sacramentelle dans tous les traités d'histoire.

Oui, Trafalgar fut le tombeau non pas de notre marine, mais de la France elle-même aussi bien que de Napoléon. Dès lors, l'Empereur résolut de battre l'Angleterre sur le continent ; on voit bien qu'il visait toujours l'éternelle ennemie, mais pourquoi n'a-t-il pas cherché à la vaincre sur la mer elle-même d'une façon directe ? S'il avait écrasé les vaincus d'énormes contributions qui, tout en leur enlevant le moyen de reprendre les armes contre lui, n'auraient pas versé dans leur âme la soif de la vengeance, il aurait pu construire des escadres puissantes, ce qu'il fit quand même en partie, puis tenter de nouveau une descente sur l'île même ; il préféra user chaque année ses armées par ses incessantes victoires à la Pyrrhus (indirectement, entendons-nous), lesquelles constituaient, en fin de compte pour l'Angleterre de véritables victoires.

Austerlitz, dit-on, effaça Trafalgar, nouveau cliché aussi erroné que ridicule. Austerlitz brisa la coalition de 1805, mais ce fut une défaite comme du reste toutes les victoires, sans exception, de Napoléon. Beaucoup déclarent froidement que toutes ses victoires retentissantes ont laissé un héritage incontestable de gloire à la France. La vaillance dont ont toujours fait preuve, avant et après lui, les soldats de la France, n'avait pas besoin de s'illus-

15.

trer de nouveau dans ces sanglantes et épouvantables hécatombes qui n'inspirent que de l'horreur, de la répulsion et de la rancœur, si on regarde leur résultat final. Oui, on ne le répétera jamais assez, ces brillantes victoires de Napoléon ont enlevé à la France la Belgique et la Hollande, qu'à la barbe de l'Europe entière, les enfants de la libre Révolution conquirent dans un superbe élan d'enthousiasme et de foi patriotique.

Oh! comme la Révolution est belle si, détournant nos regards du charnier de la Terreur dont les bureaucrates sanguinaires envoyaient à l'échafaud les généraux vainqueurs, nous considérons ces nobles fils de la France libre et non encore enchaînée, volant aux frontières avec une audace et une témérité aventureuses dont la vue seule déconcertait l'ennemi et remportait des victoires!

Lorsque le Corse parut, la France était assez grande. Il ne conçut pas tout de suite, nous l'avons vu, le projet de lui conquérir de nouveaux territoires sur le continent; mais après Trafalgar, son ambition étatiste et militariste prit le dessus.

Sa vaste et profonde intelligence construisit de magnifiques plans de campagne; sa tactique savante enveloppa et tailla en pièces les bataillons ennemis au prix d'un sang précieux qu'il gaspilla sans compter et comme à plaisir. Joueur effréné, il voulut tenter le Destin; le Destin lui resta longtemps fidèle, mais les armées qu'il avait envoyées sur les plateaux d'Espagne, pour ne plus revenir, celles qui s'endormirent à jamais dans les neiges de Russie lui manquèrent dans la campagne de France ; 1814 arriva, puis l'abdication. Il tenta de nouveau la Fortune l'année suivante : mais ô comble d'ironie, son implacable ennemie le terrasse à jamais par la main de Wellington sur son propre élément, sur la terre ferme, recueillant le fruit d'une lutte où elle fit heurter pendant quinze ans l'Europe contre la France.

Après Waterloo, à cause de lui, la France exsangue fut amputée et ignominieusement violée par l'invasion étrangère. Ney dut être assassiné. (Lire *1815*, d'Henri Houssaye.)

Mieux que ne ferait jamais aucun historien, *La Cavale* du poète Barbier résume dans des vers d'une coulée brûlante l'œuvre effroyablement, épouvantablement négative de l' « Attila moderne » comme l'appellent, avec trop de sévérité, du reste, les Anglais et les Allemands.

D'un autre côté, au point de vue intérieur, un nouveau cliché (le cliché et ses variétés est le microbe de l'histoire et de bien d'autres choses encore), tend plus justement à faire de lui un nouveau Justinien. Bonaparte enchaîna la Révolution ; seulement, cette dernière tombait en lambeaux alors que la France se relevait noble et fière sur ses décombres. Napoléon enchaîna la France. Quoiqu'il en soit, l'inesthétique empereur possédait, — il serait inutile de chercher à le contester, — un esprit très varié, pouvant embrasser les questions les plus générales. Sa meilleure gloire est le code Napoléon assurément, mais ceux qui l'avancent, font par là même l'éloge par trop discret et sous-entendu de Portalis, Cambacérès, Cambon, Talleyrand.

Si, détournant les regards de ces champs de batailles dont la pensée seule endeuille l'âme et l'assombrit, nous tirons de l'obscurité où ils sont plongés les fastes de nos valeureux marins qui, loin du regard du Fascinateur affrontèrent eux-mêmes les Anglais dans la Méditerranée ou l'Atlantique et leur tinrent tête vaillamment, il nous plaira de reconnaître que, même dans la défaite, ils acquirent une gloire non moins chèrement achetée, qui aurait pu être plus utilement dépensée.

Villaret-Joyeuse qui résista avec vingt vaisseaux contre trente anglais dans le combat où sombra glorieusement le *Vengeur*, Truguet qui prépara l'expédition d'Irlande, Brueys d'Aygalliers, Casabianca, Dupetit-Thouars, les héros d'Aboukir, Bruix qui dirigea le Camp de Boulogne, Linois le vainqueur d'Algésiras, Gantheaume qui traversa audacieusement les escadres ennemies, Missiessy qui dévasta les Antilles anglaises, La Touche-Tréville, digne rival de Nelson, qui déjoue par deux fois l'amiral anglais. La Fatalité veut qu'il meure. Il est remplacé par Villeneuve. Cet homme montre à Trafalgar une intrépidité que ne saurait cependant racheter la faute d'avoir livré bataille ou celle de ne pas l'avoir livrée devant Brest, et de n'avoir pas permis par là-même de s'effectuer le débarquement. Il avait de mauvais vaisseaux et de mauvais officiers, car la Révolution avait désorganisé tout service par la proscription des officiers nobles. C'est encore ce qui a lieu aujourd'hui. Il déploya la plus grande bravoure ; il allait lancer son aigle sur le pont du *Victory* pour l'emporter à l'abordage ; cette gloire put être réservée au *Redoutable,* qui eut l'honneur de faire choir le grand Nelson lui-même. Lucas qui commandait ce navire périt héroïquement. Magon, Baudoin, Maistral, Infernet, autant de noms glorieux encore. Que dire de Cosmao, vainqueur au milieu de la défaite, qui enleva trois vaisseaux aux Anglais après le combat !

Nelson ne pouvait combattre de plus valeureux ennemis ! Quelle grande figure que celle de cet homme, le plus célèbre amiral des temps modernes. Le secret de son génie, dit Jurien de la Gravière, consiste à avoir deviné avec sagacité le secret de notre faiblesse, puis de n'avoir épargné aucun moyen pour réduire nos flottes ; partout, en effet, il montra une témérité outrancière, mais sage et adaptée à la circonstance, non seulement à Aboukir et à Trafalgar, mais encore au cap Saint-Vincent et à Copenhague.

Ce grand génie était également un grand cœur, Pourrait-on citer dans les proclamations sèches et emphatiques de Napoléon, des paroles aussi simples et aussi sublimes à la fois que celles qu'il adressa à sa flotte avant la bataille où il fut enseveli dans un tombeau de gloire ; l'approche de la mort sembla l'inspirer : « Puisse le Grand Dieu en qui sont confiées les destinées des nations, accorder aujourd'hui une pleine et complète victoire à l'Angleterre, et qu'après la bataille les Anglais n'oublient pas les droits sacrés de l'humanité. Quant à moi, ma vie appartient à Celui qui l'a donnée ; je remets entre ses mains ma destinée et la juste cause dont ma patrie m'a confié la défense. » Bonaparte avait dit : « Soldats, songez que du haut de ces Pyramides quarante siècles vous contemplent. » Bluffeur ! Pourtant, il dépassa Napoléon.

« L'Angleterre compte que chacun fera son devoir », fut le dernier ordre de Nelson. Le dernier signal de Villeneuve fut le suivant : « Un vaisseau ne sera à son poste que lorsqu'il aura devant lui un navire à combattre. »

Il n'oublia pas son Horatia adorée, seule responsable des actes que ses yeux ardents et enfiévrés firent commettre à ce héros. Il fut vainqueur au cap de Trafalgar ; mais, sanglant et pantelant, il ne sut doubler et se brisa au cap des tempêtes du cœur. Il y aura toujours des Hélène, des Cléopâtre, des Pompadour ; elles décident souvent du sort des empires. Les ombres de Dupleix et de Montcalm crient vengeance non pas contre cette dernière, mais contre celle de son royal associé.

Bref, après Trafalgar, Napoléon se tourna tout entier du côté du continent. Pourtant, il imagina le *blocus continental*. Le principe était bon, mais le moyen indirect, comme le nom l'indique. Il ne négligea pas non plus complètement, tant s'en faut, la reconstitution de nos escadres ; il possédait en 1812 des vaisseaux suffisants pour pouvoir, réunis à ceux des États-Unis, risquer de nouveau la lutte sur mer ; il n'y aurait rien perdu, puisque toutes nos colonies était tombées aux mains des Anglais. Les exploits maritimes des Américains prouvèrent jusqu'à quel point aurait pu nous aider la valeur de tels alliés. Il préféra s'engouffrer dans les neiges de la Russie. Pour conclure, contentons-nous de dire que Napoléon dévia lorsqu'il abandonna les mers pour les continents. Mais alors, au loin, dans l'Océan Indien, un homme qui s'appelait Surcouf prouvait seul, par ses aventureux et retentissants exploits, que le nom de la France était encore respecté sur l'étendue des mers. Ce glorieux marin n'a pas son nom inscrit sur l'Arc de Triomphe de l'Étoile, non plus celui de Cosmao, non plus les victoires navales d'Algésiras et du Ferrol ; elles valent Eylau, Wagram, la Moskowa.

.∗.

Sous la Restauration, la France épuisée se repose. En 1830 commence l'expédition d'Alger. Excellente politique que la reconstitution de nos colonies. Sous Louis-Philippe la conquête fut continuée, ce fut tout ce qu'osa ce vulgaire roi-bourgeois contre l'Angleterre, il aurait dû lui déclarer la guerre pour l'affaire Pritchard : la France avait en fait de colonies, 991 kilomètres carrés dans la Martinique, 1 869 dans la Guadeloupe, 2 665 dans la Réunion. Il faudrait y ajouter le désert de la Guyane. Elle n'aurait donc rien perdu, et les Anglais auraient risqué de tout perdre. Si nous avions eu quelques vaisseaux de plus qui ne nous eussent pas coûté le dixième de l'acquisition de l'Algérie, les Anglais étaient infailliblement battus.

La conquête de cette colonie, louable en principe et dont le but était colonial, péchait par le mode indirect et continental, nécessaire pour son acquisition. Une victoire éclatante sur mer, — hypothèse gratuite, mais non vaine, — nous eût donné l'empire colonial anglais. Des troupes de débarquement, nous en avions autant que nous voulions.

Napoléon III commit également la faute de ne pas déclarer la guerre à l'Angleterre. Mais cette nation est très perfide et très intelligente. Comme notre marine à cette époque-là égalait presque la leur, les Anglais en eurent peur ; aussi cherchèrent-ils à amadouer le neveu du grand et du véritable Napoléon qui lui, au moins, eut l'idée fixe et grande de penser toujours à l'éternelle ennemie. Badinguet tomba tout à fait dans le panneau ; sur les instigations de l'Angleterre, il entreprit l'expédition de Crimée. Le résultat le plus patent maintenant, qui suivit la chute de Sébastopol et le traité de Paris est que, si aujourd'hui la Russie est vaincue par le Japon, elle le doit à ce dernier traité. Si l'escadre de la Mer Noire s'était jointe à celle de Port-Arthur, en attendant s'il le fallait, celle de la Baltique... Rien sans cause.

Badinguet fit quatre guerres continentales, celle du Mexique est aussi bien continentale que celle de 1870, celle d'Italie ou de Crimée. Quatre de trop. Ce n'est que trop vrai. On admet sans peine que celle de 1870 fut la plus désastreuse, non pas seulement à cause de ses résultats immédiats, perte de l'Alsace-Lorraine, indemnité de cinq milliards, mais encore à cause de la politique de défense continentale et de militarisme qu'elle nous contraignit d'adopter. Nous en avons constaté les conséquences.

Il serait vain de récapituler les résultats qui ont donné à l'Angleterre la possession et l'exploitation de ses colonies — fruit, ne l'oublions pas, de ses victoires navales. — L'Amérique du Nord est peuplée presque entièrement de ses nationaux qui, du moins, en forment le meilleur fond. Cet avantage n'est que moral, il n'en est pas moins considérable : nous parlons aussi bien des Etats-Unis que du Canada qui est presque aussi indépendant, on pourrait y ajouter l'Australie. Autant de territoires où s'est déversé le trop-plein de sa population. D'autre part, elle a si bien « sucé » les Indes, qu'elle en a retiré douze milliards ; nous passerons sous silence ses autres domaines coloniaux. Comme elle avait encore besoin d'or, elle a conquis le

Transvaal ; elle en trouvera cette fois directement, par le puits de mine, non par la spoliation de l'indigène.

Autre avantage qu'elle a retiré de sa politique maritime et coloniale. 100 000 de ses enfants, de 1800 à 1815, laissèrent leurs os sur les champs de bataille de l'Océan, de l'Espagne, de Toulouse, de Waterloo. Napoléon tua 2 millions d'hommes à la France, il menaça de lui tarir sa sève et sa vitalité. Autant nous devons pleurer et regretter les sources de virilité qui se perdent inutilement dans les sables du désert de la gloire, autant nous devons nous féliciter de celles qui, irriguant des terres réelles et fertiles, permettront d'en retirer plus tard d'abondantes moissons. Ici nous parlons du magnifique empire colonial dû à la vaillance de nos soldats succombés héroïquement dans les rizières indochinoises ou dans la brousse africaine. On peut les rapprocher des volontaires de la Révolution.

Aussi n'est-il pas profondément ridicule et malsain de gémir comme font les pleureurs socialistes, caïmans larmoyants, au sujet des braves Français qui, au prix de leur vie il est vrai, acquirent à la patrie des territoires immenses.

La mort de Courbet fut un grand malheur pour la France, mais que regretterons-nous davantage, ou la perte de ce vaillant marin, ou celle des Pescadores et de Formose, que sa valeur nous eût conquis et qui sont maintenant en de fort peu amicales mains.

On a accusé Jules Ferry de n'avoir pas secondé les vues du grand amiral ; ce serait incriminer injustement cet homme d'Etat patriote. Il en fut uniquement empêché par l'opinion publique ou plutôt par l'opposition des représentants apeurés de la gauche, — bien que trop souvent audacieux intempestifs, — hypnotisés par la crainte folle d'une guerre avec l'Allemagne. A eux se joignirent quelques tapageurs de la droite, obsédés par l'idée fixe de la Revanche. Nous expliquerons tout à l'heure cette dernière phrase qui peut offusquer le sentiment patriotique.

En attendant, nous revenons à la déchéance psycho-physiologique que Napoléon imprima à la biologie de la race française. Avant lui, le Français était aussi grand que l'Anglais, qui, aujourd'hui, possède une constitution plus robuste que la nôtre, et un caractère au moins aussi bien trempé, car tout s'enchaîne.

Les beaux guerriers de la Grande Armée ne fécondèrent pas les belles filles de la France, et ne versèrent pas leur atavisme viril dans les veines de leurs chétifs successeurs, mais non de leurs véritables descendants. Ce rôle fut laissé à des malingres de corps et d'esprit ; les deux n'ont pas une étroite connexion, mais un grand rapport.

***

D'un autre côté il faut reconnaître que l'Angleterre gagna beaucoup plus que ne perdit la

France, par le fait du conflit dont nous avons donné les grandes lignes. Les Iles Britanniques sont de deux cinquièmes moins étendues que notre territoire, qui produit presque toutes les matières nécessaires à notre subsistance.

Jadis l'oracle de Delphes avait prescrit aux Athéniens de chercher un refuge dans leurs murailles de bois, aujourd'hui l'oracle de la Nécessité démontre à l'Angleterre que les murailles de fer de ses cuirassés l'empêcheront de périr d'inanition en cas de guerre ; elle l'a si bien compris qu'elle a donné, en ces dernières années, une extension inouïe à sa puissance navale militaire.

D'une façon générale, l'effort extérieur des nations civilisées est le produit direct et immédiat des conditions d'existence qui, chez elles, ne sont pas devenues suffisantes pour parer à tous leurs besoins urgents et naturels, aussi bien qu'à certaines nécessités factices dues à l'Evolution. Dans cette dernière catégorie, on pourrait citer aussi bien comme causes que comme conséquences ou conjointement, les deux à la fois, le développement et la facilité des transports maritimes, l'usage de plus en plus courant de certains produits nécessaires à l'industrie européenne ou servant d'objets de consommation, l'étude de la géographie, le goût des voyages (pas en France), la connaissance de son domaine inconnu, recherché par l'homme dans les voyages d'exploration ; en ce sens, l'exemple de l'Afrique est le plus remarquable.

Cependant, nous inclinerions à croire que si une puissance se crée un courant d'émigration, cela est dû presque uniquement, uniquement même, pourrait-on dire, à ce que ses nationaux ne trouvent pas de pain chez eux, soit parce qu'ils sont trop nombreux à demander au sol leur part de subsistance, soit qu'ils manquent de capitaux, ou pour tout autre cause matérielle.

Il demeure d'autre part sans conteste, que si un gouvernement acquiert des colonies, c'est pour le peupler de ses colons ou y trouver des débouchés pour son commerce et son industrie. Dans le premier cas, la possession extérieure habitable (colonie de peuplement) reçoit l'excédent de la population de la métropole ; dans le second cas, dans la colonie d'exploitation (inhabitable mais très riche) se fondent des comptoirs et des maisons de commerce où se truquent, par exemple, contre un tissu de pacotille une balle de coton énorme. De cette façon, la mère-patrie exploite et épuise sa colonie. Ainsi a fait l'Angleterre pour l'Inde, ce qui ne veut pas dire que ce soit un exemple à suivre.

L'exemple de l'Allemagne servira à nous montrer, non pas précisément le résultat acquis encore, mais la nécessité qu'il y a pour un peuple de s'extérioriser, étant donné la nouvelle constitution pour ainsi dire biologique de cet État en particulier et de tous les autres en général.

Jusqu'en 1884, l'Allemagne était une puissance entièrement continentale, sa marine de guerre était à peu près nulle, elle ne possédait aucune colonie. Aujourd'hui, sa flotte de guerre est égale à la moitié de la nôtre, ses colonies sont, par contre, d'une étendue égalant les deux tiers des nôtres comme superficie, mais d'une valeur réelle qui n'en vaut peut-être pas le quart, peut-être même pas le dixième. Comme elle est venue en dernier lieu pour se partager le continent africain, elle n'a guère eu que des non-valeurs. Le pays des Hottentots où elle se débat actuellement est une bien pauvre colonie de peuplement, ce n'est même qu'une immense steppe. L'Ouganda sur la côte Est est la seule possession qui ait une certaine valeur, cette contrée n'est pas proportionnée à l'étendue des besoins de ce grand empire. Ce grand corps a un estomac dont les exigences demandent d'absorber une plus forte quantité de vivres, c'est-à-dire de colonies ou autres territoires extérieurs.

Comme l'Allemagne n'a pas de colonies, de débouchés considérables relevant directement de sa domination, elle en est réduite actuellement à déverser sur les autres marchés du globe les produits de son industrie. Il faut avouer qu'en ce sens elle s'en tire fort bien, elle fait une concurrence énorme, non seulement aux produits français et américains, mais encore aux produits anglais.

L'Allemagne, en effet, a développé énormément son commerce extérieur. Mais si elle l'a fait ainsi, c'est certainement pour écouler les produits de son industrie ; ils n'ont été si nombreux à cause évidemment de l'extension considérable de cette dernière branche, extension résultant de la diminution adverse de cette branche plus ancienne de l'agriculture. Par suite, en disant que le paysan allemand, ne pouvant plus trouver sa nourriture dans les sables de l'Empire, malgré tous les perfectionnements, a émigré dans les colonies ou immigré dans les villes, nous touchons ici du doigt, la plaie qui ronge cet empire. L'Allemagne crève dans sa peau, en quelque sorte, mais cette pléthore de population est la cause la plus proche de l'inanition.

Jusqu'ici, il est vrai, l'État allemand n'a pas connu la misère et les habitants de l'autre côté du Rhin mangent toujours beaucoup de saucisses et de choucroute, arrosées de bière abondante. Les paysans qui étaient trop nombreux ont émigré, et puis, comme ces compacts Saxons avec leur béate finasserie et leur roublardise pratique, se sont toujours arrangés pour vendre leurs produits qui sortaient de leurs nombreuses usines, la misère n'a guère sévi chez eux.

Il n'en sera pas toujours ainsi. Le temps accumule et renforce les causes, les causes précipitent les conséquences.

L'outre gonflée crève, le torrent débordé se répand dans la campagne.

Mais il n'est pas besoin de métaphores ni de paraboles, pour dire qu'un jour l'empire allemand sera contraint, par la force inéluctable des choses, à faire explosion, à s'épandre.

Il le fera par la guerre, et cette guerre, il la fera probablement à la France. Nous allons le prouver.

Une simple statistique nous prouve que la flotte militaire allemande augmente avec une rapidité surprenante.

On a dit que Guillaume II aimait à se payer la fantaisie de jouer à l'amiral, de construire des bateaux. Discuter si c'est un vieux chancelier qui lui a glissé à l'oreille qu'on s'emparera des colonies françaises, que si la flotte allemande égale la flotte française, ou bien si c'est l'empereur qui a trouvé tout seul cette magistrale conception, serait perdre son temps.

On découvre parfois, dans les journaux, des assertions que nous ne nous permettrons pas de qualifier : il y a quelques mois, quelques années peut-être, je lisais que l'Allemagne visait uniquement l'Angleterre par la construction de ses nombreux vaisseaux de guerre. A qui peut-il venir à l'esprit de penser que Guillaume ira chercher noise à Edouard, alors que les flottes du premier sont bien inférieures à celles du second. Ce qui est très vrai, c'est qu'il y a actuellement beaucoup plus de différence comme force entre la marine anglaise et la nôtre, qu'entre la nôtre et celle de l'Allemagne.

En réalité, la politique de Guillaume ne vise maintenant qu'à une chose : égaler ou à peu près notre marine (ce qui se produirait dans un laps de temps très restreint, avec un ministère Combes-Pelletan, flanqué de Jaurès) afin de pouvoir nous envahir sur terre (ce à quoi elle n'a pas prise sur les Iles Britanniques) et faire ce que bon lui semblerait sur mer, contre nous, en cas de conflit.

Ce conflit arrivera certainement, à moins que notre marine égale toujours de moitié au moins, celle de l'Allemagne.

Supposons actuellement le cas d'une guerre avec cette puissance. Une moitié de notre armée navale prendrait position devant le canal de Kiel, à supposer qu'un nouveau *Merrimac* n'en bouche la sortie, une autre dans le détroit du Sund. Une rencontre navale aménerait la mise hors de combat des deux forces adverses. La seconde moitié de la flotte française qui n'aurait pas pris part à la bataille navale, prendrait le commandement de la mer. Que ce plan vienne à échouer, il n'en demeurerait pas moins que le commerce allemand serait intercepté et que forcément toutes leurs colonies nous tomberaient entre nos mains, puisque les communications seraient interrompues entre elles et la métropole. Le commerce, disons mieux, le nom allemand, serait rayé sur l'étendue des mers ; ce commerce est supérieur au nôtre et pourtant elle n'y pourrait mais, sa marine militaire ayant eu le dessous par suite de son infériorité.

Concluons que la marine militaire d'un pays

doit être proportionnée à l'étendue de ses colonies et à celle de son commerce maritime extérieur.

L'Allemagne tend à faire sien ce principe d'équilibre mondial ; tâchons également de le faire nôtre. Il y va de nos possessions extérieures les plus importantes du monde, après celles de l'Angleterre, il y va de notre commerce extérieur, par contre inférieur à celui de l'Allemagne ; il y va bien plus que de cela, il y va de l'intégrité de notre propre territoire.

Dans l'hypothèse de cette guerre avec l'Allemagne, nous n'avons envisagé que le théâtre des opérations sur mer. Considérons ce qui se passerait sur notre front nord-ouest. Mettons les choses au pire, que nous perdions vingt départements (à supposer qu'un nouveau Bazaine se laisse enfermer sous un nouveau Metz, après avoir peut-être cherché à perdre des batailles pour atteindre cette fin). Mettons à présent les choses au mieux, que les deux armées se détruisent mutuellement à la frontière, sans que l'une ait un avantage marqué (il est impossible que nous soyons vainqueurs, puisque nous sommes en infériorité numérique).

Dans le premier cas, si les Allemands ne veulent pas abandonner nos départements, ils peuvent être certains que de notre côté nous ne leur laisserions pas la libre navigation des mers et que leurs colonies attendraient longtemps avant de voir flotter l'aige impériale.

Dans le second cas, il faudrait bien qu'ils nous

restituent l'Alsace-Lorraine. S'ils avaient l'air de réclamer, on les prierait de regarder en quel état notre marine aurait réduit la leur, et de considérer ce que cela veut dire. En 1870, nous n'avions pas prise sur eux par la mer. Actuellement leurs colonies, leur marine marchande serviraient d'otages.

Donc, à tout prix, il faut que nous possédions une flotte de guerre composée de vaisseaux neufs, que l'organisation et la discipline de notre marine se maintiennent fortes; il ne suffit pas de dire que nous avons trois cuirassés à opposer à deux allemands, encore faut-il que les nôtres ne soient pas du modèle du *Redoutable* ou de la *Dévastation*.

Sur le programme actuel de constructions navales ne sont inscrits que six cuirassés, il en faudrait le double. L'amiral Gervais l'a magistralement démontré.

L'Angleterre n'est pour nous actuellement qu'une ennemie éventuelle, elle a assez de colonies et nous n'avons guère besoin des siennes. Quant à l'Allemagne, c'est notre ennemie probable, sinon certaine.

Nous allons maintenant passer rapidement en revue l'effort extérieur des autres nations européennes.

L'Italie souffrant de la pléthore de la population, a voulu conquérir l'Abyssinie. Crispi n'a commis dans cette affaire d'autre faute que celle de n'avoir pas assez envoyé d'hommes à Baratieri.

La Belgique trouvera des débouchés dans le

Congo. Elle est bien partagée. Le Portugal l'est encore mieux, car il ne souffre pas, comme l'Etat précédent, de cette maladie constitutionnelle qui ne pardonne pas et qui s'appelle 200 habitants par kilomètre carré, elle en a 55, l'Espagne 35. Cette dernière puissance n'a pas besoin de colonies. Il y a dans le monde 50 millions de Lusitano-Espagnols, et seulement 22 dans la péninsule ibérique, d'un cinquième plus grande que la France. Ce principe d'équilibre mondial prouve que l'Espagne, contrairement à la plupart des autres nations civilisées, a plutôt besoin de se replier sur elle-même que de s'épandre au dehors.

Les Etats-Unis ont absorbé le domaine colonial espagnol, c'est toujours bon à prendre. Sous l'instigation de son éminent président, l'Union a élaboré un plan de constructions navales, qui lui donnera 16 bâtiments de combat avant quatre ans.

La Russie a jugé aussi que la Mandchourie était bonne à prendre. Mais comme le Japon était plus près et que cette puissance asiatique comprenait qu'avec 150 habitants par kilomètre carré elle ne pouvait agir différemment que de se déverser dans des régions inoccupées ; la nécessité lui a fait faire la guerre ; la nécessité, la seule véritable voie diplomatique, les autres ne sont qu'un décor d'apparat, un instrument même, un piège dangereux.

Quant à la France elle ne souffre ni de l'un ni

de l'autre des deux principaux malaises que nous venons d'énumérer. Son sol est fertile, — ses habitants ne sont pas trop nombreux. Le malaise qui lui est propre est particulier surtout à elle, il est social et intérieur.

Nos ressources économiques et financières ayant été suffisantes, au lieu de développer hors de notre pays ses moyens d'action, nous nous sommes contentés de les concentrer, de les répéter sous une forme inerte, stagnante, inefficace qui est l'Etatisme.

Le bureaucrate dont la perspective est le rond-de-cuir, l'officier frivole qui croit qu'il y a plus de noblesse de traîner le sabre dans la rue que de se lancer dans une entreprise coloniale, le meneur socialiste qui fait voler le riche officiellement sans enrichir le prolétaire, par le fait sont évidemment des Etatistes, parce qu'ils comptent sur l'Etat : malheureusement l'État, c'est la nation, en ce sens que la nation est représentée par ceux qui travaillent, qui produisent ; ils en sont la substance, le suc même. Les autres se contentent de la ronger. Parmi ces Etatistes, seul le soldat a une tâche noble et dure. Le militaire, malgré son rôle apparemment passif, est le défenseur actif de toutes nos énergies, de toutes nos ressources. Mais, sans l'accuser, on peut dire que ses intentions sont moins pures que son rôle.

Bref, confiants dans notre exubérance factice, nous nous laissons vivre sans souci, tour à tour nous reposant sur l'oreiller de la mollesse, tour à tour nous plongeant dans le sein des délices et des voluptés, buvant à pleins bords la coupe de la jouissance, voilà pour les heureux de la terre ; le bureaucrate moyen s'endort dans une quasi-oisiveté bête, languissante, monotone, le prolétaire étatiste ne cherche qu'à rogner le bien du capitaliste par tous les moyens qui sont tous bons.

La loi du jour est la loi du moindre effort, de l'égoïsme et de la sensualité et surtout du Progrès à reculons.

Qu'adviendra-t-il de tout cela ? C'est que le riche ne sera pas toujours en état de faire face aux exigences de ses appétits et à celles des envieux, le fonctionnaire ne pourra plus trouver de refuge dans l'Etat réduit aux abois, et le prolétaire étatiste arrivera finalement à épuiser par ses exigences répétées, les ressources de la nation, à diminuer l'énergie productive des capitaux nécessaires à l'égal des bras.

Nos forces par suite de leur incoordination, s'usent les unes contre les autres, se combattent au lieu de s'associer, de se combiner, au lieu de produire par leur réunion un vigoureux effort, elles préfèrent subsister en se rongeant réciproquement. Les plus solides se rongent elles-mêmes, en même temps que d'autres font encore contre elles le même office.

Mais un jour il arrivera que nous serons incapables de nous nourrir sur nos réserves, nous serons contraints de les faire reproduire d'une façon efficace et réelle, de secouer nos énergies endormies, d'exploiter nos capitaux matériels, lorsque les symptômes de décomposition qui nous menacent, sans nous nuire encore de façon à faire tomber nos membres en morceaux, se seront tournés en maladie franche et à la décomposition. Ce jourlà, nous n'aurons d'autre ressource que l'émigration dans nos colonies. Ce sera la plus grande France. Mieux vaut prévenir le mal, il serait peutêtre trop tard alors pour le guérir.

La politique coloniale est une politique sociale, elle est aussi une politique nationale parce qu'elle est une politique mondiale.

C'est ce que nous voulions démontrer.

LIVRE IV

HARMONIES

CHAPITRE PREMIER

LA SOCIOLOGIE. L'ÉTENDUE DE SON ROLE.
SES DIFFÉRENTS ASPECTS

Avoir attribué un rôle aussi important aux différentes questions que nous avons groupées dans le troisième livre sous le titre d' « effort extérieur », semblerait avoir dépassé la mesure permise et ordinairement accordée à ces mêmes questions, qui n'ont reflété jusqu'ici qu'une des faces, et encore une des moindres, de la chose sociale.

Pourtant, il est un principe que personne ne saura nier ni contester, à savoir que la société doit suivre le cours et être en harmonie complète avec les conditions et les milieux divers de l'époque où elle évolue ; faute de quoi, il en résulterait pour elle un défaut d'équilibre dont seraient victimes chacun des membres de la collectivité qu'elle représente.

Or, il est évident que puisque les modes d'existence ont varié sur la face du globe, il faut que nous y conformions et y adaptions notre *habitus*, notre être, toutes nos forces, n'ayant d'autre guide et d'autre point de vue que les contingences néces-

saires pour obtenir ce résultat. La barque sociale
ne rentrera au port et n'effectuera un heureux
voyage que si le grand vent de cosmopolitisme sur-
gissant de l'horizon universel vient enfler ses
voiles, lui imprimer un salutaire élan et une impulsion favorable.

Aussi, failliraient-ils à leurs devoirs et n'assu-
reraient-ils qu'une partie des fonctions inhérentes
à la nature du sujet qu'ils étudient, si, sociologues,
économistes ou politiques négligeaient ou relé-
guaient dans l'ombre l'ensemble des questions précédemment exposées, si, trop confinés dans leur
foyer, si, perdus dans les nuages de la spéculation et de l'abstraction ou dans la plaine aride des
chiffres et des documents, ils ne franchissaient
l'étroite enceinte où ils étaient jusqu'ici enserrés,
et ne donnaient libre cours, une entière et opportune satisfaction aux forces nouvellement apparues qui imposent leurs lois avec d'aussi impérieuses conditions.

La sociologie n'est pas une science abstraite et
spéculative qui ne se base que sur des statistiques
et de ternes comptes rendus. Les pères de cette
science qui sont l'Anglais Herbert Spencer et le
Français Auguste Comte, n'ont pas restreint son
rôle à celui auquel de nos jours on semble vouloir
le faire descendre ; or, il paraîtrait qu'elle se confond de plus en plus avec l'économie politique.

Cette dernière science tout intérieure, qui ne

franchit pas les frontières, qui se réduit à l'étude des rapports qui existent entre l'État et l'individu dans le pays même, n'est certes pas en opposition avec la sociologie, mais elle n'en constitue qu'une des faces, puisque cette dernière science embrasse toutes les autres.

Herbert Spencer et Auguste Comte étaient plus hardis et à juste raison ; l'homme, d'après eux, varie dans son être tout, entier, suivant l'influence des milieux et des circonstances, éléments qui ne sont pas stables et qui évoluent dans le cours des âges et qui s'étendent dans tout le monde.

Aujourd'hui, étant donné cette extériorisation de plus en plus accentuée qui se manifeste sur l'étendue du globe, il serait imprudent de négliger ces nouvelles forces qui nous dirigent et dont nous risquons de devenir les victimes, du moins localement pour nous Français, car ce facteur important qui s'appelle la concurrence, la lutte pour la vie, peut devenir funeste pour nous si nous ne savons, si nous ne voulons pas le faire nôtre comme sont contraintes de le faire leur les différentes nations qui nous entourent et qui ne tendent qu'à nous supplanter.

Il est bien évident, qu'étant donné ce nouvel état de chose, un jour eu l'autre nous nous trouverons réduits, devant cette lame de la nécessité, de faire un écart vigoureux et de nous élancer hors de notre sphère sous peine de rendre gorge.

Mais nous ne sommes plus ,à l'époque actuelle,

un peuple auquel des forces brutales, fatales peuvent seules inspirer sa ligne de conduite ; nous devons donc avoir conscience, nous rendre un compte exact de notre situation et des obligations auxquelles nous devons faire face. Or, puisque les milieux et les circonstances actuelles nous imposent une nouvelle situation, nous devons régler sur elles nos tendances et nos moyens d'action.

Dans ce but, l'étude de la sociologie nous guidera sur la marche à suivre, ce dont est incapable l'économie politique dont le rayon est insuffisant et la portée beaucoup trop timide ; science sociale il est vrai, mais qui ne peut résoudre que des questions de détails et qui ne saurait apporter que des solutions locales et non générales comme la sociologie.

. Cette science de toutes les sciences est, de toutes, la plus complexe et la plus variée ; son essence propre, la nature exacte de sa définition n'est autre que le rapprochement, la confrontation, la comparaison, la coordination de toutes celles qui ont paru antérieurement, car elle est la dernière venue ; elle leur sert de trait d'union ; elle est le point culminant d'où l'on découvre et d'où apparaissent toutes les autres suivant leur degré d'utilité et leur contingence pour favoriser le développement normal et réaliser les meilleures conditions d'existence pour l'individu pris isolément et les individus considérés collectivement, toute condition du

reste subordonnée au point de vue suivant lequel
on se pose.

Or, ce point de vue ne peut guère varier, car
autant cette science est complexe par les différents
éléments, non pas qui la forment, mais qui concourent à la guider, autant elle est simple quant
au but qu'elle se propose de chercher, puisque ce
but est très général, car l'élément qui lui sert de
base, l'étude des milieux et des circonstances, n'est
guère sujet à changer, sauf suivant les époques,
suivant aussi évidemment la nation que l'on envisage.

Le sociologue ne peut guère porter son attention
ailleurs que sur son propre pays et étudier d'autre
temps que l'époque présente, non pas qu'il doive
négliger l'étude des peuples étrangers aussi bien
que les enseignements de l'histoire ; bien loin de
là, mais ces deux éléments doivent être subordonnés à la question indiquée précédemment.

Il ne doit pas se désintéresser de cette espèce de
science appelée la politique ; il doit entendre ce
que l'on dit dans la rue, quelle est la tendance générale des esprits ; il doit pénétrer dans toutes les
classes de la société, observer tous les milieux, il
doit écouter le riche et le pauvre, le paysan, l'ouvrier comme l'intellectuel, aucune classe, aucune
catégorie de citoyens ne doit lui rester inconnue.

Dans cette fourmilière de la société, nom qu'elle
mérite plus encore par la diversité des occupations
que par le nombre des sujets qu'elle renferme dans

son sein, il doit en pénétrer les profondeurs les plus cachées, aussi bien qu'en scruter les faces les plus variées ; par là, il sera à même d'observer les tendances d'esprit, de connaître l'état d'âme, les diverses aspirations de toute son époque, il ne doit négliger aucune des forces, — même les plus intimes, nous le verrons plus loin — qui font penser, agir, parler, déterminer les hommes ; son rôle, comme la définition de cette science l'indique, est d'embrasser, d'observer le champ en entier de la société.

Mais pour remplir son devoir qui est d'essayer, avec l'aide puissante de toutes les sciences, d'en tirer les applications propres utiles à la collectivité, il ne peut atteindre ce but que s'il plane, s'il domine, ce qui ne le dispense pas cependant d'étudier séparément toutes les faces de la société, sans cependant s'y arrêter, s'y attarder outre mesure ; sinon il risquerait de s'égarer et de perdre de vue les questions objectives et générales qui sont la base de ses efforts.

*_**

La sociologie est donc la science comparative par excellence.

Le but de la sociologie étant l'adaptation, la mise au point de l'individu et de la société à leur milieu, il serait peut-être utile d'étudier les différents éléments sur lesquels elle s'exerce. Parmi ces derniers, on pourrait citer, entre autres, la littérature, les arts, les institutions civiques et militaires, la religion, choses que nous allons examiner rapidement.

Auparavant il ne serait peut-être pas superflu de faire quelques considérations générales, de les étayer sur des principes théoriques, fondamentaux.

Les vérités mathématiques sont, on le sait, d'une exactitude rigoureuse. Par exemple, si deux rapports sont égaux, il y a entre eux une proportion exacte.

S'il était aussi facile dans la conduite de la vie, dans toute opération, de quelque nature quelle soit, dans toute détermination que nous prenons de nous baser, de nous régler avec une précision aussi absolue, le monde atteindrait la perfection, le mal sous toutes ses formes n'existerait pas, du moment que le bien, — ce terme est pris dans son sens le plus général, — ne saurait admettre cette imperfection, la disproportion.

En musique, qu'entend-on par harmonie, sinon un heureux mélange de notes ? Il y a aussi une harmonie de couleurs, de symétrie architecturale.

Ici, il y aurait lieu de faire diverses considératoins qui nous montrerons que, quelle que soit la chose que l'on considère, elle peut prendre un tout autre aspect, changer complètement suivant le côté que l'on envisage : ainsi, une personne qui se trouve placée vis à vis d'une autre doit, pour désigner la main gauche de cette dernière, tenir compte de celle qui est à l'opposé de sa propre main droite. Cette vérité, comme bien d'autres aussi simples que fondamentales, n'en est pas moins souvent complètement négligée. Toute audition musicale exerce une sensation, une impression différente elon les dispositions de celui qui l'entend, les circonstances dans lesquelles il se trouve. Il me plaît d'entendre à l'église l'orgue et les cantiques du plain-chant ; les lamentations graves de l'office des Ténèbres vous transportent avec les prophètes dans le torrent du Cédron, cela vous charme dans un moment de recueillement. De même le soldat fatigué, brisé, exténué est tout de suite électrisé par le son guerrier, éclatant, du clairon ; l'hymne national nous communique un frisson d'enthousiasme patriotique. Si nous renversons le rôle, que le soldat par exemple entende un chant d'église, il n'y aura pas proportion, harmonie, concordance entre celui qui l'écoute et le sujet, puisque le rapport, — entendons ce terme ici dans son sens général, mathématique même, — n'existe plus.

Il en est de même quel que soit l'objet que l'on considère. Dans le style il faut qu'il y ait proportion entre la pensée et l'expression. Si nous voulons exprimer quelque chose de précis, il faut que le style le soit également ; aussi la justesse du terme est-elle une des qualités principales que doit

atteindre l'écivain : encore faut-il s'entendre à ce
point de vue. Un critique qui jugerait une poésie
avec les mêmes principes qu'un ouvrage didac-
tique ferait assurément fausse route. Si parfois le
sens n'est pas très précis, si les mots ne sont pas
justes apparemment, qu'importe si l'impression
que veut donner le poète est juste, si l'impression,
comme du reste cela se conçoit fort bien est vague,
flottante, les termes ne pourront être autrement.
La poésie laisse ordinairement dans l'esprit une
impression de sentiment vaporeux, éthéré.

Le rapprochement des termes, leur parenté, leur
communauté d'origine est intéressant et utile ; il
faut connaître la racine des mots pour avoir leur
signification précise, par suite pour s'exprimer çor-
rectement, d'où l'utilité du latin pour saisir le sens
exact de nombreux mots français.

Nous ne voulons pas faire ici un cours de philo-
logie, nous tenons cependant à faire les remarques
à ce sujet. On sait que la langue anglaise admet
trois formes pour le présent, qu'indépendamment
de auxiliaires *être* et *avoir*, elle a à son service un
certain nombre de verbes exprimant les différents
modes de volition, ce qui ne peut nous étonner de
la part du peuple anglais.

On pourrait nous faire observer que cela n'est
qu'un petit côté, un détail. La manière de s'exprimer sa pensée ne reflète-t-elle donc pas nettement
la psychologie d'un peuple, d'un homme quelconque, d'un écrivain ?

Remarquez d'autre part la froideur d'un Anglais, l'expansivité d'un Espagnol ; cette même froideur, cette même expansivité se retrouvent tout entières dans la forte sonorité des voyelles prononcées par celui-ci, par la sourde gravité de celles exprimées par celui-là. Le langage d'un habitant des montagnes est dur, guttural, celui des habitants de la plaine est plus doux. Le lourd Allemand se retrouve dans sa langue lourde. Tout se tient.

Le cas que nous citons ici est assurément dénué de toute ampleur, il n'en possède même aucune en ce sens qu'il ne saurait être en aucune sorte une cause même minime, mais nous lui restituons sa véritable importance en disant que c'est un signe très significatif. Le moindre détail résume souvent l'ensemble.

. La littérature, dans tout pays, est en concordance entre l'époque qui la produit, la voit naître. Sous le Grand Roi, en France, elle fut grave, solennelle ; avec son successeur légère, spirituelle, comme l'époque ; sous Napoléon, elle affecta un caractère guindé, froid, militariste en quelque sorte, l'époque contemplative de repos, de calme, de la Restauration se traduit par les *Contemplations* de Lamartine. Vers le milieu du siècle, le réalisme se mêle au romantisme ; Flaubert est de l'époque ; puis vient le naturalisme pur avec Zola ; de nos jours la réaction du symbolisme apparaît. Plût au ciel qu'elle se continuât, surtout si elle concordait avec le relèvement des esprits et des cœurs ; espérons-le du moins.

Les arts ne reflètent pas moins le caractère d'un peuple. Nous retrouvons tout entiers les Grecs dans leur amour de la danse, de la musique ; ils produisirent des peintres, des sculpteurs. A ce point de vue, il serait impossible de les mettre en parallèle avec les Romains, sinon pour constater non pas la faiblesse, mais la nullité absolue de ce peuple pour ces arts différents. Devrions-nous nous en étonner ? Pas le moins du monde. Le Romain était lourd, solidement mais grossièrement bâti, essentiellement guerrier, pratique ; il n'avait pas le fini, le poli de l'Athénien élégant, bien fait, harmonieux dans son corps, « harmonieux » dans tout ce qu'il a produit. Il ne fut pourtant pas moins héroïque que le Spartiate plus brutal encore que le Romain, ce qui prouve qu'élégance et héroïsme, finesse et noblesse, galanterie et esprit chevaleresque s'accordent bien ensemble, constatation tout à notre avantage, pour nous Français, à toute époque, au temps des preux, comme aujourd'hui.

L'égalité d'âme (égalité et proportion ont un certain rapport) est la preuve d'un caractère aimable et bien trempé à la fois, qui possède de grandes similitudes avec l'égalité, l'équilibre physiologique. Grâce à ce caractère, l'homme ne se laisse abattre ni par la peine, ni trop émouvoir par la joie.

Il existe une certaine égalité d'âme politique,

elle fait grandement défaut en France et davantage encore chez notre voisine, l'Espagne. A ce point de vue, l'instabilité des ministères peut servir de table d'évaluation. Quand les éléments matériels, comme les esprits, d'une nation ne sont pas reliés, coordonnés entre eux, les mêmes causes produisent toujours les mêmes conséquences.

Un caractère qui n'est pas rassis est tantôt exalté à l'excès, tantôt abattu à l'extrême. Si l'on multiplie le caractère d'un homme qui représente l'ensemble de sa nation par le nombre de tous ses concitoyens, il est évident que le caractère de la nation ne différera pas de celui de l'individu pris isolément. Par là on pourra dire que l'instabilité de caractère d'un individu qui produit des changements de conduite, est analogue avec celle d'une nation qui change de ministère.

. Nous avons été accusés d'avoir été trop chauvins avant la guerre de 1870 et trop abattus dans la suite. Nous tendîmes alors à garder un rôle d'effacement, et longtemps on fit un crime à un grand Français qui s'appelait Jules Ferry, de vouloir diriger les efforts de la nation hors du continent. Au lendemain de la guerre, il assuma l'audace de reconstituer à la France un empire colonial, ce qu'il accomplit du reste partiellement. L'épisode insignifiant de Lang-son montra que nous n'eûmes alors pas la même imperturbabilité que les flegmatiques Anglais après leurs échecs retentissants et répétés dans le Sud-Africain.

Nous citerons un exemple d'un homme politique antérieur au précédent qui montra cette heureuse égalité d'âme politique. Thiers, s'opposa tout d'abord à la conquête de l'Algérie, dont l'acquisition ne semblait pouvoir être faite qu'au prix d'un sang et d'un argent précieux, comme effectivement il arriva. Mais lorsque quelques années plus tard, l'opinion publique fut, lasse de la guerre, on se lasse vite de tout en France), il fut le partisan le plus acharné de la conquête définitive ; l'Algérie étant à moitié conquise, il jugeait qu'il ne convenait pas de laisser échapper le fruit des résultats déjà acquis.

Le froid, le tacite Thiers est né dans une ville où il est à peu près totalement inconnu. Ce personnage ne saurait s'adapter avec l'effervescence de ses habitants hétéroclites, aussi est-il plus considéré dans le Nord ; il n'est pas question ici de climat et de soleil seulement ; le bon sens propère sous toutes les latitudes ; encore est-il nécessaire que des éléments intérieurs politiques et extérieurs étrangers ne viennent pas apporter le désordre. Du reste le parti de la raison a opéré une réaction et repris le dessus.

Proportion en tout et pour tout, rapport étroit, équilibre, harmonie, autant de termes qui ont une signification similaire ; pour obtenir ce *hic*, qui résolve la solution du problème à chercher, là gît la difficulté, car si cet inconnu est seul ou du moins est peu sujet à changer, il varie par contre suivant le point de vue auquel on se base ; c'est sur quoi on ne saurait jamais trop insister.

Ainsi envisageons le cas de l'enthousiasme. Quel est l'élément, la force, la chose qui permet à celui qui en est possédé de se trouver dans des conditions adéquates pour en faire preuve ? C'est évidemment la foi ardente, enfiévrée en quelque sorte dans la pensée, qui le guide ou dans l'œuvre qu'il va entreprendre, dans les périls qu'il doit affronter. Mais on peut tout aussi bien dire que cet enthousiaste est un blasé, un froid sceptique en ce sens qu'il ne compte pour rien, qu'il méprise impassiblement les obstacles, les dangers qu'il brave avec abnégation. De même nos modernes blasés dont rien ne saurait enflammer le cœur, tombent cependant en pâmoison, restent émerveillés devant les élucubrations d'un idéologue sardonique ou d'un vulgaire fumiste, tels ceux qui demeurent interdits devant la prose de ce vil indifférent de Villehardouin qui tous les matins fait la Chronique d'un Byzantin. Il n'y aurait pas lieu de s'en étonner, car il y a concordance entre leur état d'esprit et ces idées, à la fois rétrogades et avancés exprimées.

Le parti avancé (ceci nous ferait entrer dans le domaine de la politique, cette brûlante politique !) mérite ce nom mais à une condition, c'est qu'on lui attribue un sens ironique, sinon ce serait l'opposé de la vérité.

Non pas que nous ne voulions prétendre que les principes soutenus par ces trop modernes bâtisseurs de systèmes ne soient pas avancés en ce sens, qu'ils laissent loin derrière eux d'autres principes plus rassis et moins jeunes ; si on se place au point de vue des dates, l'objection est aussi insoutenable que juste, précise est l'accusation si l'on considère le résultat.

L'internationalisme est assurément une très belle doctrine ; à juste titre nous pourrions l'exalter comme nous faisons de la sainte liberté si elle pouvait prévenir ce fléau épouvantable de la guerre, comme aujourd'hui du reste deux grandes nations en font l'expérience. Mais si d'un autre côté, on fait confronter, si l'on juxtapose cette admirable doctrine avec la brutale et simple réalité, après avoir entendu en quelque sorte ces deux témoins qui s'accusent l'un et l'autre, nous trouvons que le plus moderne ne saurait avoir raison.

Non pas que l'initiative d'une telle doctrine doive être blâmée, mais si elle est mise en vigueur dans un grand État, la guerre avec tous ses désastres qui s'ensuivront inévitablement, démontreront par une preuve par trop évidente que ce système ne saurait répondre aux espérances de paix qu'il fait entrevoir, que s'il est appliqué d'un commun accord dans toutes les puissances.

L'art de la guerre doit être toujours mis en rapport avec les tout derniers perfectionnements. Actuellement les Japonais bénéficient de ce fait au détriment des Russes. Ceux-ci tinrent à Moskowa contre Napoléon, les armes presque égales, alors qu'ils se font écraser par les très modernes Jaunes ; ce qui, du reste, ne saurait nous surprendre, ceux-ci ont emprunté, par un éclectisme judicieux et sagace, les meilleurs procédés aux plus grandes puissances militaires de l'Europe, alors que Kouropatkine se battait encore à la Souvaroff, que les bataillons russes prenaient encore dans l'attaque la formation en ordre serré, se laissant ainsi impitoyablement faucher ; aussi leur a-t-il été pratiquement impossible de prendre l'offensive, par suite, de vaincre.

La guerre, de nos jours, est devenue une question de science, de calcul, de longue préparation, de froide méditation, nous ne sommes plus au temps des chevaliers errants, la guerre maritime en particulier ; ce qui ne veut pas dire que ce certain ministre, aux idées très avancées, que nous avions eu à la tête de notre marine, n'ait pas montré une grande prédilection pour conserver dans la flotte de trop archaïques unités.

Nébogatoff n'avait que des gardes-côtes démodés ; il n'a pu résister à Togo. La récente bataille navale, qui de même qu'un lointain écho de Trafalgar, est venue frapper nos esprits et nous consterner, nous, Français, montre d'autres enseignements encore. Togo écrasa Rodjestvinsky sous le nombre, non pas des obus qu'il tira, mais qui frappèrent à mort les cuirassés de ce dernier ; les pertes

respectives sont en ce cas le meilleur *criterium* de
la valeur relative des nombres. En effet, on disait
que l'amiral russe possédait la supériorité numérique
sans doute ; mais le tir de Togo montra que lorsqu'on parle de nombres, seule leur valeur traduite
par les résultats qu'ils ont produits doit entrer en
ligne de compte ; cela montre que l'officier de
nos jours doit être doublé d'un savant, d'un ingénieur ; les chiffres assurément ne sont guère propres à nous distraire et nous égayer, mais là où
leur application est nécessaire, ils doivent préva-
loir sur celle des doctrines creuses.

L'exemple des Japonais faisant irruption si
brusquement, si inopinément sur les terres vacan-
tes de l'Empire russe avec une foi patriotique si
vive, contraste singulièrement avec l'apathie de
leurs ennemis ; leur conduite est en corrélation
étroite avec la faiblesse de leurs ressources économiques, à l'exiguïté de leurs îles, à leur excédent
de population ; coûte que coûte, *per fas et per nefas,*
ils étaient dans la nécessité absolue de déborder sur
le continent. Une loi de physique nous enseigne
que tout vide nécessite, s'il n'est pas contenu, un
appel d'air ; appliquée à l'ethnographie, cette loi
n'en est pas moins d'une rigoureuse exactitude.

Toute chose doit être appréciée à sa juste valeur ;
les notes diplomatiques ne font pas exception et
pour cause. Les torpilles de Togo furent plus dé-
monstratives que tous les échanges de dépêches
qui les avaient précédées. Les Anglais se firent

déclarer la guerre en envoyant des troupes au Transvaal ; les Américains voulurent la guerre, ils l'eurent ; Bismarck se fit aussi déclarer la guerre et, par un comble de machiavélisme, il prit le rôle de l'opprimé. Il en a été de même dans l'histoire de toutes les époques. Nelson disait que la flotte anglaise était le meilleur négociateur de l'Europe. Le prince Eugène avait dit que cent mille hommes eussent été préférables à cent mille parchemins pour établir les droits de Marie-Thérèse sur la Silésie ; Frédéric II montra qu'il avait été bon prophète.

La sociologie nous enseigne également que la religion d'un pays n'est pas sans corrélation avec le climat, les milieux, ces autres facteurs y relatifs, tels que les coutumes et les institutions. Aussi existe-t-il des pays où les prêtres fument, même quelques uns où ils se marient, alors qu'en France, pour ne citer que cet exemple, cela ne saurait être toléré. Cependant l'existence de Dieu, l'immortalité de l'âme ne sont pas subordonnées à l'influence des milieux et de circonstances ; aussi tous les peuples admettent-ils la divinité, suivant une acception différente peut-être, mais tous reconnaissent qu'une force supérieure conduit et gouverne les destinées des hommes ; pourtant quelques athées prouvent que Dieu n'a aucune raison d'exister, comme l'on peut prouver par une démonstration sophistiquée que deux et deux font cinq. Oui, l'homme aura toujours des aspirations métaphysiques sous quelque forme qu'elles se traduisent. On dit aussi que la religion est la morale des personnes qui n'ont pas le temps de s'en faire une; ce qui est faux, car, bien que l'une et l'autre aient des points communs, par exemple, elles défendent toutes deux le vol, elles n'en sont pas moins distinctes ; l'essence de la première est humaine, celle de la seconde est divine ; celle-là nous défend de voler parce que cela fait tort à autrui, nous rend passible d'un châtiment ; celle-ci indépendamment du premier motif précité parce que cela offense Dieu et que nous en serons punis en l'autre monde.

Je lisais dans un ouvrage d'un philosophe contemporain et non des moindres, qu'on fascine les foules en faisant miroiter devant elles quelque fallacieuse autant que séduisante doctrine, pour laquelle elles s'enthousiasment, « que ce soit le christianisme ou le socialisme ». Sans doute l'éminent philosophe mettait l'une et l'autre sur le même niveau, mais quelle que soit la bonne volonté dont on fasse preuve pour reconnaître le bien fondé de cette assertion, on avouera qu'entre l'un et l'autre de ces deux termes, il y a une différence non seulement de degré, mais aussi de nature. Non seulement le christianisme a marqué plus fortement que le socialisme son empreinte sur l'humanité, mais cette dernière doctrine, traînée de tous les côtés, vague, flottante, indécise, interprétée par les uns ou les autres de telle ou telle manière, même par les chrétiens comme par les anarchistes, ne saurait être considérée comme une force morale équivalant celle dont le Christ fut le promoteur. Nous devons donc apprécier ces deux éléments suivant leur importance relative, les considérer selon leur proportion réelle.

Cette simple, générale, immanente, primordiale, et presque unique loi de proportion, d'harmonie, doit être observée et considérée partout. Parfois il arrive que deux personnes qui ne se sont jamais connues concluent une affaire en un instant, alors que l'une ou l'autre, avec tout autre individu, ne parviendraient à ce résultat qu'au bout d'un laps de temps très considérable, parfois même jamais. Pourtant ces deux personnes ne se sont guère connues, nous devons donc expliquer leur entente si intime et si prompte par des raisons autres que celles provenant du commerce ordinaire des hommes. Un de nos physiognomonistes les plus remarquables prétendait, sans doute à juste titre, qu'une telle liaison ne pouvait être causée que par la concordance de l'*atmosphère individuelle* des deux personnes en question. C'est qu'elles étaient « sympathiques » l'une à l'autre ; or, ce terme de sympathie que nous répétons si souvent d'une façon plus motivée que raisonnée, parce que nous en constatons le résultat flagrant, plutôt que nous n'en sentons la cause originelle, mériterait ici d'appeler notre attention, en ce sens que sa cause est psycho-physiologique ; voici une nouvelle preuve de la liaison étroite qui existe entre les deux parties de nous-mêmes ; en effet, l'essence de ce fluide ambiant émanant de nous et qui nous enveloppe, cette atmosphère individuelle n'est pas absolument immatérielle, aurait même une certaine analogie avec la matière, puisqu'elle dépend de notre corps, tout en restant étroitement unie à notre âme, à notre cerveau ; le *substratum* de cet élément aurait sans doute quelque analogie avec l'électricité, fluide que nous renfermons en nous-mêmes ; ce serait peut-être l'essence la plus subtile du système nerveux qui du reste n'est pas sans rapport avec le fluide précédent.

Lorsque deux amants font une rencontre « où naquit d'un regard leur immortel amour », on pourrait prétendre sans risquer d'errer gravement que ce fait est un commencement de télépathie, puisqu'il y a sympathie entre leur atmosphère individuelle. De tous les sens et organes, la vue est celui qui possède au plus haut degré ce pouvoir de transmission. Souvent aussi deux personnes ont la même idée au même instant, sans cause apparente ; quelquefois, dans la rue par exemple, on rencontre une personne à laquelle on pensait ; phénomène de télépathie déjà plus accentué, qui devient plus rare et plus remarquable si deux sujets communiquent à des distances très considérables.

Qu'est le prestige, sinon la supériorité de ce fluide ambiant ; dans ce cas cela s'appelle le pouvoir rayonnant. Napoléon qui fit tomber tant de

générations, possédait ce don à un suprême degré ;
il a fasciné ses contemporains. Souvent on dit : cet
homme en impose. Pourquoi ? Il n'est pourtant
célèbre ni par ses écrits, ni par ses discours, ni par
ses actes. Telle est la traduction fortement exprimée,
mais inconsciente d'une cause très peu inconnue.

On voit donc que les sciences occultes et cachées, qui sont encore un mystère pour nous, ne
doivent pas être dédaignées, que s'il est vrai que le
savant doit s'extérioriser comme du reste le lui
commande l'allure du siècle, il ne doit cependant
pas négliger des questions tout à fait opposées par
leur nature à ces dernières, celles qui sont intimes
et intérieures, qui se recèlent dans notre intimité
la plus cachée, la plus profonde. La science a fait
jusqu'ici de grands progrès, mais combien de problèmes attendent-ils leurs solutions? Que dire des
mystères nombreux de l'atavisme, de l'hérédité et
de la génération, et dans cette dernière, pour ne
citer qu'un seul cas, quelle influence peuvent avoir
les échanges, les communications psychiques, l'état
d'esprit afférent à chaque conjoint au moment de la
copulation ?

Les sciences occultes sont assurément intrigan-
tes, chacun leur donne une interprétation différente, du moins quant à leur origine. Les positivistes qui ne croient pas à l'au-delà, ceux qui dési-
reraient qu'il n'existe pas de miracles, qui cherchent à les expliquer par l'auto-suggestion, attribuent aux faits relatifs au merveilleux, une cause

purement humaine. Pourtant il existe des faits, tels que les apparitions de l'ombre des morts, des prédictions des mourants qui se sont entièrement réalisées ; mais les scientistes préfèrent nier. La science, disent ces pauvres contempteurs de toute idée spiritualiste, sera la religion de l'avenir ; elle nous expliquera ces mystères qui nous entourent. Jusqu'à présent, ils ont assez mal réussi à établir notre origine première, avec l'espèce simiesque ; ils n'ont pas découvert le fameux anthropoïde ; il n'en existe pas de vivants, bien plus, aucun de leurs vestiges ne subsiste dans les restes encore à trouver de nos primitifs ancêtres. Ce seul fait qui est le *hic* de la chose en question, est à apprécier à sa juste valeur, qui est capitale dans la question présente.

L'opinion adverse qui s'appuie sur la foi, ne repose pas par là même sur des vérités mathématiques, des preuves scientifiques. Ainsi donc serait-il défendu à l'homme de régler son âme à la simple matérialité, à la preuve brutale, et d'ailleurs si la religion n'est pas dépourvue d'obscurité, la science de son côté est basée sur l'hypothèse.

L'astronomie nous montre bien à quel point certains savants ont emprisonné, emmuré leur esprit ; certains d'eux ne voient que des chiffres là où ils devraient voir le doigt de Dieu. Mais l'esprit, dans ses libres et éthérées aspirations, on ne le nourrit pas de chiffres ; les chiffres sont de fidèles instruments dans nos mesquines affaires terrestres, ils sont le pivot, la base dans la lutte pour l'existence.

Assurément, les nombres dans l'objet en question peuvent se traduire par l'infini, par l'n, et l'infini nous ramène à Dieu.

Nos vains raisonnements, notre volonté ne saura guère supprimer l'immanente force qui nous dirige. Souvent dans le tombeau de notre néant, nous nous tournons vers Dieu et nous lui crions : « Non, tu n'existes pas », et nous retombons inertes, mais convaincus plus que jamais. La volonté de l'homme n'est pas assez forte pour supprimer Dieu.

Assurément, les nombres, dans l'objet en question,

Au reste, devant cet insondable mystère qui nous entoure, devant ce nombre d'éléments dont nous sommes le jouet vain et inconscient, quoique très réel, que pouvons-nous faire, si nous n'avons d'autres soutiens que notre ignorance, notre impuissance, notre néant. Mais trop souvent l'homme se croit grand, mais comme il est petit !

Ignorant les forces qui nous poussent, nous nous débattons en vain dans cette nuit atroce de la vie, nous sommes égorgés par l'épervier du doute, nos âmes sont dispersées aux vents des désespoirs. Le mystère de notre destinée qui aspire à l'infini ne peut se résoudre qu'en Dieu, qu'en Celui dont tout dépend, au Maître absolu de l'Univers entier. Il est le refuge de la consolation, il est le port de l'espérance.

« Passez, souffles du Ciel, Dieu seul connaît la mort », devons-nous dire avec le poète.

CHAPITRE XIII

LES RAPPORTS ENTRE L'ÉTAT ET L'INDIVIDU ;
CE QU'ILS SONT, CE QU'ILS DOIVENT ÊTRE.

« Ni Dieu ni Maître » serait peut-être une admirable devise, si la plupart de ceux qui règlent leur conduite sur une complète indépendance d'idées, si ceux-là, disons-nous, n'étaient les premiers à reconnaître un Dieu et un maître. Or, ce Dieu qui est l'État, est une force extérieure à eux-mêmes, hors de leur propre nature, et ce maître est leurs mauvaises inclinations. Nous allons examiner où peuvent conduire de telles aspirations.

Pourtant, de si tristes citoyens qui implorent la faveur de servir sous la bannière de l'Etat, faisant ainsi abstraction de leur personnalité, de leur individualité, sont cependant parmi tous leurs frères, les plus fiers champions de l'individualisme. Cette assertion ne saura étonner lorsque sera précisée la signification de ce terme, faussé et détourné que leur donnent, par leur conduite, les fervents, non de l'égotisme, mais de l'égoïsme, variété la plus morbide ou plutôt l'antithèse absolue du véritable, du noble égotisme, qui enseigne le saint effort, soit l'individualisme. Celui-ci commande la lutte pour la vie d'une façon, honnête et effective ; cette façon de se conduire est la seule qui permettra au Progrès de rompre les chaînes qui, jusqu'à présent, ont pesé sur nos épaules.

Oui, il faut que l'homme mette en jeu toutes les facultés qui peuvent déterminer sa propre action ; qu'il fasse agir les ressorts de son être en entier ; son esprit pourra se permettre toutes les saines audaces, les élans nobles et ardents ; son corps, au lieu d'être le maître, devra être au contraire l'esclave de l'esprit. Or, la loi du siècle désigne sous le nom de liberté, celle qui est commandée par nos mauvais penchants, par notre mauvaise nature ; quant aux opérations élevées de l'âme, elles sont étouffées sous le poids de l'égoïsme de la basse sensualité.

Jamais ne sera trop exaltée cette noble liberté : malheureusement, aujourd'hui plus que jamais, elle est dénaturée dans sa signification par ses cyniques détracteurs.

Dans un roman où il y a de l'arrivisme même dans le titre, on apprend que l'homme n'a d'autre fin que celle de son intérêt le plus proche et le plus immédiat. C'est très beau qu'il soit permis de « tuer le mandarin » ou le prochain en généralisant, lorsque notre intérêt le commande ; mais cette belle doctrine rend autrui victime des principes qu'elle préconise ; de plus, elle risque aussi bien d'annihiler l'existence de celui qui la met en pratique, car ce dernier ne saurait contester que la loi du talion n'est pas faite pour lui.

Voilà les idées qui, aujourd'hui, inspirent les esprits : si du moins leurs adeptes faisaient montre par ce fait, d'une réaction individuelle courageuse ; sans doute il y va de leur tête, mais il n'en demeure pas moins vrai que s'ils s'étaient procuré des moyens d'existence, comme font tous les autres bons citoyens, ils eussent fait preuve ainsi d'une plus saine audace, mais on croirait que le mal ait seul le pouvoir de les attirer.

Généralement, ceux qui se réclament de l'Etat, produisent rarement de tels actes : ceci, nous voudrons bien l'admettre, mais en partie seulement. Il suffit de se rapporter à certains désordres qui ont éclaté et qui se sont fomentés, non par le fait des véritables travailleurs honnêtes, passagèrement insoumis, mais plutôt à cause de ces divers individus sans aveu qui n'en étaient pas moins les plus fermes appuis du pouvoir établi; en un mot, les municipalités ont fait en petit ce que l'Etat, sur lequel d'ailleurs elles se réglaient, faisait en grand.

Par contre, étaient tenues à l'écart et considérées comme quantités négligeables, toutes les forces productives et réellement individualistes, mais bien qu'elles constituassent la nation, l'essence même des forces du pays, l'État, ce vain fantôme, du moins par son action utile, mais détenant en mains le pouvoir, a donc favorisé uniquement les éléments maléfiquement actifs, quoique stériles, qui constituaient pour lui ses soutiens. Mais de telles conditions ne peuvent durer indéfiniment dans un pays ; il arrivera un jour que les cœurs et les esprits se révolteront.

Les étatistes militaires ne pouvant apporter d'autre secours au gouvernement, sinon celui de servir d'instrument à ses desseins, furent relégués de côté, sauf ceux qui s'occupèrent de la politique du jour, qui devint le champ de bataille pour gagner ses galons.

Qu'est-il résulté de cet état de choses ? Toutes les énergies productives et libres ayant été écrasées par les éléments nuisibles et constitués, le pays a été diminué dans son ensemble.

La mauvaise liberté s'étant déchaînée avec tous les mauvais instincts, parce que plus attirants, et la saine liberté ayant été entravée, les uns comme les autres en ont souffert; en pouvait-il être autrement, puisque la loi de Dieu avait été considérée comme n'existant pas, aussi bien par l'État que par l'individu perverti.

Ce dernier avait mis toute sa confiance en ce mannequin solide pour l'heure qui s'appelle le gouvernement.

Par contre, le malheureux qui ne savait ou n'osait élever la voix, celui-là était réduit à la misère, et alors qu'il eût dû être aidé momentanément, il fut au contraire délaissé. Comme les changements économiques et matériels de l'Evolution devenaient de jour en jour plus importants, il fut lui-même de jour en jour plus malheureux ; aussi bien sur le sol national de la mère patrie, que sur le sol national d'outre-mer, il ne peut trouver une place qui y était toute désignée ; il ne put ainsi profiter des avantages des intrigants, des mauvais audacieux qui avaient su capter en entier, la faveur de ce maître lâche autant qu'injuste.

Cette situation fut rendue d'autant plus aiguë que des nationaux cosmopolites avaient mis le pays en coupe réglée, avaient su aussi habilement que criminellement profiter de la divergence des uns et des autres et l'argent, comme un vent violent, attisa l'incendie.

La France ne sera libérée de tous ces éléments morbides, aussi bien de ces peu nobles héros de la haute finance qui machinent souterrainement leurs manœuvres que de cette lie qui n'est pas le prolétariat et qui tend à faire comme la populace de Rome, que lorsque tous les citoyens ne reconnaîtront d'autre guide que Dieu et leurs aspirations naturelles, relevant de l'honneur et de la véritable liberté.

L'homme, en principe, ne doit pas se courber devant l'homme, et s'il y consent ou s'il y est contraint, c'est uniquement parce que des lois qui existent sur terre le condamnent à cette inégalité, qui du reste est inséparable de notre nature.

Tout individu fier de son indépendance et partisan de la liberté devrait tendre, et c'est là sa fin première, à se procurer des moyens d'existence par sa propre action ; mais en ce monde, l'homme a nécessairement des rapports avec son voisin, or, ces rapports sont un facteur qui doit entrer en ligne de compte ; par suite, l'homme véritablement libre est celui qui respecte également la liberté des autres ; or, actuellement, avec nos doctrines d'individualisme détourné et subversif, il n'y a que la liberté du mal, la liberté contre autrui, qui est admirée et soutenue.

L'homme, avons-nous déjà déclaré, doit rechercher sa pente naturelle la plus favorable. De nos jours, il semblerait que, plus que jamais, ce résultat ait été négligé. Les enfants du siècle, il est vrai, ne parlent que de la Nature, sur laquelle seule nous devons nous régler et nous laisser entraîner en nous y précipitant de nous-mêmes, jusque dans les dédales de ses chemins les plus tortueux et les plus obliques. Les adeptes de l'amour libre ne connaissent pas de bornes à leurs désirs ; or, justement ces enthousiastes de la nature sont les premiers à faire dévier l'homme des conditions normales et primitives pour lesquelles il semble avoir été créé.

Beaucoup de nos jouisseurs modernes qui pratiquent cet isolement immoral, antinaturel et par suite antisocial, qui s'appelle le célibat, sont fort peu enclins à trouver conforme à leurs tendances et à leurs principes, cette vieille et peu moderne coutume du mariage. Avoir à côté de soi une compagne avec qui on partage ses soucis, ses pensées, son âme en un mot, avoir des enfants qui semblent faire revivre votre propre personne, paraît à ces audacieux, mais timides novateurs, non pas seulement inutile et superflu, mais pire que cela, ils trouvent que cela devient une lourde charge que ce rôle normal et moral qui provient de l'union conjugale.

Ne sont-ils pas les premiers eux-mêmes à aller à l'encontre de la façon la plus formelle contre les lois de la nature qui s'appelle le renouvellement de l'espèce ? Une telle conduite ne saurait étonner de leur part ; car ils ne connaissent que la loi du moindre effort ; le sacrifice, le devoir est souvent pénible, mais les récompenses morales qu'ils apportent avec eux compensent les soucis qu'ils ont occasionnés pour ce motif et pour bien d'autres ; cette liberté de l'isolement sexuel est une liberté pervertie autant que malsaine. Cette loi n'est pas sans doute fixe et immuable, elle est susceptible d'avoir des tempéraments et des variations, lesquels deviennent d'une légitimité absolue lorsqu'ils sont conduits par un mobile d'un ordre plus élevé que ceux dont il est question spécialement ici.

L'homme ne devrait que chercher ses inclinaisons naturelles ; or cette loi, qui, concurremment avec celle de la propagation de l'espèce de l'amour, s'appelle acte de l'instinct de conservation, lui infère d'autres devoirs ; l'homme, quel que soit l'échelon où il se trouve, doit se défendre avec tous les membres de la collectivité dont il fait partie contre les membres d'autres collectivités. Ces collectivités sont de différentes sortes ; on peut distinguer parmi elles, celles qui sont intérieures et sociales, soit les partis, les casic, et autres associations analogues et la collectivité, celle-ci est une, qui est appelée nationale, soit la patrie.

Or aujourd'hui, est déclaré homme libre, celui qui renie qu'il est une partie, une entité de la nation. En temps de conflit, il traduirait ses principes de la façon la plus nette et la plus exacte en passant à l'étranger, et il accuserait d'esclave sans doute son frère qui va affronter les balles de l'ennemi ; il est peut-être préférable d'être l'esclave de sa propre raison, de ses propres sentiments qui sont aussi nobles dans leurs principes que pratiques par leurs résultats, sinon pour nous, du moins pour nos proches, que d'être esclave d'une prudence excessive. Non pas que ce soit un bel exemple de se faire hacher inconsciemment ; les volontaires de la Révolution sont bien plus admirables à ce point de vue que les malheureux soldats que sacrifia Napoléon Ier. Ceux-ci, comme les Japonais aujourd'hui, étaient enthousiasmés par une idée, l'idée de patrie ; or, bien qu'il ne soit pas nécessaire d'avoir la foi religieuse unie à la foi patriotique, il est certain que l'une ne peut que rendre l'autre plus vivace (on l'a bien vu en 1870 avec les zouaves de Charette), ce qui ne veut pas dire que les autres combattants ne firent pas leur devoir ; mais certains n'eurent pas cet enthousiasme raisonné qui opère des prodiges.

Ainsi donc, le citoyen, même celui qui possède au plus haut degré le sentiment national, est un homme essentiellement indépendant, car il ne connaît d'autre guide, d'aucune force supérieure à lui-même que celle de Dieu et de la Patrie, et rien n'est plus faux que de déclarer qu'il est le jouet d'ambitieux.

Quoique l'homme ne doive rendre compte de sa conduite qu'à Dieu seul, il est obligé pour atteindre la fin naturelle de sa propre conservation, de se soumettre à d'autres hommes, qui souvent lui imposent impérieusement des lois de discipline; il doit, d'un autre côté, pour atteindre ce but de conservation générale intérieure, confier à d'autres la conduite de certaines affaires, faute de quoi la société ne saurait subsister ; il remet donc au pouvoir public le soin de le défendre et de le protéger, et indirectement aussi, celui de le punir, s'il transgresse des lois immanentes, mais les pouvoirs publics, police, administration et autres rouages ne doivent pas être des éléments indépendants, ils doivent être assujettis de la façon la plus étroite aux individus qui représentent ces pouvoirs et qu'ils ont délégués. Or, ce n'est guère ce qui a lieu aujourd'hui, où l'État vit à part, complètement isolé de la nation.

Toutes les sociétés en qui un tel manque d'équilibre se manifeste sont vouées à une échéance pareille ; dans ce cas, c'est une autocratie, une tyrannie collective ; ce n'est plus la chose publique, c'est la chose de quelques-uns; or aujourd'hui, nous avons un parfait modèle d'oligarchie. Assurément les représentants en qui sont confiés les mandats dont ils ont la charge, sont élus par ceux qui leur donnent leurs voix directement, mais ceci n'implique pas que ces mêmes élus traduisent fidèlement par leur conduite, les actes qu'on espère attendre d'eux, et ici nous négligeons complètement encore le nombre de cette majorité, qui s'appelle la minorité ; par suite de la justice inhérente à notre gouvernement niveleur, plus en théorie qu'en pratique, sur les façades murales que par les faits.

Mais envisageons seulement l'intérêt même de ceux qui élisent ces mêmes représentants. Peut-on affirmer que ces derniers traduisent exactement par leurs agissements, tous les vœux et les aspirations de leurs électeurs ? Peut-on soutenir, par exemple, que le peuple français qui est patriote dans l'âme ait vu se réaliser ses désirs, lorsque a été mis en vigueur ce programme de désorganisation nationale ? Dans une autre sphère, est-ce que cette loi concernant la séparation est bien celle de la majorité de la nation ? Toutes ces fraudes, sur grande échelle, ne se produiraient pas si l'or sémitique et les basses manœuvres maçonniques ne corrompaient également et les élus et les principaux des électeurs, soit les meneurs. Il est évident que l'État, juif et franc-maçon, récompense à merveille les principaux auteurs de ces désordres qui le font subsister ; bref, ce n'est pas l'État qui gouverne, mais une faction qui mine sourdement notre pays ; peut-être serait-il temps d'user des moyens nécessaires.

L'individu pour l'Etat, l'Etat pour l'individu, telle est la loi du jour ; en profitent seuls les soutiens de ce fantôme débile entretenus par une secte externe, soutiens qui représentent seulement une partie infime des citoyens, et lesquels également ne font bénéficier que les électeurs auxquels ils doivent leur situation pour la cause précitée ; par suite l'Etat est contre l'individu, contre celui qui est victime de cette inégalité, mais ce dernier doit agir de même.

Si les intérêts sociaux, intérieurs et économiques du pays étaient mieux gérés, cette misère artificielle signalée plus haut n'existerait pas ; il serait facile de trouver dans le pays comme en dehors, une situation honnête à tous ceux qui ont des bras et qui ne demandent qu'à travailler ; la nation y gagnerait en vigueur, en élan, en intensité dans son ensemble ; malheureusement cette turbulence, cette agitation est aussi aveugle que stérile sauf pour les grands et les petits meneurs.

L'homme est trop sujet à l'homme, il ne l'est pas à ses propres principes et à Dieu ; la liberté lui est voilée au bien, il la foule aux pieds. Il ne tient pas compte de la voix de Dieu, qui lui délimite d'une façon exacte la nature et la portée de son individualité, de son action propre ; actuellement il ne reconnaît que son seul intérêt, ne se rendant pas compte qu'en agissant de la sorte, il tourne contre le but qu'il se propose.

Souvent il est nécessaire qu'il accomplisse son devoir, qu'il s'expose à de nombreux sacrifices : parfois il doit donner sa vie pour conserver celle de ses frères, la plupart d'entre nous doivent servir sous la dépendance d'un homme qui nous est supérieurement social, mais ceci est dans la nature des choses, et du reste, sous d'autres faces, ces mêmes sujets qui sont soumis à un maître sont absolument libres et indépendants, leur voix compte autant que celle de celui dont ils sont les subordonnés, et puis l'entente n'est-elle pas la meilleure des libertés ?

En résumé, il est nécessaire pour que l'équilibre social soit établi sur ses bases véritables et logiques, que l'individu soit dans l'État, avec l'État, par l'État ; la réciproque de cette doctrine n'en sera pas moins vraie ; il faut que l'État soit dans l'individu, avec l'individu, par l'individu ; or aujourd'hui l'État est pour l'individu, c'est-à-dire pour quelques individus, par suite il est contre tous les autres. Pour l'individu, c'est le collectivisme, c'est l'anarchie malgré les avantages spéciaux et apparents de cette belle doctrine ; contre l'individu, c'est l'oppression muette d'abord, puis révoltée, ce qui arrivera peut-être, il faut du moins l'espérer. Or, de ce double privilège, nous en jouissons actuellement en attendant d'en constater les résultats.

L'homme ne se servira de tous ces éléments que le Progrès lui a mis sous la main, que s'il ne se laisse pas conduire et régir par lui, qu'il le replace sous ses bases anciennes et véritables, condition primordiale pour qu'il en bénéficie, qu'il donne satisfaction aux droits de la Nature, celle que Dieu créa, non que l'homme inventa.

CHAPITRE XIV

LES NOUVELLES BASES SUR LESQUELLES SERA CONS-
TITUÉE LA SOCIÉTÉ DANS L'AVENIR. — CONCLU-
SION.

Nous avons déjà parcouru divers champs de la
société, considéré divers milieux, demandé leur
appui à de nombreuses connaissances et sciences.
Notre tâche étant éminemment objective et générale, nous craignons à propos de chaque question
que nous avons traitée, sur chaque sujet sur lequel
nous nous sommes arrêté, de n'avoir pas attribué
l'importance que chaque fait méritait réellement.
Il est bien difficile de juger les choses selon leur
nature, leur valeur propre ; c'est ce que cependant
nous devons chercher, mais pour atteindre ce but,
il faut que nous nous dégagions de notre étroite
sphère, il faut que par moment nous nous élevions.

Or, dans le siècle où nous sommes, il semble que
nous avons une tendance à nous enfoncer toujours
davantage dans notre ornière, à restreindre
notre horizon, nous craignons la bonne sainte audace, la saine liberté, celle qui demande l'effort et
non pas qui le supprime, effort qui, du reste, pré-
serve souvent du désastre.

Si nous portons trop exclusivement notre attention sur notre centre, ce n'est pas une raison pour affirmer que nous nous y attacherons plus, que nous le connaîtrons mieux, que nous l'exploiterons davantage ; par un commerce, des relations plus suivies avec les autres centres, nous atteindrons par là, la seule fin capable de l'élever à la hauteur que commande notre véritable intérêt, notre fin la plus adaptée et la plus saine.

Oui, plus que jamais, il faut que nous décentralisions, de toutes façons. La science, jusqu'à présent dans ses différentes branches a été trop localisée, trop spécialisée à tel groupe d'individus ; de plus elle a été d'un autre côté trop séparée des autres, ce qui n'est guère conforme au Progrès, car souvent de la combinaison de deux sciences en naît une troisième, comme celle de deux idées en engendre une autre, comme le multiplicateur et le multiplicande donnent un produit, comme la naissance provient du rapprochement des sexes, un rejeton de la greffe. Autant d'exemples qui nous prouvent qu'il existe un enchaînement étroit de causes et d'effets dans tout ce qui nous entoure, que des lois primordiales et générales président à nos destinées.

Non pas que nos esprits doivent porter leurs efforts sur des champs nouveaux ; ce n'est pas ce que nous voulons avancer ; nous serions plutôt tentés de dire que les découvertes que nous avons faites sont trop nombreuses, qu'elles ne nous laissent pas en quelque sorte le temps de respirer ; mais plutôt, il faut que nos efforts, au lieu de chercher à s'établir sur d'autres points, se contentent de ceux déjà connus, du capital déjà acquis, dans le but de mieux l'exploiter. Pour atteindre ce résultat, il faut que chaque branche se délocalise, s'extériorise, sorte de sa sphère ; par là, elle sera mieux connue, éclaircie, divulguée, répandue.

Il faut que les connaissances que nous avons faites reçoivent désormais une solution qui, au lieu de les approfondir chacune séparément, les isolant par le fait, les groupe au contraire, leur donne une âme, un trait d'union.

La cohésion de toutes les forces qui nous entourent pourra seule nous acheminer vers des conditions d'existence qui soient en rapport avec notre époque.

Nous sommes à un tournant difficile de la route des temps ; jusqu'ici les efforts de l'homme se sont portés à la recherche et à la découverte de véritables merveilles, mais qui sont trop restées juxtaposées les unes à côté des autres.

Il faut qu'après l'analyse qui sépare, décompose les éléments, vienne la synthèse qui rassemble, qui reconstruit. On sait que dans tout phénomène, on distingue trois phases : l'observation, l'expérimentation, la reconstruction. Dans les âges antérieurs au siècle qui vient de s'écouler, on se contentait de remarquer un phénomène sans que l'on connût la cause qui présidât à son évolution ; de nos jours, n.ous avons pénétré partout, nous avons beaucoup expérimenté et étudié ; il s'agit de ne pas perdre le fruit de tant d'efforts ; nous n'y parviendrons que par la synthèse, c'est-à-dire la sociologie.

Le monde actuel connaît beaucoup, mais n'embrasse pas tout ; ce qui lui manque, c'est de rapporter ensemble les diverses composantes qui le forment, d'en construire un tout complet, un ensemble harmonieux, utile aux meilleures fins de l'homme, capable de le mettre sur la voie du véritable Progrès.

Les lignes suivantes auront pour but, après quelques considérations générales, de rechercher sur quelles bases pourrait être reconstituée cette incessante évolution qui plus que jamais se manifeste sous une allure qui n'est de jour en jour, hélas ! que trop précipitée.

*
* *

De tout temps une société n'a vécu en harmonie avec les éléments qui la composaient, qu'autant que les forces qui la dirigeaient étaient unies, coordonnées entre elles, que les partis fraternisaient comme les individus, lorsque les institutions concordaient avec les mœurs, lorsque toutes les forces accompagnaient et soutenaient la marche de la collectivité.

Il en est de même, quelle que soit la chose que l on considère ; les idées doivent concorder avec les éléments du siècle qui leur commande telle ou telle variation ; mais ces idées ne peuvent guère changer, surtout celles qui sont immanentes et générales, mais on peut leur donner une tendance nouvelle sans les dénaturer par ce fait. Ainsi les aspirations vers la liberté, sont de toutes peut-être les plus belles, mais si elles se restreignaient à une catégorie d'individus pour lesquels elles seraient même plus développées au détriment des autres, cette liberté serait par ce fait détruite.

D'une façon générale, les solutions les plus simples sont les meilleures, parce qu'elles sont les plus naturelles. Ainsi l'homme a surtout vécu de la terre jusqu'à notre époque ; or, aujourd'hui, il faut qu'il vive de la terre, mais s'il ne peut y parvenir dans le lieu et par le mode sur lequel se sont réglés lui et ses pères, il faudra qu'il trouve une solution moderne à ce moyen d'existence extrêmement primitif, puisque les milieux et les circonstances le lui commandent.

Pourtant nous sommes à une époque où les éléments de la société sont extrêmement nombreux, mais l'étude de ces mêmes éléments, qui se sont accumulés depuis un siècle et qui tendent à s'accumuler encore par la suite, nous prouve cependant que leurs conditions de vie générale n'ont pas varié sinon par le chemin suivant lequel ils doivent être conduits. Le système collectiviste, simple en apparence, est d'une application matériellement impossible, car jamais l'humanité ne l'a encore employé et ne s'en servira du reste jamais ; ce même système si complexe, — semble apparemment moins audacieux qu'un autre qui impose la loi impérieuse de franchir les mers ; en réalité, celui-ci est le plus pratique et le plus contingent, car son résultat expérimenté de longue date déjà est plus propre à réaliser les fins de l'homme.

La même loi qui, de nos jours, commande à un peuple de s'extérioriser, de prendre contact avec les autres, exige le même effort des diverses parties qui le composent, c'est le régionalisme, cas particulier de décentralisation générale, — donnant ici à ce terme son acception la plus étendue —. Les provinces, les pays doivent communiquer entre eux, comme les individus, les partis, les nations, tous les éléments de l'humanité. En tout, ce principe trouve son application.

Si deux hommes unis sont plus forts à cause de la communauté de leurs efforts ou de l'échange de leurs moyens d'action, différents de l'un à l'autre, il est évident que deux sciences s'éclairent, se complètent l'une l'autre. Nous avons déjà cité cet exemple concret. La géographie réduite à l'étude des positions des lieux est une succession de notes qui ne parlent qu'à la mémoire et n'instruisent pas en réalité ; mais si elle est coordonnée à la botanique, la géologie, la zoologie, l'histoire, l'ethnographie, elle devient une science très apte, pleine, compacte, capable de rassasier en quelque sorte notre esprit.

Nous avons déjà déclaré que les lois, les principes les plus simples, étaient les meilleurs ; or, celui-ci que nous signalons en ce lieu, la cohésion, l'effort commun, est rangé parmi ceux-là; si nous voulions en puiser l'origine à une source, une vérité mathématique, nous serions obligés de reconnaître que c'est un pur truisme, parce que les principes les plus simples sont les plus vrais, les plus évidents. Donc, puisqu'il est certain que deux et deux font quatre, il s'ensuit que l'addition, que nous devons traduire dans le cas présent par la synthèse, de toutes les forces qui nous dirigent, deviendra susceptible de donner des résultats bien autrement supérieurs à leur juxtaposition incoordonnée.

Or, puisque le monde actuel présente devant nous une infinité d'objets, d'éléments, de matériaux de toute nature qui composent l'édifice social, il nous est imposé un devoir, il nous est créé la nécessité de produire un effort en rapport à la multitude de ces différentes forces ; cet effort est évidemment leur coordination ; s'il n'en était pas ainsi, il s'ensuivrait fatalement que l'ensemble des parties qui se trouvent dans l'humanité, auraient une tendance à s'éloigner, à s'isoler, à se disséminer toujours davantage ; l'homme en serait la première victime, l'homme civilisé surtout, plus encore que celui dont les modes de subsistance sont frustes et primitifs.

Parce que l'humanité a évolué et évolue de jour en jour avec une rapidité surprenante, les éléments qui la constituent devenant de jour en jour plus nombreux, il ne s'ensuit pas que l'effort que nous devrons produire, pour être en rapport avec son allure de plus en plus précipitée, doive nous conduire à une simple action irraisonnée, brutale.

Loin de là, si le moyen qui nous permettra de coordonner entre eux ces forces nombreuses, nous commande une simplification, même une centralisation, le résultat qui se produira après avoir passé par le creuset de la synthèse, nous commandera justement la variété. Nous allons prendre un exemple vivant. Supposons que, dans une société, il existe dix individus différents qui exercent dix professions distinctes. Si ces individus n'ont pas de relations entre eux, ils ne sauraient en aucune manière jouir des avantages qui résultent ordinairement de ce fait : l'un s'adonnera plus qu'il ne conviendrait à une tâche qui sera de nature à lui fatiguer outre mesure le corps, son voisin, au contraire, s'exténuera à une besogne physique. Cet exemple excessivement simple nous montrera qu'un mélange approprié, qu'une heureuse diversité en toute sorte serait plus heureuse dans la société, à condition que cette diversité réside dans la nature de la fonction inhérente à tout individu, et non dans le nombre et la diversité des fonctions qui tendraient à isoler les mêmes individus les uns des autres. Or, variété et harmonie sont deux proches parentes.

De là, résulterait pour la collectivité comme

pour l'individu une période d'équilibre moral, de bien-être matériel. Par là, les hommes auront une tendance moins prononcée à apprécier chaque chose suivant la base spéciale à chacun d'eux, suivant les limites de leur rayon visuel.

Trop souvent des personnes expriment leur opinion sur tel ou tel objet d'après leur point de vue spécial qui est directement subordonné à la fonction qu'ils exercent, d'après l'angle où ils se trouvent placés. Ils n'aperçoivent que les petits côtés, parce que petit est leur esprit, puisque petite est leur attribution.

On peut même affirmer qu'il y a substitution entre leur cervelle et leur fonction : la machine remplace leur esprit, ils sont possédés inconsciemment par le démon de leur automatisme : oui, ce sont des inconscients, des possédés, des automates ; en fait d'esprit ils n'ont que l'esprit de corps ; ces personnes, dira-t-on, ont de la suite dans les idées, oui, comme des moteurs ont de la suite dans leur mouvement... quand ils sont lancés.

Le Progrès supprime les distances ; s'il s'agit de distances topographiques nous en convenons, mais non entre celles des esprits ; du reste, plus que jamais, ces mêmes distances ne tendent qu'à s'éloigner de plus en plus par suite de cette localisation excessive dans laquelle chacun se cloître et s'emmure.

C'est cette localisation qu'il s'agit de combattre si nous voulons jouir de cette cohésion, de cette

concorde, de cette entente qui procèdent du cœur
aussi bien que de l'esprit.

Le problème social est, il faut l'avouer, devenu
à notre époque d'une complexité inouïe. Un vilain
au moyen âge bornait le champ de sa curiosité à
celui que l'horizon limitait au lointain ; un seigneur restreignait ses relations diplomatiques à
celles qu'il entretenait avec un problématique et indécis suzerain ; aujourd'hui le moindre ouvrier manuel est à même de connaître ce qui s'est passé à
l'autre extrémité du monde ; et c'est justement parce
que le problème social est devenu d'une telle complexité soit à cause de l'extension des moyens de
communication, soit par suite de la multiplicité
des attributs que nous ne devons pas nous laisser
envahir par ces processus, par ce dernier surtout,
l'autre étant plutôt un moyen adjuvant.

Nous allons chercher, dans la suite, sur quelles
bases nouvelles il y aurait lieu de reconstituer le
progrès, quels efforts nous devons produire pour
le faire converger dans des chemins qui résultent
des nouvelles conditions de notre état social.

Tout le monde admettra sans conteste que plus
l'Evolution se manifeste, moins accentuée devient
pour chaque individu, l'effort moyen physique.

L'homme aura donc par un certain côté un moindre effort à effectuer, mais par contre, il faudra
qu'il produise une énergie d'une autre nature et
cette action sera beaucoup plus noble, plus élevée,

il devra accomplir une tâche morale et intellectuelle plus grande : donc le cœur de l'homme deviendra meilleur et son esprit plus grand. Voilà en quoi consistera le vrai Progrès, voilà où nous pousse l'incessante et véritable évolution qui pourra nous élever à la hauteur de la mission pour laquelle nous sommes sur le monde.

Dans ce siècle d'épais, de sordide matérialisme, d'utilitarisme étroit et sans but, il semble que nous n'avons cherché jusqu'ici qu'à nous courber davantage vers le sol, à nous accabler de lourdes et grossières chaînes ; nous n'avons pas semblé jusqu'ici avoir attaché d'importance qu'aux choses purement positives. Les conséquences n'ont pas dérogé aux causes qui les avaient produites. L'égoïsme ayant étouffé tout sentiment moral en nous-mêmes, nous n'avons songé qu'à jouir vulgairement et isolément, sans penser à nos semblables ; mais ceux qui nous voyaient ainsi dans l'opulence ont agi d'une façon en rapport avec les exemples que les plus heureux leur offraient, ils ont fait la réaction opposée par les moyens les plus subversifs, il en est résulté des désordres qui s'accentueront toujours davantage si l'homme ne devient pas meilleur.

L'égoïsme et la sensualité ayant étouffé les bons sentiments de l'homme, il en est résulté que son esprit a été perverti également. Cette chose si belle qui s'appelle le développement de l'instruction, ou en d'autres termes celui de l'intelligence, nous

l'avons si mal dirigée vers sa fin véritable et honnête, que certains ont déclaré qu'étant donné les
résultats qu'elle produisait, il fallait la combattre,
voire l'annihiler. Une telle assertion est insoutenable, car le raisonnement sur lequel elle s'appuye
est dépourvu de saine et véritable grandeur. Si
l'instruction, le développement de la science ont
rendu l'homme plus mauvais, c'était évidemment
parce que son cœur corrompu, a corrompu et contaminé également son esprit et d'autres éléments
qui, au lieu de l'éclairer, l'ont égaré au contraire.

Cette variété, que nous avons signalée plus haut
doit être un insigne du Progrès, il sera nécessaire
qu'elle se manifeste désormais chez l'homme, car
s'il s'enfermait trop dans son attribut, il souffrirait autant de cet isolement que son voisin souffrirait du manque d'aide qu'il serait dans le cas de
lui apporter.

Tel n'est pas le seul motif qui doive nous décentraliser, nous extérioriser (termes pris dans leur
sens le plus général, qui confine avec l'élévation).
par elle non seulement l'homme bénéficiera de cette
nouvelle situation au point de vue matériel, mais
encore au point de vue moral et intellectuel il sera
plus élevé.

Nous allons considérer les différents champs où
son regard pourra s'étendre. Commençons par son
propre domaine, sa propre demeure, qui est en
grand, le globe tout entier. Ce globe est à lui, il
aura le droit d'y pénétrer partout, d'en explorer

les profondeurs et les faîtes, d'y appliquer sa pensée, de la fondre dans la splendeur de la planète. De ce fait il en retirera un avantage pratique, puisqu'il sera à même de comparer son centre avec les nombreux et nouveaux centres qu'il examinera ; mais nous nous occupons ici du côté moral. Rien ne lui sera caché ; les beautés de la nature qu'il contemplera, le grandiront tout entier, son âme en sera élevée, et s'il monte sur le glacier, il verra dans toute sa beauté, sa majesté noble et fière, les plus belles parties de son domaine, lequel il a le droit d'interroger et consulter en quelque sorte, car la Grande Nature parle, elle a une voix sauvage, sévère, mais noble et salutaire. Un paysage est un état d'âme ; son âme se fondra avec le paysage.

Les instruments matériels du Progrès lui permettant de pénétrer plus profondément cette mère de la Nature, il ne saurait s'y dérober à moins qu'il ne préfère borner son horizon et se concentrer dans la petitesse malsaine des cités.

Tel ne sera pas le seul but de ses désirs, la seule fin de ses efforts. Lorsqu'il aura retrempé son âme et son cœur au sein de ces beautés terrestres et naturelles, il lui sera permis de venir également s'élever, se polir tout à la fois devant les chefs-d'œuvre de l'esprit humain.

Or il serait vain de nier que, depuis les siècles qui ont connu Homère jusqu'à nos jours, le capital intellectuel n'ait pas acquis une importance suf-

fisante pour contenter l'esprit de l'homme le plus
curieux et le plus désireux d'acquérir une culture
intellectuelle développée.

Quelle source de félicité découlerait aujourd'hui
pour la société, si l'homme, au lieu de s'abreuver
d'un poison vert, une fois que sa besogne est terminée, pouvait élever son esprit en le mettant en
contact de ceux qui portent au plus haut degré la
beauté de la pensée ? Faudra-t-il donc que l'homme

Passe comme un troupeau, les yeux baissés sur terre,

Faudra-t-il toujours qu'il n'obéisse qu'à ses mauvaises passions, qu'il ne veuille écouter ni la voix
de sa conscience qui lui enseigne le beau, le sain, le
noble effort ; faudra-t-il qu'il ne connaisse d'autres
distractions que celles qui souillent tout lui-même,
qu'il ravale son esprit et son corps ? Nous devrons
constater que la loi du siècle est entièrement
conforme à ces tendances : morale, beauté, noblesse, religion, idéal, autant de mots vides de
sens.

Il est un principe que personne ne saura contester, à savoir que Progrès signifie élévation, terme
qui doit s'entendre aussi bien pour l'élévation morale que pour le bien-être physique. Or, jusqu'ici
ce dernier élément est seul entré en ligne de
compte. Aucune calamité plus grande que celle-là
ne pouvait nous accabler.

Ce ne sont pas seulement les lettres qui représentent le beau, les arts également peuvent, presqu'au même titre, distraire l'homme et même ils ont un cachet égal de finesse et de beauté ; ils sont à même de nous élever, nous ne devrons pas les négliger. Celui qui ne connaît pas le sentiment de l'esthétique est aussi à plaindre que celui qui ne saisit pas la beauté d'une poésie impressionnante ou que celui dont les sens subtils ne sont pas captivés et transportés par les sons de la musique aérienne et troublante.

Le Progrès nous commande donc de tendre vers le beau, mais le beau se traduit de diverses manières. Une erreur grossière est de croire que finesse et élégance est synonyme d'amollissement et de faiblesse de caractère ; pour être dans le vrai, il faudrait établir l'assertion contraire ; courage et finesse sont deux choses très semblables parce qu'elles dérivent toutes deux de la même source qui est la beauté, l'idéal, le bien, tout ce qui représente une valeur morale, alors que l'amollissement, comme le plat prosaïsme, stigmates de ce siècle si dégradé, tendent au contraire à nous abaisser.

Que nous réservent les âges prochains ? Cette question intrigue chacun. Les partisans de l'amour libre, de l'internationalisme, les disciples de Sardanapale, comme il y en a tant à notre époque, font seulement des rêves de prospérité irréalisable. Qui sait si un jour le son du canon ne nous réveillera pas de notre mollesse ? Voilà une question que notre abnégation froide résoudra mieux que notre indifférence. Oui, ayons de l'abnégation, et pourtant la plus ferme résolution, soyons prêts à tout ; soyons vigilants sans perdre cette saine, cette héroïque gaieté, la plus belle forme du courage.

Nous voilà bientôt au terme de notre œuvre ; quelle en sera la conclusion morale et générale ? Appuyé sur notre seule force, ce serait en vain que nous l'exposerions. A nôtre aide nous appellerons deux grands hommes ; ce ne seront ni des philosophes, ni des savants, mais des poètes. Que devient la pensée si, froide et sèche, elle n'est pas relevée et agrémentée tout à la fois, par la beauté de l'expression, par la forme poétique ? Le Beau doit marcher de pair avec le Vrai, la Nature avec l'Idéal. De notre part, ce sera une protestation de l'Idée contre la matière ; contre le siècle actuel les envolées superbes et les pensées profondes qui vont suivre seront et une insulte et un encouragement. Maintenant, écoutons le plus pur, le plus vrai de nos poètes :

Eh ! qui m'emportera sur des flots sans rivage ?
Quand pourrai-je la nuit au clarté des orages,
Sur un vaisseau sans mâts, au gré des aquilons,
Fendre de l'Océan les liquides vallons,
M'engloutir dans leur sein, m'élancer sur leurs cimes,
Rouler avec la vague au sein des noirs abîmes,
Et, revomi cent fois par les gouffres amers,
Flotter comme une écume au vaste sein des mers ?
D'effroi, de volupté tour à tour éperdue,

Cent fois entre la vie et la mort suspendue,
Peut-être que mon âme au sein de ces horreurs,
Pourrait jouir au moins de ses propres terreurs,
Et, prête à s'abîmer dans la nuit qu'elle ignore,
A la vie un moment se reprendrait encore,
Comme un homme roulant des sommets d'un rocher
De ses bras tout sanglants cherche à s'y attacher.
Mais toujours repasser par une même route,
Voir ses jours épuisés s'écouler goutte à goutte ;
Mais suivre pas à pas dans l'immense troupeau
Ces générations, inutile fardeau,
Qui meurent pour mourir, qui vécurent pour vivre,
Et dont chaque printemps la terre se délivre,
Comme dans nos forêts, le chêne avec mépris,
Livre aux vents des hivers ses feuillages flétris ;
Sans regrets, sans espoir, avancer dans la vie
Comme un vaisseau qui dort sur une onde assoupie,
Sentir son âme usée en impuissant effort,
Se ronger lentement sous la rouille du sort ;
Penser sans découvrir, aspirer sans atteindre,
Briller sans éclairer et pâlir sans s'éteindre,
Hélas ! Tel est mon sort et celui des humains
Nos pères ont passé par les mêmes chemins ;
Chargés du même sort, nos fils prendront leurs places ;
Ceux qui ne sont pas nés y trouveront leurs traces.
Tout s'use, tout périt, tout passe : mais, hélas !
Excepté les mortels, rien ne change ici-bas.

Le poète harmonieux, dont la phrase se déroule
comme une onde limpide, a posé le problème de
l'existence ; un autre, plus fort, plus heurté, va le
résoudre ; son existence fut aussi plus heurtée,
moins harmonieuse, plus retentissante, mais non
plus grande ; écoutons Victor Hugo, admirons ces
vers puissants, ces pensées marmoréennes :

Ceux qui vivent, ce sont ceux qui luttent, ce sont
Ceux dont un dessein ferme emplit l'âme et le front,
Ceux qui d'un haut destin gravissent l'âpre cime,
Ceux qui marchent pensifs, épris d'un but sublime,
Ayant devant les yeux sans cesse nuit et jour,
Ou quelque saint labeur ou quelque grand amour.
C'est le prophète saint prosterné devant l'arche,
C'est le travailleur, pâtre, ouvrier, patriarche,
Ceux dont le cœur est bon, ceux dont les jours sont pleins.
Ceux-là vivent, Seigneur ! Les autres, je les plains,
Car de son vague ennui le néant les enivre,
Car le plus lourd fardeau, c'est d'exister sans vivre. .
Inutiles, épars, ils traînent ici-bas
Le sombre accablement d'être en ne pensant pas.
Ils s'appellent vulgus, plebs, la tourbe, la foule,
Ils sont ce qui mugit, applaudit, siffle, coule,
Bat des mains, crie joyeux, baille, dit oui, dit non,
N'a jamais de figure n'a jamais de nom,
Troupeau qui va, revient, juge, absout, délibère,
Détruit, prêt à Marat comme prêt à Tibère,
Foule triste, joyeuse, habits dorés, bras nus,
Pêle-mêle, et poussée aux gouffres inconnus
Ils sont les passants froids, sans but, sans nœud, sans âge.
Le bas du genre humain qui s'écroule en nuage,
Ceux qu'on ne connaît pas, ceux qui ne comptent pas,
Ceux qui perdent les mots, les volontés, les pas.
L'ombre obscure autour d'eux se prolonge et recule,
Ils n'ont du plein midi qu'un lointain crépuscule,
Car jetant au hasard les cris, les voix, les bruits,
Ils errent sur les bords sinistres de la nuit.
Quoi, ne point aimer ! Suivre une morne carrière,
Sans un songe en avant, sans un deuil en arrière.
Quoi ! marcher devant soi sans savoir où l'on va,
Rire de Jupiter sans croire à Jéhovah,
Regarder sans respect l'être, l'étoile, la femme,
Toujours chercher le corps, ne jamais chercher l'âme,
Pour de vains résultats, faire de vains efforts,
N'attendre rien d'en haut. Ciel ! oublier les morts !
Oh non ! Je ne suis point de ceux-là ; grands, prospères,

Fiers, puissants ou cachés dans d'immondes repaires,
Je les fuis, et je hais leurs sentiers détestés,
Et j'aimerais mieux être, ô fourmis des cités,
Tourbe, foule, cœurs morts, races viles, déchues,
Une ombre dans les bois qu'une âme en vos cohues !

D'aussi grands sentiments, des pensées aussi hautes sont salutaires ; nous devons les méditer : elles nous enseigneront le noble effort, les saints élans, les beaux enthousiasmes.

Secouons toutes les petitesses qui nous entourent, élevons nos âmes et nos esprits, volons, si nous le pouvons, dans les plaines éthérées de l'hyperespace, mais tout d'abord étouffons ce froid automatisme, ce servilisme matériel et dégradants qui nous font perdre notre dignité d'homme ; de cet esclave, de cet instrument, du Progrès qui est né dans le siècle, ne soyons pas l'esclave, ne soyons pas l'instrument : qu'il devienne le nôtre. Nous pourrons alors dans notre vol audacieux, sur les ailes de l'Idéal et de la Nature, nous élever plus près de Dieu, dans les plaines aériennes de l'Idée, de la Pensée, de la Beauté, de toutes les Harmonies.

TABLE DES MATIÈRES

FIN

Imprimerie J. Dumoulin, à Paris. — 397-05